古典文獻研究輯刊

三八編

潘美月・杜潔祥 主編

第17冊

年羹堯案史料輯錄（下）

蔡宗虎 輯註

國家圖書館出版品預行編目資料

年羹堯案史料輯錄（下）／蔡宗虎　輯註 -- 初版 -- 新北市：
花木蘭文化事業有限公司，2024〔民 113〕
目 12+200 面；19×26 公分
（古典文獻研究輯刊　三八編；第 17 冊）
ISBN 978-626-344-720-2（精裝）
1.CST：（清）年羹堯　2.CST：史料　3.CST：清代
011.08　　112022589

ISBN-978-626-344-720-2

9 786263 447202

古典文獻研究輯刊
三八編　第十七冊　　ISBN：978-626-344-720-2

年羹堯案史料輯錄（下）

作　　者　蔡宗虎（輯註）
主　　編　潘美月、杜潔祥
總 編 輯　杜潔祥
副總編輯　楊嘉樂
編輯主任　許郁翎
編　　輯　潘玟靜、蔡正宣　美術編輯　陳逸婷
出　　版　花木蘭文化事業有限公司
發 行 人　高小娟
聯絡地址　235 新北市中和區中安街七二號十三樓
　　　　　電話：02-2923-1455／傳真：02-2923-1452
網　　址　http://www.huamulan.tw　信箱　service@huamulans.com
印　　刷　普羅文化出版廣告事業
初　　版　2024 年 3 月
定　　價　三八編 60 冊（精裝）新台幣 156,000 元

年羹堯案史料輯錄（下）

蔡宗虎 輯註

目次

下冊

〔119〕江蘇巡撫張楷奏覆密訪高其位標下王廷貴來歷等事摺（雍正三年六月十八日）[2]-[5]-247

江蘇巡撫臣張楷謹奏，為遵旨回奏事。

竊臣於雍正叁年伍月初陸日回奏提督高其位一摺，於陸月初玖日跪接皇上硃批諭旨，知道了，近聞他有一二事不甚妥〔註55〕（硃批：大笑話，朕如何錯發至於此極），可再訪奏聞，欽此欽遵，臣接閱邸抄見有特旨申飭王廷貴一事，密訪得廷貴之父王繼升係蘇州人，向在蘇州城守營食糧，充管門軍，年老辭糧，有盟弟姓年，亦係蘇州人，唱戲，在年羹堯門下効力，後為堂官，王繼升往彼看視，第貳子王文玉，叁子王廷貴俱各來往，投奔年羹堯，於康熙陸拾壹年將王廷貴轉薦至提督高其位標下食糧，拔補中營把總，上年貴送玉即至京，雍正叁年叁月拔補千總，訪據提標兵丁有此議論，又說弓馬原去得，臣亦不能深知，其餘之事臣因到任未久，並無所聞，不敢妄奏。又臣到松江面見高其位，精神尚健，但兩耳重聽，非家人就近傳話則不能聽，據向臣言年將捌拾，耳聾近復健忘，恐誤封疆重任，入秋以後務必懇恩辭職等語，合行繕摺奏明，伏乞皇上睿鑒施行，右謹奏聞。

雍正叁年陸月拾捌日江蘇巡撫臣張楷。

硃批：知道了。

〔120〕江南提督高其位奏謝恩賜錠子藥並遵諭教訓諸弟摺（雍正三年六月二十二日）[2]-[5]-261

提督江南總兵官臣高其位謹奏，為恭謝天恩事。

雍正叁年陸月初捌日據臣家人張忠兵丁高成賫捧摺子回松，蒙皇恩頒賜內製錠子藥共貳拾叁封，扇墜肆拾枚到臣，臣跪迎進署，恭設香案望闕叩頭謝恩祗領訖。伏讀硃批聖諭，臣不勝悚惕惶懼，竊念臣一門父子兄弟深受主子隆恩，雖殫忠竭誠亦屬臣分宜然，未足仰報萬一。臣弟雲貴督臣高其倬乃蒙天語褒嘉，恩榮莫並，臣謹遵旨馳寄家信赴滇，宣達聖主之硃語，鼓勵人臣之職守，勗其始終不渝，仰答高厚。臣弟正紅旗漢軍都統兼刑部侍郎臣高其佩，卑鄙下賤，迎奉年羹堯之處，蒙聖恩洞鑒，不即罪譴，諭臣教訓，臣不禁警惕汗流。臣思欺君負國如年羹堯者誠為當〔註56〕世之罪人，凡屬臣工〔註57〕俱當痛以

〔註55〕「妥」字為硃筆所增。

〔註56〕「當」字硃筆改為「萬」。

〔註57〕「屬臣工」三字硃筆改為「有人心」。

為戒〔註 58〕，臣即欽遵聖旨，星付家書嚴加訓飭，令其洗滌肺腸，痛自刻責，務與年羹堯絕交，俾得悔罪更新，以勵臣節，仰副聖主矜全訓誨之宏慈也，謹繕摺奏謝，所有硃批摺子壹合理合恭繳，為此具摺裝匣固封，專差家人張忠兵丁劉斌齎捧，謹具奏聞。

雍正叁年陸月貳拾貳日

硃批：如年羹堯如此負心背恩欺君辱國的賊臣，當發願生生世世不與之同類者，何況現在，可愧可恨之至。

〔121〕西安右翼滿洲副都統伊禮佈奏密報年羹堯贓私巨大摺（雍正三年六月二十四日）[2]-[5]-263

鎮守西安等處右翼副都統加一級臣覺羅伊禮佈謹密奏，為首獲贓私事。

年羹堯歷任川陝以來十五六載，財貨之多富至無比，自今年二月間起以至五月終止，陸續發過馱子共傳一萬有餘，預先安置以營三窟，而暗留於陝西文武軍民等處者尚多，近有督標後營游擊出首皮箱一百零八箇，腳價銀四百兩，云係魏之耀寄下，又於四川坐省提塘王緯寓所藏有十餘萬金業被封住，且咸長兩縣俱有存貯之物，而民間傳言西安府知府趙世朗處年羹堯寄放銀子極多，即象牙有一百幾十根等語，紛紛嘈雜其說不一，謹密奏以聞。

雍正三年六月二十四日

硃批：已有旨矣。

〔122〕西安右翼副都統伊禮佈奏咸寧知縣朱炯貪酷劣蹟摺（雍正三年六月二十四日）[2]-[5]-264

鎮守西安等處右翼滿洲副都統加一級臣覺羅伊禮佈謹密奏，為奏聞事。

竊有西安府咸寧縣知縣朱炯係原任鎮江副都統朱烱〔註 59〕之弟，前任臨潼縣時貪酷兼全，民怨切骨，不得已而捐陞離任，復鑽營年羹堯題補咸寧，去冬在郃陽監造營房，短價採買椽瓦，勒令三日交完，百姓畏其暴虐，至揭住房之瓦並神廟之瓦以充數，今春重耗徵糧，凡窮民應納錢糧數分者必令其從總戶之下分開，傾成小錠，重至一錢以外，方可完足，又四月晝間傳諭該縣鄉約，令百姓保留年羹堯，再三諄囑，繼以威逼，而人情始終不順，是以中止，其貪

〔註 58〕「戒」硃筆改為「讐」。

〔註 59〕本奏摺將「朱炯」「朱烱」二人名字反置，朱炯為咸寧縣令，朱烱應為鎮江副都統，但《欽定八旗通志》失載。

劣如此，雖陝西不肖官員甚多，但相隔既遠，訪聞未確，惟朱炯與臣同城，知之最悉，故敢據實奏聞，謹奏。

雍正三年六月二十四日

硃批：此等人如何能逃朕鑒，早有旨了。

〔123〕署川陝總督岳鍾琪奏遵旨酌議妥結追完胡廷選等贓銀一案方法摺（雍正三年六月二十六日）[2]-[5]-281

太子少傅世襲三等公署理四川陝西總督印務四川提督拜他喇布勒哈番臣岳鍾琪謹奏，為奏明事。

竊查胡廷選俞汝珍朱增祚一案，准前督臣年羹堯交代，止稱追貯金子九百六十八兩六錢，金鋼鑽一兩二錢六分，銀一萬五百五兩，此外尚有未完應候追齊給發兵丁等因到臣。隨細查此案，因陝西督標甘州提標涼州鎮寧夏鎮肅州鎮五標兵丁之在巴里坤防戍者各有應領草料折色本色，經督臣鄂海扣存未發之項，至督臣年羹堯往巴里坤時見兵丁喊告，始為清查給發，內除督標寧涼肅鎮四標兵丁應領之銀經年羹堯盡數給發外，惟甘提一標兵丁應領者至今未給，查鞏昌布政司庫扣存原估提標兵折色銀十萬七千三百三十八兩，又扣存原撥甘山道廳本色料二萬五千三百八十九石零，本色草七十三萬束，緣雍正元年三月內胡廷選先領出銀五萬兩，內止給散過提標戍兵家屬銀五千五百兩，其餘則胡廷選給與俞汝珍部費銀三萬二千兩，提督臣路振聲用銀九千五百兩，胡廷選在蘭州奉提督諭帖製備軍裝等項使去銀一千四百八十一兩九錢，存銀一千五百十八兩一錢，胡廷選已在西寧呈繳，現貯甘提標中營，此即胡廷選先領銀五萬兩開銷之數也，以上情節經臣奏明，今蒙聖主如天之仁，俞旨詳盡，更命臣以如何完結好具摺奏來，臣因將朱增祚俞汝珍密提詢問。據朱增祚供稱，甘提標使費原是我一人經手，我今情願認賠完補，當日原說使費銀四萬兩以八扣計算，該銀三萬二千兩，路提督又有諭帖吩咐，俞汝珍要減省，我止實收銀二萬七千兩，已經繳過原金子作銀一萬兩，金鋼鑽作銀一千三百兩，又完銀子一萬五百五兩，尚有未完五千一百九十五兩已於正月二十八日着人回紹興催取，變賣房產去了，求寬限至八月內交完等語。據俞汝珍供，當日胡廷選在蘭州原交給我銀子三萬二千兩，將二千兩先還了在京客賬也，是路提督的又減省三千兩也，是路提督取去了，朱增祚原止收銀二萬七千兩，如今這金子金鋼鈷原是我兑換的，數日之內我就可變賣等語，臣准其照限清完，仍取具的保存案訖。該臣看得提標戍兵應領各項除胡廷選領過五萬兩外，鞏昌司庫現有未領折色銀五萬七千三百三十八兩，並甘山道廳扣存原估本色料草及胡廷選在西寧繳貯銀一千五百兩，俱係久應給發之項，況五標兵丁同在巴里坤防戍日久，辛苦共嘗，而四標兵丁久經盡數關領，惟提標兵丁仰望三載，其家屬所領者尚未及二十分之一，今若因胡廷選等名下銀兩尚未追齊，致將在庫應給之項遲延不發，則貧窮愚昧之兵遠戍荒寒，萬一生怨，關係匪輕，似應將此項銀兩作速解交巴里坤，知會靖逆將軍富寧安會同提臣路振聲給發，其已經撤回在甘州者仍令署提督寧夏鎮臣王嵩同甘山道親行補給，俾兵丁同沾實惠，免致偏枯。至於扣存甘山道廳本色草料難以遠運出口，應給發撤回在甘之兵馬外，其現在巴里坤者就近令其家屬承領，至胡廷選經手之使費三萬二千兩已屬贓銀，例應入官，且督標寧夏肅州三標之兵領支草折時，臣訪聞俱經出有使費，今若將甘提標部費給還兵丁，則三標之兵不無比類生枝，糾纏蔓引，反難完結，若竟照贓銀入官之例，恐違聖主矜恤遠戍之心，臣再四思維，不如即將此項抵作撥發安西鎮兵丁將來搬家之費，以公充公，可省撥動正項錢糧，應否如此料理，臣不敢擅便，理合請旨遵行。

再查提督臣路振聲名下原取銀九千五百兩，又令俞汝珍經手在京還客賬銀二千兩，又收使費減省銀三千兩，又令胡廷選製買軍裝等項用銀一千四百八十一兩零，臣在署甘肅提督任內行查去後，今准署甘州提督寧夏鎮臣王嵩咨稱，查據提督路振聲在布隆吉給發吐魯番調到兵丁銀三千兩，又給發從巴里坤調到本標兵丁銀二千四百兩，又墊買征兵馬駝共用銀六千五百兩，俱未具報總督衙門，擬合移覆等情。據此臣查前項雖據開銷已有一萬一千九百兩，然從前未據具報，無案可憑，如果給兵及買馬駝是實，應准其開銷，如係假揑冒銷，容臣查實着落還補。再應充公用使費三萬二千兩內除朱增祚名下應追銀二萬七千兩外，有路振聲收回減費銀三千兩，還京城客賬二千兩，今查路振聲名下共應銀一萬五千九百八十一兩，內有蘭州製辦軍裝等物及先提取用共銀一萬九百八十一兩九錢，為應行給兵之項，其收回減費三千兩，還京城客賬二千兩，係三萬二千兩數內，公用為是，但據路振聲咨報開銷已共銀一萬一千九百兩，除去應行給兵一萬九百八十一兩九錢外，已將應行充公銀先已給兵九百一十八兩一錢，難以復追，路振聲實尚少銀四千八十一兩，此項不應給兵，應向路振聲追取，歸入使費項下，但此充公使費三萬二千兩項下既去九百一十八兩九錢，實止應銀三萬一千八十一兩九錢，合併聲明，伏乞聖主睿裁批示施行，所有硃批諭旨并刑部奏摺一扣一並恭繳，謹奏。

雍正三年六月二十六日具。

硃批：此奏料理甚公，當依議行。

附錄修訂摺一件

世襲三等公署理川陝總督臣岳鍾琪謹奏，為奏明事。

竊查胡廷選俞汝珍朱增祚一案，准前督臣年羹堯交代，止稱追貯金子九百六十八兩零，金鋼鑽一兩二錢六分，銀一萬五百五兩，此外尚有未完，應候追齊給發兵丁等因到臣。隨細查此案，因陝西督標甘州提標涼州鎮寧夏鎮肅州鎮五標兵丁之在巴里坤防戍者各有應領草料折色本色，經督臣鄂海扣存未發之項，至督臣年羹堯徃巴里坤時見兵丁喊告，始為清查給發，內除督標寧涼肅鎮四標兵丁應領之銀經年羹堯盡數給發外，惟甘提一標兵丁應領者至今未給。查鞏昌布政司庫扣存原估提標兵折色銀十萬七千三百三十八兩，又扣存原撥甘山道廳本色料二萬五千三百八十九石零，本色草七十三萬束。緣雍正元年三月內胡廷選先領出銀五萬兩內，止給散過提標戍兵家屬銀五千五百兩，其餘則胡廷選給與俞汝珍部費銀三萬二千兩，提督臣路振聲用銀九千五百兩，胡廷選在蘭州奉提督諭帖製備軍裝等項使去銀一千四百八十一兩零，存銀一千五百十八兩零，胡廷選已在西寧呈繳，現貯甘提標中營，此即胡廷選先領銀五萬兩開銷之數也，以上情節經臣奏明，今蒙聖主如天之仁，俞旨詳盡，更命臣將此一事究竟作何歸結好方始妥協詳悉具摺奏來，臣因將朱增祚俞汝珍密提詢問。據朱增祚供稱，甘提標使費原是我一人經手，我今情願認賠完補，當日原說使費銀三萬二千兩，路提督又有諭帖吩咐俞汝珍要減省，我止實收銀二萬七千兩，已經繳過原金子作銀一萬兩，金鋼鑽作銀一千三百兩，又完銀一萬五百五兩，尚有未完五千一百九十五兩，已着人回紹興變產去了，求寬限至八月內交完等語。據俞汝珍供，當日胡廷選在蘭州原交給我銀子三萬二千兩，將二千兩先還了在京客賬也，是路提督的又減省三千兩也，是路提督取去了，朱增祚原止收銀二萬七千兩，如今這金子金鋼鉆原是我兌換的，數日之內我就可變賣等語，臣准其照限清完訖。該臣看得提標戍兵應領各項除胡廷選領過五萬兩外，鞏昌司庫現有未領折色銀五萬七千三百三十八兩，並甘山道廳扣存原估本色料草及胡廷選在西寧繳貯銀一千五百兩，俱係久應給發之項，況五標兵丁同在巴里坤防戍日久，而四標兵丁久經盡數關領，惟提標兵丁仰望三載，其家屬所領者尚未及二十分之一，今若因胡廷選等名下銀兩尚未追齊，致將在庫應給之項遲延不發，則遠戍之兵萬一生怨，關係匪輕，似應將此項銀兩作速解交巴里坤，知會靖逆將軍富寧安會同提臣路振聲給發，其已經撤回在甘州者仍令署提臣王嵩同甘山道親行補給。至于扣存甘山道廳本色草料難以遠運出口，應給發撤回在甘之兵馬外，其現在巴里坤者就近令其家屬承領。至胡廷選經手之使費三萬二千兩已屬贓銀，例應入官，且督標寧夏肅州三標之兵領交草折時，臣訪聞俱經出有使費，今若將甘提標部費給還兵丁，則三標之兵不無比類生枝，糾纏蔓引，反難完結，若竟照贓銀入官之例，恐違聖主矜恤遠戍之心，臣再四思維不如即將此項抵作撥發安西鎮兵丁將來搬家之費，以公充公，可省撥動正項錢糧，應否如此料理，臣不敢擅便，理合請旨遵行。再查路振聲名下共應銀一萬五千九百八十一兩，據其咨報開銷已有銀一萬九百兩，實尚少銀四千八十一兩，此項不應給兵，應向路振聲追取，歸入使費項下，合併奏明，伏乞聖主睿裁批示施行，所有硃批諭旨并刑部奏摺一扣一并恭繳，謹奏。

硃批：覽所奏料理殊屬允當，照議行可也。

附錄修訂硃諭一紙

諭總督岳鍾琪知悉，胡廷選俞汝珍朱增祚等一案原係年羹堯密奏，欲求暗結之事，因胡廷選到京奏對不明，其中似有他故，所以發部詢問，今據該部詢明，看來與年羹堯所奏無異，爾前番為此奏請，朕念若將斯案彰明議處，未免株累多人，所以即經批諭，但不知年羹堯議令作何賠補還項，如何交代與爾，爾意將此一事究竟作何歸結方始妥協，詳悉具摺奏來。

〔124〕署川陝總督岳鍾琪奏年羹堯家人魏大隱貯箱件情由摺（雍正三年六月二十六日）[2]-[5]-286

太子少傅世襲三等公署理四川陝西總督印務四川提督拜他喇布勒哈番臣岳鍾琪謹奏，為首明事。

雍正三年六月十八日據臣標後營游擊龍有印首稱（硃批：此人可嘉，在奉旨之先尤為知理），有前任年督院家人魏大跟隨前督院赴杭州去時將箱子一百八個銀四百兩寄在卑職署內，留伊家人一名楊恭看守，據云僱騾不及暫時寄放，今知魏大現准部文奉旨拿問，卑職不敢隱蔽，相應首明等情。據此臣隨委西安布政司會同按察司查驗封記看守訖，臣查魏大即前督臣之魏堂官，其所寄箱子有一百八隻之多，但不知箱內盡是何物（硃批：未必什麼要緊物件），臣接准刑部咨開，審訊宋師曾奩緣年羹堯一案，宋師曾供出年羹堯之家人魏堂官洪堂官並伊家人陳昭奉旨着交與地方官鎖拿解部，欽此咨行到臣。臣因年羹堯先於五月十七日率領家口起程赴杭，已差員赴杭咨會浙撫拿解去訖，則此項寄貯箱子銀兩既經出首，似應封貯候審，臣未敢擅便，理合奏明請旨，伏乞睿鑒，謹奏。

雍正三年六月二十六日具。

硃批：知道。

附錄修訂摺一件

同日又奏，為首明事。

雍正三年六月十八日據臣標（硃批：龍有印在未經奉旨之先懼法出首，殊屬可嘉）後營游擊龍有印首稱，有前任年督院家人魏大跟隨前督院赴杭州去時將箱子一百八個銀四百兩寄在卑職署內，留伊家人一名楊恭看守，卑職不敢隱蔽，相應首明等情。據此臣隨委西安布政司會同按察司查驗封記看守訖，查魏大即前督臣之魏堂官，其所寄箱子有一百八隻之多，但不知箱內盡是何物，臣接准刑部咨開，審訊宋師曾夤緣年羹堯一案，宋師曾供出年羹堯之家人魏堂官洪堂官並伊家人陳昭奉旨着交與地方官鎖拿解部，欽此，咨行到臣。臣因年羹堯先于五月十七日率領家口起程赴杭，已差員赴杭咨會浙撫拿解去訖，則此項寄貯箱子銀兩既經出首，似應封貯候審，臣未敢擅便，理合奏明請旨，伏乞睿鑒，謹奏。

硃批：知道了。

〔125〕署川陝總督岳鍾琪奏與年羹堯閒言私語情由摺（雍正三年六月二十六日）[2]-[5]-288

太子少傅世襲三等公署理四川陝西總督印務臣岳鍾琪謹奏，為遵旨回奏事。

所有年羹堯與臣交代事件現在陸續料理次第奏聞，尚有修理城工動用錢糧數事業已行查，俟查明具奏，至臣到西安年羹堯因交代諸事與臣相會四次，惟十三日初見問臣，我的事皇上曾有諭旨與你否，我們相與一場，你須實實告我，臣答云並無諭旨，年羹堯又云我將來身家性命是不能保的了，遂哭泣不止，臣只得寬慰云，皇上天高地厚之恩不即加罪，調陞將軍，從此若能悔罪改過，諸事安靜，自然無事了，彼云我還敢多事嗎，頃又云我的病不好，每夜出汗，飲食減少，身子狠弱，臣見其面色比在西寧時稍覺黃瘦，說話初則氣弱，後來又覺好些，看來無甚大病，隨言交代之事，再無他語，十四十五兩日因與貝勒延信對質不曾言及別事，後於十六日又會，向臣云我們交代之事已畢，我明日起身，有一件事託你，我的兩個兒子一名年傅一名年斌，河東塩商傅斌即此二子之名揑的，求你照看，臣云河東塩務現有欽差部堂審理，令郎未必能行塩了，年羹堯云如不行就罷了，又云我的事凡可以照應者務求照應，臣云君恩友義重輕自分，無論事之大小斷不敢隱諱存私，諸事總在聖恩照應二字，不敢如命，臣見其畏懼有之，至其果否能悔罪改過之處臣未見其實不敢妄奏，所有年羹堯與臣私語閑話情由理合據實奏聞，伏乞睿鑒，凡奉密旨回奏及密奏事理俱臣親自繕寫，此外凡有奏聞各摺臣令子姪代寫，合併聲明，謹奏。

雍正三年六月二十六日具。

硃批：知道了，此奏甚公甚真，將年羹堯神色都畫出來矣，年羹堯誠所謂薄福小人也，朕代他惜之。

附錄修訂摺一件

同日又奏，為遵旨回奏事。

竊臣到西安年羹堯因交代諸事與臣相會四次，惟十三日初見問臣，我的事皇上曾有諭旨與你否，我們相與一場你湏實實告我，臣答云並無諭旨，年羹堯又云我將來身家性命是不能保的了，遂哭泣不止，臣只得寬慰云，皇上天高地厚之恩不即加罪，調陞將軍，從此若能悔罪改過，諸事安靜，自然無事了，彼云我還敢多事嗎，頃又云我的病不好，每夜出汗，飲食減少，身子狠弱，臣見其面色比在西寧時稍覺黃瘦，說話初則氣弱，後來又覺好些，看來無甚大病，隨言交代之事再無他語。十四十五兩日因與貝勒延信對質不曾言及別事，後於十六日又會，向臣云我們交代之事已畢我明日起身，有一件事託你，我的兩個兒子一名年傅一名年斌，河東塩商傅斌即此二子之名揑的，求你照看。臣云河東塩務現有欽差部堂審理，令郎未必能行塩了，年羹堯云如不行就罷了，又云我的事凡可以照應者務求照應，臣云君恩友義重輕自分，無論事之大小斷不敢隱諱存私，諸事總在聖恩照應二字，不敢如命。臣見其畏懼有之，至其果否能悔罪改過之處臣未見其實，不敢妄奏，所有年羹堯與臣私語閑話情由理合據實奏聞，伏乞睿鑒，謹奏。

雍正三年六月二十六日

硃批：此奏甚公且亦真確，竟將年羹堯形相於紙上畫出，誠所謂薄福小人也，朕殊代伊惜之。

附錄修訂硃諭一紙〔註60〕

諭署總督岳鍾琪，署巡撫圖理琛，副都統伊禮布等知悉，近日以來朕覽諸人參奏年羹堯之摺，多言其故作艱窘之狀，而百計私藏財物，除隱頓西安本城不計外，先後發寄各省者騾馱二千餘載，騾轎二百餘乘，大車數百輛，朕於年羹堯始終施寬大之恩，乃竟不能見信於伊，反作如此行為，察其意趣，近日藏匿財物，巧營三窟，欲待他時以此要結人心，蠱蠹國事耳，夫善人富謂之賞，惡人富謂之殃，朕若不早燭其姦〔註61〕，破散陰謀，年羹堯將來又必以此招殃，且于國事亦大有關係，爾等加意詳查其發寄他省者，一面詢訪一面將西安涇陽三原等處各騾行車店之賬簿吊取細閱，其所僱數目所往地方及所托付人等之姓名一一竭力搜查明晰，作速密奏以聞，毋得絲毫瞻狥踈漏，特諭。

〔126〕河南河北總兵紀成斌奏陳從未受年羹堯恩惠仰祈聖鑒摺（雍正三年六月二十八日）[2]-[5]-311

河南河北總兵官臣紀成斌謹奏，為瀝陳微臣之愚衷仰祈聖主睿鑒事。

竊年羹堯背恩負國，前欽奉硃諭問臣看年羹堯竟為何如人，臣因年羹堯狂悖不臣之處其顯然外著者，如竊權恣肆擅作威福，將奉發軍前効力侍衛為伊擺對墜鐙，出令總督巡撫跪接，蒙古王等俱令下跪，其僭越背逆之狀已蒙皇上燭破奸惡，宣諭內外臣民。又西海久平而年羹堯將大將軍勅印堅不賫繳，其心跡誠有不可問者，以及種種貪冒劣蹟已經直隸督臣李維鈞及鑲白旗漢軍都統臣范時捷等列款糾參，無庸臣再為複述。至年羹堯心奸行偽，招權納賄，植黨營私附己者立拔險要，拂意者百計中傷，官民切齒，道路怨騰，但形跡詭秘非與彼聯手共事者難以悉其始末。臣自服官以來從未與年羹堯辦理一事，即雍正元年拾貳月內臣隨四川提臣岳鍾琪自川赴寧，叁日後年羹堯以四川雜谷土兵性野，內地不便存住，即令臣帶領口外白塔兒駐防，嗣後進剿爾郭隆寺〔註62〕及西海桌子山等處，迨凱旋西寧，臣養病未幾即奉旨赴京陛見，是以年羹堯罪惡多端臣祇得於道路之傳聞，其原委確據未能深悉，故臣前奉諭旨不敢冒昧入告，祇以年羹堯負國背恩之語回奏，茲奉硃批嚴飭，臣跪讀之下惶悚汗流，數日來寢食俱廢，此臣粗鄙武夫不諳文理，辭不達意，愚昧無知，罪實難逭。惟

〔註60〕《雍正朝漢文硃批奏摺彙編》未編目，輯者編目。

〔註61〕「姦」應為「奸」之誤。

〔註62〕今名佑寧寺，為羅卜藏丹津之亂被毀重建時清世宗御賜名，位於青海省互助縣五十鎮寺灘村。

是臣歷來從未受年羹堯恩惠，臣雖賦性愚頑，頗知大義，年羹堯負國竊柄，罪不容誅，即今之亂臣賊子也，臣若懷私瞻顧亂臣賊子，臣亦即亂臣賊子也，豈可容於光天化日之下乎，謹將年羹堯徃年之待臣及臣蒙恩進身之由略陳愚衷，敢邀天鑒。臣昔年在川因質直迂拙，不肯黨同趨奉，致年羹堯忌恨，屢欲加害，令有司官訪查臣事款，一月一次密報，因臣冰兢自矢，無機可乘，倖免陷溺。康熙伍拾玖年四川化林協副將缺出，臣彼時係龍安營參將，經署提臣路振揚將臣保舉會題到省，年羹堯駁回，卻將提標參將楊盡信題補，希圖出此提標中軍之缺將伊標親信游擊楊起元〔註63〕題補，即今之固原提督也。又康熙陸拾壹年軍政提臣岳鍾琪將臣保舉卓異，又被年羹堯駁回，臣非不知年羹堯聲勢赫奕，生殺予奪惟其喜怒，但思富貴窮通，生有定分，故臣寧甘偃蹇，始終不肯貶節逢人，臣若彼時拜門生通賄賂附黨鑽營以取年羹堯歡心，臣之姓名久已早達天聽矣。嗣於雍正元年陸月內經提臣岳鍾琪遵欽奉上諭各舉所知一案，將臣單題保舉，奉旨特授臣雲南援剿右協副將，此案若係會題又必致年羹堯不允駁回矣，比時臣因受恩深重，正值軍興傍午之際，不敢脫然赴任以圖安逸，故告隨提臣岳鍾琪軍前効力以報皇恩，迨復荷蒙皇上天威，指授方略進剿各處，蕩平逆寇，年羹堯祇據提臣岳鍾琪開報將臣行走之處以實奏聞，嗣蒙召見放臣總兵，出自皇上特恩，此番年羹堯祇不過公道難泯，未揜臣之行走處耳，亦非深恩厚惠令人感佩而不可忘也。臣細繹從前實未有受年羹堯恩惠之處，且年羹堯狂悖諸罪業已敗露，彼此時自顧尚且不暇，臣更有何希冀畏懼於彼，臣猥以微賤蒙我皇上天恩寵榮至此，即使向日是年羹堯門下黨類，彼此時顯背君父，罪惡昭著，為國之賊，臣亦當執大義而攻擊其惡，況臣歷來並未有受彼私恩小惠，夫豈肯絲毫瞻顧，重小節而蔑大倫以自取罪戾哉，總因臣愚魯粗疏，平日並不留心於年羹堯，故彼之罪惡累累臣未能詳悉，顯白以彰國典，臣罪無辭，恐懼愧悔莫可置辯，惟有戰兢待罪而已，為此繕摺謹差臣標馬兵盧進功同家人蘇法賫捧，謹具奏聞併繳硃批奏摺壹扣。

雍正叁年陸月貳拾捌日

硃批：覽此奏朕心釋然矣，朕原甚賞見你，原是你自己掙的朕恩用的，並非因聽年羹堯而然也，恐你不知緣由，昧於大義，今你既不自棄，朕豈忍棄汝也，從此只將年羹堯如此背君誑上辜恩負義之人視如仇讐，不但保全名節，不貽笑於天下後世，抑且保全功名，免朕失人之明之譏也，而亦為此輩不法權惡

〔註63〕《四川通志》卷三十二頁十二作總督標營右營游擊楊啟元。

者戒，實力勉為之，若此中少不能決斷，仍留瞻顧之心亦不能逃朕照察，少有敗露，過必倍之，勉之慎之。

〔127〕吏部左侍郎史貽直等奏報奉旨審理河東鹽茶等案已結未結情由摺（雍正三年七月初一日）[2]-[5]-316

吏部左侍郎臣史貽直刑部右侍郎臣高其佩謹奏。

臣等奉命審理河東鹽茶二案，及查議殘引難以盡獲等事一案已經審議完結，惟金啟勳領兵部陽逼死無辜民人一案臣等業將黃焜給范時捷原稟節略并臣等所訪各人數於陸月初伍日移咨陝省督撫確查去後，迄今貳拾餘日未據咨覆，所有鹽茶二案及殘引難以盡獲等事一案謹繕本先遣刑部筆帖式成寧馳賫進呈御覽，其部陽用兵一案俟陝省回文到日即行嚴審定擬，臣等於進京時親賫陳奏，為此謹具摺奏聞。

雍正叁年柒月初壹日

硃批：知道了。

〔128〕直隸總督李維鈞奏請搜查檢點年羹堯藏匿寄放家人之處財物摺（雍正三年七月初一日）[2]-[5]-319

兵部尚書兼督察院副都御史總督直隸等處地方加叁級紀錄玖次臣李維鈞謹奏，為請旨事。

切年羹堯平日狂妄僭越，貪污狼藉，所有貲財產業分散各省藏匿寄放，蒙頒上諭着直省督撫提鎮通行各該地方文武官員備悉嚴查，令藏匿寄放之家速速自行出首免其無罪，倘有絲毫隱漏一經發覺將藏匿寄放之人照逆黨例立斬正法，其不行查出之督撫該管官員一併從重治罪，欽此，由刑部咨行到臣。臣欽遵通行備悉嚴查外，竊思藏匿寄放之家如年羹堯之莊頭家人，居住各州縣地方，雖加嚴查看守并或自行出首，若不逐細搜查檢點明白，難保無隱漏及私自搬運，應否將藏匿寄放之莊頭家人或經查出或自出首，當令地方各官即時搜查檢點，庶無隱漏搬運之虞，其餘如有出首藏匿寄放者令地方官確訪檢查，勿使少有隱漏，至保定府城內有年羹堯房所，伊家人魏之耀家小在內，並有箱櫃等物自應一例搜查，但檢查檢點未奉明旨臣未敢擅便，謹具摺請旨，伏候皇上睿鑒批示遵行，謹奏。

雍正叁年柒月初壹日兵部尚書兼督察院副都御史總督直隸等處地方加叁級紀錄玖次臣李維鈞。

硃批：只要不隱不漏任爾為之。

〔129〕河南巡撫田文鏡奏報年羹堯車輛送交處所摺（雍正三年七月初六日）[5]-229

河南巡撫臣田文鏡謹奏，為遵旨據實密奏，仰祈聖鑒事。

竊臣於雍正三年四月二十九日欽奉皇上硃批諭旨，聞得年羹堯正二月間有二十車東西自潼關來河南，不知送交與何處，可密密確訪奏聞等因，欽此。臣即密差奉發侍衛來豫候補之白琦〔註 64〕扮作車主，沿途確訪，業經臣於本年五月二十六日將訪查情形並經過豫省日期繕摺奏聞在案。今又據白琦回稱，訪至保定府，有年羹堯所買原任總漕臣王樑住宅一所，於本年二月十八日將車一十九輛卸入此宅，年羹堯家人嚴二收管，並無寄放別處，所有年羹堯經過豫省車輛數目以及送交處所日期理合繕摺密奏，仰祈聖鑒。又臣查年羹堯於本年三月內有車十七輛，又有車十四輛，由豫省經過，俱往北去，又於本年五月內陸續共往南去家口一百五十五人，牲口一百四十二個，車陸拾輛，轎二十二乘，馱子七十九個，俱由河南府屬之孟津縣經過，盡出豫境，並無寄放別處物件，合併奏聞，為此謹奏。

雍正三年七月初六日

硃批：朕已嚴諭直省，如今不能隱慝矣。

〔130〕鎮海將軍何天培奏訪查年羹堯族兄年文煜房屋財物摺（雍正三年七月初七日）[2]-[5]-342

鎮海將軍臣何天培跪為據實奏聞事。

竊臣京口地方係南北要衝，往來絡繹，臣再三嚴飭旗營不許容留過往官員家口並親戚家人等停頓多事，乃有鑲白旗防禦年文煜本係年羹堯族兄，臣於六月中旬訪聞得年文煜與伊家人往還，暗暗在鎮江覔買房屋，似欲寄頓人口，臣隨即傳該旗協領張倫、參領徐成功嚴行申飭，四處查緝，房屋之事並未成交，但年文煜身為職官輙敢招搖多事，臣已於陸月貳拾柒日具不職旗員等事題參在案，一面查年文煜家曾否寄放財物，着協參領嚴究確情，據年文煜堅稱只有本身家口住房數間，眾目共覩，況累奉本將軍嚴查無從容隱，並無財物寄放是寔，察出願甘治罪，並取協參領不敢扶同隱諱各甘結存據。今查得年羹堯於陸月貳拾陸日渡江經過京口前往丹陽，先後船隻甚多，隨從陸續而行，不知其數，船牕關閉，聞船中人等故為藏匿，並無一人出面，此等踪跡甚屬詭秘。臣

〔註 64〕本部分第六十九號文檔作白奇。

伏思年羹堯乃背負皇上重恩之人，理法之所必誅，親故之所應絕，豈容族人在外徃來勾引，以干法紀，年文煜一門斷不可姑留在汛，現令年文煜候旨革職，合將伊子撥什庫年先達革去，並伊家口照例盡行進京歸旗，未始非掃除一窟以杜奸謀者也，臣為駐防起見理合繕摺奏聞，謹奏。

雍正叁年柒月拾柒日

硃批：甚是，一點地步留不得瞻顧不得，千萬年體面聲名要緊，對此等奸險負恩小人，當大索處治一〔註65〕盡情，以為天下後世權奸之戒，亦暢快事也。

〔131〕署川陝總督岳鍾琪奏請應否審理究追趙之璧應完國帑一案摺（雍正三年七月初七日）[2]-[5]-344

太子少傅世襲三等公署理四川陝西總督印務四川提督拜他喇布勒哈番臣岳鍾琪謹奏，為請聖裁事。

雍正三年六月二十日據世襲一等精奇呢哈番原任直隸總督趙弘燮嗣子趙之璧呈有假公濟私等事粘單呈詞一紙，內稱之璧有現奉查追完納之案五案，一為保定府巡道宋師曾供出銀十萬兩，又永定河分司杜于藩供出銀一萬兩，又通永道張安世李繼謨供出分賠銀六千兩，又灤州牧吳兆煌供出銀一萬五千兩，又工部侍郎金世揚供出銀一萬二千兩，共一十四萬三千兩。又稱之璧亡父所遺家私於雍正元年六月初四日堂兄趙之垣同寧夏同知白訥，將之璧家後門戶封鎖，拏管事家人方建勳趙世雄等重刑夾搜，家中所有之物一絲不存，伊進銀三十萬應將伊完全家貲拿出方為報効，伊分文不動，卻將之璧家私私算銀二十萬，其餘竟歸烏有，乞為根究，俾帑項早結，父靈得歸，凡諸銀兩各另有細賬等語。臣細閱單內所開有金子金器共五千五百一十八兩二錢六分，銀子銀器共一十九萬六千四百三十一兩五錢，內趙之垣先取銀三萬六千四百餘兩効力，知府趙之壇強取銀一萬兩，餘外又有不作銀兩等物人參五百零一觔，獨參一個，珠寶首飾器皿皮草紬緞共箱四百零五個，據稱有細賬，檢粧匣子一百個零，無賬，東西五十七箱，又有連賬抬過去東西，又有玉器古董各樣東西，騾馬七十二匹，單內註腳有珠子金銀玉器被白訥取去，止算銀七千二百三十餘兩等情。又疊據効力知府趙之壇呈辦〔註66〕，所取銀一萬兩是伊叔趙弘燮差人到伊父趙

〔註65〕「一」應為「以」之誤。
〔註66〕「辦」應為「辯」之誤。

弘燦廣東任所借用，故伊討取，在各案未發之先。又呈壇兄之垣奉旨只令清理叔父家貲，當日到寧夏，協同監牧同知白訥清理時，據叔妾自行交出銀物，解到西安，估計約值銀三十餘萬兩，現銀物件折變共交過西安藩庫銀二十萬兩，經前督臣年羹堯奏明在案，仍有銀物計值銀十餘萬兩，經前督年羹堯令壇兄之垣逐一點還之璧收回，即據現在叔妾自行交出之家貲，尚剩十餘萬兩，杜于藩等扳扯叔父收受十餘萬銀兩，非惟之璧收回可還，即在叔父任內管事惡奴王鳳儀、圓圓子、陳士芳、方建業、密雄即密三各捐私囊立可清完國帑，現有同伊等管事家人賈應龍一人捐銀六萬兩，經直隸總督李維鈞代奏往修南河，則若輩同管事之人可知等因。據此臣查解任署巡撫趙之垣係于雍正元年四月內奉旨發回原籍，仍着速來完補伊叔任內虧空之員也，當時將伊叔趙弘燮家私清查，理應盡數完公，今據趙之璧所呈，抄出現有金銀約計已有二十四萬餘兩，緣何止以二十萬呈請前督臣年羹堯奏報，其餘人參珠寶首飾器皿皮草紬緞檢粧玉器古董騾馬等項悉歸何地，況白訥係奉前總督臣年羹堯委令監押搜查之員，何故將銀七千餘兩偷換珠玉金銀，明有指使貪婪情弊。且今趙之璧應追五案銀兩即趙弘燮任內之事，趙之垣係奉旨完補伊叔任內虧空之員，反將伊叔家貲財物匿為己有，乃立身事外，趙之壇又強取入沒數內銀兩作為捐助城工，均干法紀，但趙之垣又呈辯所取之銀在先，係索償伊父趙弘燦廣東任內借與伊叔之項，但趙弘燮現今家貲如許，何至當日又遠向廣東借銀，而呈內又稱叔妾交出銀物解到西安，估計約值三十餘萬兩，交過藩庫二十萬兩，仍有銀物計值銀十餘萬兩，經前總督年羹堯令伊兄之垣逐一點還之璧收回，是與趙之璧所控竟歸烏有之言大相徑庭。又告伊叔任內管事家人王鳳儀、圓圓子、陳士芳、方建業、密雄私囊立可清完國帑，且引賈應龍捐銀六萬為証，而趙之璧所告趙之垣匿其家貲，又執有伊父用直隸總督印信冊為憑，今趙之璧有應完國帑十四萬兩，臣不便寢隱，應否審理究追理合據呈奏明，仰請聖裁，伏乞睿鑒批示遵行，謹奏。

雍正三年七月初七日

硃批：此事一併發部審訊矣。

〔132〕署川陝總督岳鍾琪奏請應否在丹噶爾寺添造營房摺（雍正三年七月初七日）[2]-[5]-345

太子少傅世襲三等公署理四川陝西總督印務四川提督拜他喇布勒哈番臣岳鍾琪謹奏，為請旨事。

竊丹噶兒寺〔註 67〕為適中緊要之地，故善後十三條內將鎮海營兵一千名移住於此，應蓋造營房二千間，前督臣年羹堯於雍正二年十二月內令將寺內房屋一千五百間給兵居住，其該寺喇嘛已搬住朝天堂，今又將蒙古買賣移在丹噶兒寺地方，應否即就喇嘛寺房屋添造五百間以作營房或另行建築城堡另蓋營房之處理合恭請明旨，伏乞聖主批示遵行，謹奏。

雍正三年七月初七日具。

硃批：將喇嘛房屋改兵營亦屬不利，另造為是。

附錄修正摺一件

世襲三等公川陝總督臣岳鍾琪謹奏，為請旨事。

竊丹噶兒寺為適中緊要之地，故善後十三條內將鎮海營兵一千名移住于此，應蓋造營房二千間，前督臣年羹堯于雍正二年十二月內令將寺內房屋一千五百間給兵居住，其該寺喇嘛已搬住朝天堂，今又將蒙古買賣移在丹噶兒寺地方，應否即就喇嘛寺房屋添造五百間以作營房或另行建築城堡另蓋營房之處理合恭請明旨，伏乞聖主批示遵行，謹奏。

硃批：將喇嘛寺之僧舍作為營房似屬不利，自應另造為是。

〔133〕署川陝總督岳鍾琪奏覆試用年羹堯未作交代之蔡良楊鳳起二人緣由摺（雍正三年七月初七日）[2]-[5]-346

太子少傅世襲三等公署理四川陝西總督印務四川提督拜他喇布勒哈番臣岳鍾琪謹奏，為覆奏事。

竊照浙江台州營副將蔡良，江南潛山營游擊楊鳳起前督臣年羹堯交代時與臣並無一言，臣清查檔案乃知二員為發陝試看之員，年羹堯並未有試看之處，是以臣將蔡良委署西安城守營參將，楊鳳起委署臣標右營游擊，先行奏聞，今蒙聖主以二員來歷備細諭臣，臣已知係行為不端昧於大義之人，但年羹堯將奉旨應令臣知諭旨隱而不言，亦屬不解，今兩員署事已逾個月，未見短長，臣當細加試看，觀其才技，察其居心可去可留另為奏報，斷不令抱屈抑以悖聖主如天之仁也，伏乞睿鑒，所有原奉硃批奏摺合先恭繳，謹奏。

雍正三年七月初七日具。

硃批：是朕意，不過一公字耳。

〔註 67〕即東科爾寺，原位於湟源縣城東，今位於青海省湟源縣日月鄉寺灘村，清代為祭青海湖後西寧辦事大臣與蒙藏二族王公千百戶會盟之所。

附錄修訂摺一件

同日又奏，為覆奏事。

竊照浙江台州營副將蔡良，江南潛山營游擊楊鳳起，前督臣年羹堯交代時與臣並無一言，臣清查檔案乃知二員為發陜試看之員，年羹堯並未有試看之處，是以臣將蔡良委署西安城守營參將，楊鳳起委署臣標右營游擊，先行奏聞，今蒙聖主以二員來歷備細諭臣，臣已知係行為不端昧於大義之人，但年羹堯將奉旨應令臣知諭旨隱而不言，亦屬不解，今兩員署事已逾個月，未見短長，臣當細加試看，觀其才技，察其居心可去可留另為奏報，斷不令負屈抑以悖聖主如天之仁也，具摺奏覆並繳硃批，謹奏。

雍正三年七月初七日

硃批：所奏是，朕意無他，總不過求合乎公之一字耳。

〔134〕署川陝總督岳鍾琪等奏覆查明年羹堯騾馱駝轎車輛數目暨寄貯箱匣物件摺（雍正三年七月初七日）[2]-[5]-347

太子少傅世襲三等公署理四川陝西總督印務四川提督拜他喇布勒哈番臣岳鍾琪等謹奏，為遵旨查覆事。

竊照年羹堯係有罪之人，蒙聖主寬大洪恩以總督陞授將軍，理應感激踴躍，奉命惟謹，一切車馬僕從應遵儀制，乃故作艱難以欺外觀，行為詭譎，實負聖恩，而贓污充斥，搬運出關人所共見，又豈能掩其狡詐。臣等遵奉諭旨細查西安涇陽三原騾行車店賬號，年羹堯自本年正月起至五月止共用騎馱騾轎騾子二千二百二十三頭，騾車二百三十輛，其分徃各省之處另摺開呈御覽。但訪得年羹堯用自己駱駝騾子馱運直隸江南湖廣去者甚多，其數目無從確查，此必問其家人魏大等自能悉吐。至於寄放財物先據督標後營游擊龍有印出首，又據西安府知府趙世朗，革退提塘王緯，慶陽副將洪天祚之兄洪天爵，民人張西範等出首，俱已點驗封貯看守，一並另摺開呈御覽。更有四川成都府丁巡捕係年羹堯在川撫任內信用之人，乃魏大行財夥計，臣岳鍾琪業已密飭四川布按二司看守去訖。繼准部文臣等又出示曉諭文武官弁軍民人等，如有寄放藏匿及知有寄放藏匿之處並令刻期舉首，俟有首報再行具奏。又查運送零星馱駝領差家人甚多，不能逐一知其姓名，其領運馱駝最多之差人七名並已開入另摺，除現在細查斷不敢絲毫瞻狥遺漏，所有已經查明騾馱駝轎車輛數目及西安府知府趙世朗等首報寄貯箱匣物件各緣由，臣等理合先行會摺奏聞，至丁巡捕必須行提研究方可得其貲本銀兩數目，合並請旨遵行，謹將恭奉諭旨一並奏繳，伏乞睿鑒施行，謹奏。

雍正三年七月初七日

太子少傅世襲三等公署理川陝總督印務臣岳鍾琪

署理陝西巡撫印務承宣布政使司布政使臣圖理琛

鎮守西安右翼副都統覺羅臣伊禮布

硃批：報齊查明時或咨部或具題來。

附錄修訂摺一件岳鍾琪奏明年羹堯寄貯貲財摺[4]-[32]-265〔註68〕

世襲三等公署理川陝總督臣岳鍾琪等謹奏，為遵旨查覆事。

竊臣等遵奉諭旨細查西安涇陽三原騾行車店賬號，年羹堯自本年正月起至五月止共用騎馱騾轎騾子二千二百二十三頭，騾車二百三十輛，其分往各省之處另摺開呈御覽，但訪得年羹堯用自己駱駝騾子馱運直隸江南湖廣去者甚多，其數目無從確查，此必問其家人魏大等自能悉吐。至于寄放財物先據督標游擊龍有印出首，又據西安府知府趙世朗、革退提塘王緯、慶陽副將洪天祚之兄洪天爵、民人張西範等出首，俱已點驗封貯看守，一並另摺開呈御覽。更有四川成都府丁巡捕係年羹堯在川撫任內信用之人，乃魏大行財夥計，臣岳鍾琪業已密飭四川布按二司看守去訖。又查運送零星馱駝托付之家人甚多，不能逐一知其姓名，其領運馱駝最多之差人七名並已開入另摺，除現在細查斷不敢絲毫瞻狥遺漏，所有已經查明騾馱駝轎車輛數目及西安府知府趙世朗等首報寄貯箱匣物件各緣由，臣等理合先行會摺奏聞，至丁巡捕必須行提研究方可得其貲本銀兩數目，合並請旨遵行，謹將恭奉諭旨一並奏繳，伏乞睿鑒施行，謹奏。

硃批：於首齊查明之後或止咨部或竟題奏俱可。

附錄硃諭一紙

諭總督岳鍾琪、圖理琛、伊禮布，朕近覽諸人參奏年羹堯之摺，多有言其故作患難艱窘之狀而私藏財物，除存寄西安之外又有先後發寄各省者騾駝凡二千餘駝，騾轎二百餘乘，大車數百輛，朕於年羹堯始終施寬大之恩，乃彼竟不能信，反作如此行為，察其意今日藏此財物以巧營三窟，他時仍欲以此財物買結人心耳，惡人富謂之殃，朕若不明白此事，他日年羹堯又必以此召殃，於事大有關係，諭到爾等可詳查奏明其寄發他省者，除查問詢訪外並將西安及

〔註68〕《雍正朝漢文硃批奏摺彙編》獨立編目，經辨識，輯者作為附件。

涇陽三原等處各騾行車店帳號細查，其所僱數目所往地方領差之人姓名爾等可竭力一一密訪明晰，速速具奏，不可絲毫瞻狥，特諭。

附錄修訂硃諭一紙

諭署總督岳鍾琪、署巡撫圖理琛、副都統伊禮布等知悉，近日以來朕覽諸人參奏年羹堯之摺多言其故作艱窘之狀而百計私藏財物，除隱頓西安本城不計外，先後發寄各省者騾馱二千餘載，騾轎二百餘乘，大車數百輛，朕於年羹堯始終施寬大之恩，乃竟不能見信於伊，反作如此行為，察其意趣今日藏匿財物巧營三窟欲待他時以此要結人心，蠹蠹國事耳，夫善人富謂之賞，惡人富謂之殃，朕若不早燭其姦，破散陰謀，年羹堯將來又必以此召殃，且於國事亦大有關係，爾等加意詳查其發寄他省者，一面詢訪一面將西安涇陽三原等處各騾行車店之賬簿吊取細閱，其所僱數目所往地方及所托付人等之姓名一一竭力搜查明晰，作速密奏以聞，毋得絲毫瞻狥疏漏，特諭。

〔135〕署川陝總督岳鍾琪等奏報年羹堯在陝用過騾馱駝轎車輛細數摺（雍正三年七月初七日）[2]-[5]-348

太子少傅世襲三等公署理四川陝西總督印務四川提督拜他喇布勒哈番臣岳鍾琪等謹奏。

今將先行查實年羹堯在陝用過騾馱駝轎車輛細數登明於後，計開。

自本年正月起至五月止在西安府僱騎馱騾二千二百二十三頭。

騾轎二百二十四乘。

進京騾九百二十一頭內。

騎馱騾七百二十一頭。

騾轎一百乘，騾二百頭，領差家人嚴二，蓋三。

往直隸保定府騾一百九十頭內。

騎馱騾一百五十六頭。

騾轎一十七乘，騾三十四頭，領差家人張五，王七。

往江南揚州騾七百六十一頭內。

騎馱騾五百九十五頭。

騾轎八十三乘，騾一百六十六頭，領差家人洪堂官，翟四。

往直隸易州騾一百三十七頭內。

騎馱騾九十九頭。

騾轎一十九乘，騾三十八頭，領差家人嚴堂官。

往四川成都騾四十二頭內。

騎馱騾三十六頭。

騾轎三乘，騾六頭。

往湖廣漢口江南浦口騾一十一頭內。

騎馱騾七頭。

騾轎二乘騾四頭。

往直隸冀州騎馱騾八十二頭。

往寧夏騎馱騾十頭。

往江西騾二頭。

往西寧騎馱騾三十頭。

往莊浪騾四頭。

往蘭州騾四頭。

往漢中府騾三頭。

往鳳縣騾四頭。

往延安府騾二頭。

往黃甫川騾四頭。

往四川朝天關騾二頭。

往山東臨清州騾二頭。

往湖廣襄陽府騎馱騾十頭。

往山西白埠騾二頭。

共車二百三十三輛。

往保定府一百三十四輛，每輛載一千三百觔。

進京五十九輛。

自備大車四十輛，僱夫四十名，每輛用自備騾馬四頭匹，先說進京後赴襄陽。

雍正三年七月初七日

太子少傅世襲三等公署理川陝總督印務臣岳鍾琪

署理陝西巡撫印務承宣布政使司布政使臣圖理琛

鎮守西安右翼副都統覺羅臣伊禮布

〔136〕署川陝總督岳鍾琪等奏聞首出年羹堯寄貯箱匣包綑物件摺（雍正三年七月初七日）[2]-[5]-349

太子少傅世襲三等公署理四川陝西總督印務四川提督拜他喇布勒哈番臣岳鍾琪等謹奏。

今將首出年羹堯寄貯箱匣包綑物件開列於後，計開。

一宗，據督標後營游擊龍有印出首年羹堯堂官魏大寄箱一百八個，先經臣岳鍾琪摺奏。

一宗，據西安府知府趙世朗首報年羹堯寄貯編號大小皮箱匣棕箱毡包竹簍板箱綑縛包裹象牙物件等項分禮樹射岳等字號共二百五十二號，又二百三十一細件。

一宗，據四川斥革提塘王緯出首年羹堯寄貯白蠟銅錫紫檀細石秋毛毡帳房等物二十一細簍。

一宗，據慶陽副將洪天祚之兄洪天爵出首年羹堯家人洪管家皮箱八個小木桶一個布包一個，寄貯在家。

一宗，據民人張西範出首寄貯毡蒙古包藍白布帳房大小三十七頂，大小涼棚五架，有字石條十塊，無字石條十九塊。

雍正三年七月初七日

太子少傅世襲三等公署理川陝總督印務臣岳鍾琪

署理陝西巡撫印務承宣布政使司布政使臣圖理琛

鎮守西安右翼副都統覺羅臣伊禮布

硃批：知道了，川省着實嚴飭，再加察訪。

〔137〕署川陝總督岳鍾琪奏請令發陝効力之王原圻來署辦事摺（雍正三年七月初七日）[2]-[5]-351

太子少傅世襲三等公署理四川陝西總督印務四川提督拜他喇布勒哈番臣岳鍾琪謹奏，為據實陳奏請旨遵行事。

竊查奉旨發陝効力之戶部員外郎王原圻經前督臣年羹堯交代到臣，伏念皇上至聖至明，以國家首重用人，故邪正賢愚務求其實，臣但有親知灼見之處敢不據實奏明。查王原圻初授四川建始縣知縣，未及赴任即經四川前督臣年羹堯檄調到省辦理軍務，後因意見不同遂為年羹堯所忌，及康熙六十年撫臣塞爾圖到任見省城素少積儲，恐水旱不時民無所恃，遂自將所得之養廉捐出，於貢院隙地蓋倉積穀，係委王原圻辦理，又令其查恤陝省逃荒入蜀之饑民，彼時臣任四川提督駐劄省城，目擊王原圻黽勉辦公，不欺不悮，即撫臣幕中之事亦復資其助理。去年王原圻奉旨至西寧效力，亦曾力稟追勦之後急宜撫綏，其所敷陳略見誠悃，臣查讁發効力人員革去職銜者居多，乃王原圻素未一覲天顏，而引見於片刻之間仰荷聖主睿照之明，即憫其材猶有可用，故雖發陝効力而未去其職銜，此皇上天地之公心，日月之朗鑑，凡茲臣庶感服尤深，今軍務告竣無可効力之處，臣奉命署理川陝總督印務，幕中需人料理，應否即令王原圻至臣幕中辦事，臣未敢擅便，理合據實陳奏恭請明旨，伏乞皇上睿鑒批示遵行，謹奏。

雍正三年七月初七日具。

硃批：使得，但朕聞此人過於聰明，可留心用之，不可過信，察之，如果竭力秉公幫助你，實在効力好時奏聞朕擢用他。

附錄修訂摺一件

同日又奏，為據實陳奏請旨遵行事。

竊查奉旨發陝効力之戶部員外郎王原圻經前督臣年羹堯交代到臣，伏念皇上至聖至明，以國家首重用人，故邪正賢愚務求其實，臣但有親知灼見之處敢不據實奏明。查王原圻初授四川建始縣知縣，未及赴任即經四川前督臣年羹堯檄調到省辦理軍務，後因意見不同遂為督臣年羹堯所忌，及康熙六十年撫臣塞爾圖到任見省城素少積儲，恐水旱不時民無所恃，遂自將所得之養廉捐出，于貢院隙地蓋倉積穀，係委王原圻辦理，又令其查恤陝省逃荒入蜀之饑民，彼時臣任四川提督駐劄省城，目擊王原圻黽勉辦公，不欺不誤，即撫臣幕中之事亦復資其助理。去年王原圻奉旨至西寧效力，亦曾力稟追勦之後急宜撫綏，其所敷陳略見誠悃，今軍務告竣無可効力之處，臣奉命署理川陝總督印務，幕中需人料理，應否即令王原圻至臣幕中辦事，臣未敢擅便，理合具摺請旨，伏乞皇上睿鑒批示遵行，謹奏。

硃批：據奏欲留王原圻幕中辦事未嘗不可，但聞其人過於聰明，宜留意待之，毋得深信委信，如果肯盡力抒誠相助為理，實有効力之處具奏以聞，候朕另加擢用。

〔138〕江蘇巡撫張楷奏追拏年羹堯情形摺（雍正三年七月初八日）[5]-229

江蘇巡撫臣張楷謹奏，為奏聞事。

竊臣於六月二十九日酉時接准部文，奉旨提拿宋師曾，供出年羹堯家人魏堂官洪堂官等因，臣隨飛飭地方官查拿，併委蘇州府知府蔡永清同臣標中軍游擊黃賢前往揆查提拿去後。於七月初一日據該府等覆稱，年羹堯座船先於六月二十九日辰刻過蘇，卑職星夜追趕，於初一日早追至嘉興府，查得年羹堯船於二十九日亥時過嘉興，連夜往浙赴任，不便越境查拿等情，臣即行咨浙江撫臣查拿，並據情咨部外，初二日接到無錫縣報文，其洪堂官已於初一日該縣會同總督查弼納差來之江寧府理事同知在無錫縣地方拿獲等情。臣又查得年羹堯由江寧一路到蘇，門旗燈籠概不張掛，即船窻亦皆掩閉，隨身跟有大小船隻三十餘號，其餘家口由儀徵陸續前往，大有消沮閉藏之狀。又訪得沿途官員俱無迎送之事，合行奏明。又總督查弼納自蒙皇上教訓申飭之後，甚是恐懼小心，昨六月十四日伊妻病故，竟不受弔，屏絕應酬，勤謹辦事。又布政司鄂爾泰仰遵訓旨，諸事盡心幫臣料理，並不懈怠，今因會同按察司承審常熟縣虧案，現在江寧未回。又臣前奉諭旨，命訪淮安關慶元新設口岸之事，已經具摺回奏，今又訪得慶元於去冬新設流均溝永豐莊新湖安東四處，今春止撤去安東口岸，其流均溝等三處口岸猶存，查流均溝在府城東八十里一帶，河道通鹽城高郵寶應興化泰州等處，柴草雜糧魚米等物向係直抵東關，歷無稅鈔，今慶元築壩設關收稅，往來行舟不便，又淮城居民附郭田畝所收米麥秫荳發往本家，原無納鈔之例，慶元盡令上鈔，商民不無嗟怨，合將續訪情由，臣謹一併繕摺奏聞，伏乞皇上睿鑒施行，右謹奏聞。

雍正三年七月初八日

硃批：知道了，着實嚴察，再加密訪，一點疎息不得。

〔139〕吏部左侍郎史貽直等奏查嚴審金啟勳領兵部陽逼死民人一案等情摺（雍正三年七月初八日）[2]-[5]-352

吏部左侍郎臣史貽直刑部右侍郎臣高其佩謹奏，為奏明事。

臣等奉旨查審茶鹽二案並殘引難以盡獲等事一案，已經查審定議，於柒月初壹日謹繕本先令刑部筆帖式成寧賫奏外，所有金啟勳領兵部陽逼死無知男婦一案前於陸月初伍日移咨陝西督撫確查死亡人數去後，於柒月初壹日午刻准署川陝總督岳鍾琪查明咨覆，又於初叁日准署陝西巡撫圖理琛咨覆緣由到臣等，除年羹堯所奏李雲斗等陸名口外尚有因兵而死者壹拾叁名口，從前年羹堯隱匿不奏，甚屬狡詐，隨將金啟勳等嚴審定擬，臣等繕疏親賫於柒月初陸日自平陽府起身進京復命，行至二十里舖接准署晉撫伊都立准刑部咨開，為詳明事，議覆署陝西巡撫圖理琛題，據按察司黃焜詳稱郃陽縣民田慎等阻撓鹽法一案內，楊鵬九秦國有照光棍為從例擬絞監候之犯口供與原擬罪名不符，且與續獲之馮仲生尚未質訊，不便遽入秋審等語，應如該撫所請一併交與欽差侍郎史貽直高其佩確審妥擬，一併具題等因，奉旨依議，欽此咨行晉撫轉咨到臣等，欽此欽遵，隨即仍回平陽公署移咨陝西督撫提取人犯案卷，到日確審妥擬，查此案亦有金啟勳領兵拿獲之犯，合併確查審訊，從重歸結，俟審完之日臣等一併繕本親賫陳奏，為此謹奏。

雍正叁年柒月初捌日

硃批：知道了，爾等且在此等候，俟朕使人來有面交與之事。

〔140〕西安右翼漢軍副都統金無極奏延信岳鍾琪等寬平待民摺（雍正三年七月初八日）[2]-[5]-353

駐防西安右翼漢軍副都統臣金無極謹奏，為奏聞事。

竊臣看得年羹堯在陝之時威福任意，兵民交困，其待滿洲官兵刻薄更甚，以致滿城夜不安枕，自將軍延信到任之後寬平安靜，操練以時，始得寧謐。又聞督臣岳鍾琪參拿數員阿附年羹堯貪婪之官，小民俱各歡忻。新任布政司圖理琛五月到陝稽查前司任內錢糧甚是細心，糧道許容剔除積弊，將衙內書役革去大半，職官奉法，兵民安堵，更託聖主鴻福五風十雨，秋成有十分指望，此係目下事宜，理合具摺奏聞，伏乞皇上睿鑒，謹奏。

雍正叁年柒月初捌日具。

硃批：知道了，先前奉承年羹堯誇獎年羹堯好，今又該換班換人奉承誇獎了。

附錄修訂摺一件

西安右翼漢軍副都統臣金無極謹奏，為奏聞事。

竊臣看得年羹堯在陝之時威福任意，兵民交困，其待滿洲官兵刻薄更甚，以致滿城夜不安枕，自將軍延信到任之後寬平安靜，操練以時，始得寧謐。又聞督臣岳鍾琪參拿數員阿附年羹堯貪婪之官，小民俱各歡忻。新任布政司圖理琛五月到陝稽查前司任內錢糧甚是細心，糧道許容剔除積弊，將衙內書役革去大半，職官奉法，兵民安堵，更託聖主鴻福五風十雨，秋成有十分指望，此係目下事宜，理合具摺奏聞，伏乞皇上睿鑒，謹奏。

雍正三年七月初八日

硃批：所奏知道了，從前諂諛年羹堯所以極力稱揚年羹堯之好處，今既更換一班新人，自當轉面復向新人諂諛稱揚矣，實代汝愧之。

〔141〕署四川川北總兵李如栢奏參岳鍾琪王景灝結黨依附年羹堯摺（雍正三年七月初八日）[2]-[5]-357

署理四川川北等處總兵官印務加總兵銜臣李如栢謹奏，為敬陳愚見事。

竊臣至愚至微，過蒙聖祖知遇隆恩，不次拔擢，已屬非分之榮，又蒙皇上恩施格外，實為夢想所不到，自忖愚陋，竭盡駑鈍不能仰報於萬一，赴陝以來日夜儆惕，恐蚊負不勝以傷聖祖知人之明，負皇上特簡之恩，故臣抵榆林兢兢供職，殫厥犬馬之力，誠欲報高厚之恩，無如臣至陝西即為前督臣年羹堯眼中之釘，若不拔去彼終不快於心，是以多方以抑之，必欲俾臣不能展愚誠以報皇恩，彼則於中借端以陷害之，幸逢我聖明之主，知臣孤立無與，故得保全而不為彼所害，此臣一人之事最小焉者也。至於進退人材天恩出自皇上，實大權所在也，乃年羹堯之舉劾，苟非門生故舊依附於彼者，縱令才能出眾必設法以參劾之，不去其官守不已，若係依附於彼者縱穢跡昭彰，必巧為曲護，越次以保題之，使深感其恩，始終不忘，如岳鍾琪王景灝之類是也，且不止此，延安府所屬之米脂等處招回逃荒之民，蠲免惟正之供，勿令失所者皇上特賜之恩，年羹堯竟出示以曉諭，夫眾曰此本爵之力，告示中並不言皇上之恩，此臣與榆林道朱曙蓀同目見者也，彼時臣甚異，年羹堯市恩於眾不知意欲何為，爰作無心之狀，若不識不知者原欲窺其奸邪實情，思有以仰報天恩也，乃我皇上明照萬里，已發其奸矣。至王景灝岳鍾琪之結為朋黨，牢不可破而不肯忘年羹堯者迄今猶昔也。臣奉旨署理川北鎮赴川之時途遇署川提臣納欽，言川提有八百分公費，伊止食四十分，臣甚駭異，及臣抵保寧查閱營中兵馬，見旗幟軍器等物敝壞者十居七八，詢諸將備為何不及時修理，據將備回稱，前任年總督在川時閤鎮設公費九十分，每至年終造冊送川督銷筭，凡所羨餘解交川督，迨年總督陞任陝西，即將公費俱交於岳提督，至今公費銀兩俱是在省支去，並不發回，現有領餉官可問，有案可稽，所以軍器等項不能修理，臣復查無異。目擊營伍廢弛不敢坐視，又思巧婦難煮無米之粥，隨具文咨移署川提撫臣王景灝，煩請發回公費修理營伍，乃遲至一月有餘方接准王景灝咨覆，內開據提標中軍參將阮揚璟〔註69〕回稱，各標鎮協本年夏秋二季公費銀兩前於三月內詳懇憲恩，預支

〔註69〕《四川通志》卷三十二頁十三作提督標營中營參將阮揚璟。

領出，所有冬季分川北鎮標公費銀兩請全發回，除備錄詳請署督院公爺岳懇請批示外，理合具文呈詳，本提督據此除批詳，仰候督部院批示錄外，擬合咨覆。臣查咨文內稱各標鎮協公費銀兩預支領出等語，迴想納欽言川提有八百分公費，誠非虛謬，獨是設立公費既為營伍起見，撫臣王景灝大吏也，當其署理提督印務蒞任伊始即當查出公費發回各標鎮協，俾其修理營伍，不致廢弛，方是臣子公忠報國之道，既不然，及至見臣咨文即將各標鎮協公費發回猶是知過能改之人，乃王景灝俱不出此，而猶候署總督岳鍾琪之批示，則其依附於岳鍾琪者已和盤托出矣。且臣查初設公費，繼而送於岳鍾琪者年羹堯也，將公費拿至成都者岳鍾琪也，王景灝所以不將公費發回者一則恐更易年羹堯之事而負年羹堯保舉之恩，再則岳鍾琪現署理川陝總督，恐彰明岳鍾琪之惡而懼其陰為參劾，是其心中目中尚知有皇上哉，臣故曰王景灝岳鍾琪之結為黨援，牢不可破而不肯背年羹堯之恩者迄今猶昔也。臣愚昧之見如此，或俞允准臣具本題參，或留此摺以為後驗，伏候聖裁，附繳硃批摺壹扣，恭呈御覽，緣係敬陳事件字多，兩摺粘寫合併聲明，為此繕摺，謹奏。

雍正三年七月初八日署理四川川北等處總兵官印務加總兵銜臣李如栢。

硃批：此奏特屬胡說僭妄之至，豈有總兵參總督之理，況此事亦不真實，看你糊塗孟浪不堪光景，要負朕恩之人。

〔142〕署浙江巡撫甘國奎奏報年羹堯到浙情形等事摺（雍正三年七月初九日）[2]-[5]-369

署理浙江巡撫印務按察使臣甘國奎謹奏，為奏聞事。

竊臣一介庸愚荷皇上厚恩，凡見聞所及不敢徇隱，伏查浙省為濱海之區，我朝設立駐防，蓋以從龍員弁受恩最重，則報効君父之心最切，是以不靳錢糧使之飽煖，養其廉恥以礪其不二之心，壯其勇往之氣為我皇上保固地方也，乃駐防日久，生齒日繁，後生之輩易於習染浙省風俗柔華，人心刁譎，而八旗老成耆舊存者無多，未免移易性情，所賴鎮守諸臣宣揚皇上教養之恩，勗其守正向上以報効朝廷耳。今年羹堯於七月初二日到任，仍似大將軍氣象，且聞年羹堯語旗人云爾等窮苦我所深知，能隨我說斷不令爾等窮苦，雖屬撫慰旗人，然意指含蓄，非所以勗勵之也，年羹堯受皇上莫大之恩，自干重譴，理應時加凜惕以逭罪愆，乃仍然奢肆語言，狡詐慢無警懼，稽其所坐之船先到者已三十餘隻，聞未到者尚有四十餘隻，而家奴復有家奴，到杭者男女已不下千人，後來者尚未知其數，所住衙門人已居滿，聞將長隨等類分住外城，夫杭州五方雜處，遊手無賴藉以生事，地方殊有未便（硃批：業重不由己，下愚不移，柰何柰何，可惜朕恩也）。臣受皇恩深重見慮及此，除遣人不時密加察訪外，合當奏陳皇上睿裁。至溫州邪教其在浙在閩為首之人皆已拏獲，而無知被誘俱令其各繳出所造牌符等物，令地方官宣揚皇上寬大之恩，開無知受惡之網，一槩自首，免其深求，各安生業，而萬姓歡呼莫不感頌聖德無疆也。其福建王文治陳立昭等，溫州范子盛倪允信徐璞如，處州季海官等現在飭審究擬，但伊等邪教煽惑，雖志在誆騙然日久蔓滋，所當亟剪，仰祈聖裁如何處治以儆不良以彰（硃批：滿保奏過，此事應如滿保所奏料理）國法，庶臣祗奉遵行，江西巡撫裴徠度臣遵諭旨於六月二十四日寫書差人通知，而總兵陳王章均有地方之責亦已通知，俱令其密察，消弭寧戢地方，合併附陳，臣不勝凜惕之至，謹奏。

雍正三年七月初九日

硃批：知道了。

〔143〕陝西安西總兵孫繼宗奏報估修安西沙州城垣兵房匠作人夫銀兩數目摺（雍正三年七月十一日）[2]-[5]-370

鎮守陝西安西等處地方總兵官臣孫繼宗謹奏，為欽遵密旨。

查得安西建築土城壹座，城內之地純是鹹土，而且西南一帶地氣潮濕，東北角稍微乾燥，西南城墻底腳俱皆酥損，又南城墻塌陷丈餘，正北城墻陷裂丈餘，西南北叁面城頂間有橫裂，或離壹貳丈壹處，或離拾數丈壹處，每處開列寸許，甚至有開列貳叁寸以至城底者，城上垛口歪裂叁處。且建築之時未曾挖築地基，俱從原地立工，今春潮氣上升，所以城垣酥損塌裂，至蓋造營房每肆間壹連，不論木之大小灣曲，俱皆隨材湊用，開架又甚窄狹，前據臣標署中軍游擊衛維康等呈報，肆營倒塌兵房伍百肆拾叁間，臣隨行監脩知府白訥照數補脩去後。嗣據臣標署中軍游擊周文正等稟稱，前倒塌兵房今有知府白訥因赴安西奏銷甚急，與安西衛守備王瑋留銀叁千兩轉交肆營置買材料，僱覔人夫脩補倒塌兵房等情，據此臣思脩蓋兵房未及壹年，倒塌如許之多，則將來之頹壞無所底止，臣令肆營將備各官將所留銀兩暫為存貯，再將兵房細加查報去後。續據標署中軍游擊衛維康等呈報肆營又歪斜頹壞兵房肆百叁拾叁間，臣正在繕摺具奏，欽奉密旨，仰見我皇上洞見工程之苟簡，愛恤兵丁之至意。臣查脩築安西沙州貳處城垣營房，所需木植磚瓦等項材料並非用銀置買，俱係派僱甘涼肅壹帶匠作人夫採伐造作，今臣仍約估人夫之銀數不計材料之多寡，逐股逐項壹壹估計，繕副於後。復蒙聖旨令臣將補脩之處據實估計，但安西城內地土潮濕，又兼工程草率，南門城樓歪斜數寸，大十字鼓樓現今墜裂，其蓋造兵房上蓋俱皆漏天木植，墻壁甚不堅固，其城樓腰房併各官衙門□皆椽木歪斜，墻垣倒塌，且一應城樓官署兵房俱無柱頂石，悉以木襯，若數年地氣返潮，勢必不能經久，工程實屬浩大，伏祈聖主睿鑒。

再查沙州城垣營房於本年伍月內完工，其草率苟簡，地基砌埕更甚於安西，所有估計安西沙州貳處脩築城垣兵房銀兩併知府白訥留銀補脩情由理合繕摺奏。

一、安西建築土城壹座，以木匠尺丈量週圍連腰墩角墩共壹千貳百捌拾丈，地基寬貳丈叁肆尺不等，收頂寬壹丈貳叁肆尺不等，東西兩面城墻除垛口在外，立高壹丈玖尺伍寸，北面城墻除垛口在外立高貳丈，惟南面城墻自南城門樓迤東立高壹丈柒尺捌玖寸不等，自南城門樓迤西立高壹丈玖尺伍寸，肆面城頂外簷又垛口高伍尺，裏簷又裙墻高貳尺伍寸外，連甕城肆座，每座自外邊底腳丈量，其肆拾丈地基寬壹丈玖尺，收頂寬壹丈伍寸，立高壹丈伍尺貳寸，又外簷垛口高伍尺，裏簷裙墻高貳尺伍寸，通共分作捌工建築，每工僱人夫肆百名，捌工共人夫叁千貳百名，每名每月給工食銀壹兩捌錢，又給米貳斗，麵貳斗，照依原日報買之價併輓運腳價，實在折銀壹兩捌錢零捌厘，連前工食共合銀壹兩陸錢零捌厘，其人夫叁千貳百名每月關銀壹萬壹千伍百肆拾伍兩陸錢，肆箇月完工共僱人夫銀肆萬陸千壹百捌拾貳兩肆錢，查丈量城工例用土工尺，今安西地方並未製有土尺，其城垣高厚現用木匠尺丈量，合併聲明。

一、安西兵房捌千間，內每連房肆間高陸尺有餘，以至柒捌尺不等，入深陸尺伍寸，亦有柒尺有餘，最深者不過捌尺，通常寬貳丈伍陸尺，最寬者不過叁丈，順樑伍根，單檁壹拾貳根，柱子壹拾根，柳椽伍拾餘根，亦有陸柒拾根者，單門扇貳合，小撑窗貳箇，其檁柱樑徑各叁肆伍寸不等，椽徑數分，亦有寸許者，上蓋柳編樋捌塊，亦有蓋芨芨笆子者，至於大街兵房前簷仰瓦單蓋，其後簷並背街后巷之房俱係寸泥壓樋，並未上瓦，其營房之後雖有通常低薄界墻壹道，今已經倒塌大半，且並未築隔院墻，除木□土坯柳樋等項在於後項估計外，今房每肆間止估脩蓋併平地基築界墻伍作人夫叁拾名，每名每日銀壹錢貳分貳毫陸絲，其叁拾名計壹日完工，關銀叁兩陸錢零柒厘捌毫，以此肆間推算則捌千間兵房共僱人夫銀柒千貳百壹拾伍兩陸錢。

一、採伐木植僱人夫壹千名，每月關銀叁千陸百零捌兩，伍箇月完工，共銀壹萬捌千零肆拾兩。

一、伐運木植僱人夫伍百名，騾車伍百輛，人夫工食米麵如前，騾子每頭每日餵豌豆壹市升，估算銀壹錢貳分，其人夫伍百名，騾子伍百頭，每月關工食豌豆銀叁千陸百零肆兩，捌箇月完工，共銀貳萬捌千捌百叁拾貳兩。

一、打草僱人夫壹百名，每月關銀叁百陸拾兩捌錢，捌箇月完工，共銀貳千捌百捌拾陸兩肆錢。

一、燒作磚瓦僱人夫叁拾名，工食米麵如前，又僱作頭拾伍名，每名每月給工食銀貳兩，連米麵合銀叁兩捌錢零捌厘，其人夫叁拾名，作頭拾伍名，每月關銀壹百陸拾伍兩叁錢陸分，拾貳箇月完工，共銀壹千玖百捌拾肆兩叁錢貳分。

一、割柳條芨芨編房樋僱人夫壹百肆拾名，每月關銀伍百零伍兩壹錢貳分，陸箇月完工，共銀叁千零拾兩柒錢貳分。

一、脫土坯僱人夫柒百名，每月關銀貳千伍百貳拾伍兩陸錢，肆箇月完工，共銀壹萬零壹百貳兩肆錢。

一、燒石灰打石條僱人夫捌拾名，每月關銀貳百捌拾捌兩陸錢肆分，兩箇月完工，共銀伍百柒拾柒兩貳錢捌分。

一、拽運磚瓦土坯葦柳樋石條石灰等項僱人夫貳百名，騾車貳百輛，每月工食豌豆關銀壹千肆百肆拾壹兩陸錢，肆箇月完工，共銀伍千柒百陸拾陸兩肆錢。

一、打草僱人夫肆拾名，每月關銀壹百肆拾肆兩叁錢貳分，肆箇月完工，共銀伍百柒拾柒兩貳錢捌分。

一、城門樓肆座，每座叁間，肆面俱有穿廊，重簷無樓，連城門每座僱人夫肆拾貳名，肆處共僱人夫壹百陸拾捌名，壹箇月完工，共銀陸百陸兩壹錢肆分肆厘。

一、城隅角房肆處，每處房叁間，僱人夫拾柒名，肆處共僱人夫陸拾捌名，計拾日完工，共銀捌拾壹兩柒錢柒分陸厘捌毫。

一、城上腰墩房拾陸處，每處小房貳間，破作叁間，僱人夫貳拾名，拾陸處共僱人夫叁百貳拾名，計壹日完工，共銀叁拾捌兩肆錢捌分叁厘貳毫。

一、鼓樓壹座，樓上房間肆面俱有穿廊，樓下肆面之房，每面叁間，臺墻俱用磚裹，僱人夫陸拾叁名，壹箇月完工，共銀貳百貳拾柒兩叁錢零肆厘。

一、神祠伍座，內殿宇房屋廟門共伍拾柒間，僱人夫壹百肆拾伍名，壹箇月完工，共銀伍百貳拾叁兩壹錢陸分。

一、總兵衙門壹處，裏外房屋大小不一，共玖拾壹間，僱人夫壹百貳拾伍名，壹箇月完工，共銀肆百伍拾壹兩。

一、道官衙門壹處，裏外房屋伍拾捌間，僱人夫壹百名，壹箇月完工，共銀叁百陸拾兩捌錢。

一、察院衙門壹處，併廳衛遊守千把官衙門共叁拾伍處，每處房屋大小多寡不同，共合房伍百柒拾叁間，僱人夫壹千壹百名，壹箇月完工，共銀叁千玖百陸拾捌兩捌錢。

一、倉房伍拾貳間，僱人夫貳拾名，壹箇月完工，共需人工銀柒拾貳兩壹錢陸分。

一、打造應用鐵器僱鐵匠拾名，每月關銀叁拾陸兩零捌分，貳箇月完工，共需人工銀肆百叁拾貳兩玖錢陸分。

一、僱艷色銀壹百兩。

一、估計買鐵銀叁百兩。

以上共估計脩築安西城垣兵房費用過銀壹拾叁萬貳千叁百伍拾陸兩陸錢陸分捌厘。

一、沙州建築土城壹座，以木匠尺丈量週圍連腰墩角墩共伍百肆拾丈，地基寬貳丈，收頂寬壹丈，立高壹丈柒捌尺不等，又外簷垛口高伍尺，裏簷裙墻高貳尺伍寸外，連甕城叁座，通共分作捌工建築，每工僱人夫叁百伍拾名，捌工共人夫貳千捌百名，每名每月給工食銀壹兩捌錢，又給米貳斗，麵叁斗，照依原日僱買之價併輓運至沙州腳價，實在折銀貳兩捌錢壹分捌厘，連前工食共合銀肆兩陸錢壹分捌厘，其人夫貳千捌百名每月銀壹萬貳千玖百叁拾兩肆錢，兩箇月完工共僱人夫銀貳萬伍千捌百陸拾兩捌錢。

沙州兵房貳千間，內每連房肆間高陸尺有餘，以至柒捌尺不等，入深陸尺有餘，以至柒捌尺者，通長寬叁丈，亦有貳丈柒捌尺者，順樑伍根，單檁壹拾貳根，柱子壹拾根，梧桐椽伍拾餘根，亦有陸柒拾根者，單門扇貳合，小撐窗貳箇，其檁柱樑徑各叁肆伍陸寸不等，椽徑數分，亦有寸許者，上蓋柳編䊵捌塊，俱用寸泥壓䊵，並未上瓦，除木植土坯柳䊵等項在於後項估計外，今房每肆間止估脩蓋併平地基築小墻匠作人夫叁拾名，每名每日銀壹錢伍分叁厘玖毫叁絲，以此肆間推算則貳千間兵房共僱人夫銀貳千叁百零捌兩玖錢伍分。

一、採伐木植僱人夫貳百名，每月關銀玖百貳拾叁兩陸錢，伍箇月完工，共銀肆千陸百壹拾捌兩。

一、伐運木植僱人夫貳百名，騾車貳百輛，人夫工食米麵如前，騾子每頭每日餵豌豆壹市升，估價銀壹錢肆分肆厘，其人夫貳百名，騾子貳百頭，每月關工食豌豆銀壹千柒百捌拾陸兩陸錢，肆箇月完工，共銀柒千壹百伍拾兩肆錢。

一、打草僱人夫肆拾名，每月關銀壹百捌拾肆兩柒錢貳分，肆箇月完工，共銀柒百叁拾捌兩捌錢捌分。

一、燒作磚瓦僱作頭人夫伍拾名，每月關銀貳百叁拾兩玖錢，陸箇月完工，共銀壹千叁百捌拾伍兩肆錢。

一、割柳條芨芨編房椽僱人夫肆拾名，每月關銀壹百捌拾肆兩柒錢貳分，兩箇月完工，共銀叁百陸拾玖兩肆錢肆分。

一、脫土坯僱人夫貳百名，每月關銀玖百貳拾叁兩陸錢，叁箇月完工共銀貳千柒百柒拾兩捌錢。

一、燒石灰打石條僱人夫貳拾名，每月關銀玖拾貳兩叁錢陸分，兩箇月完工共銀壹百捌拾肆兩柒錢貳分。

一、拽運磚瓦土坯葦柳椽石條石灰等項僱人夫壹百名，騾車一百輛，每月人夫工食騾頭豌豆銀捌佰玖拾叁兩捌錢，兩箇月完工共銀壹千柒百捌拾柒兩陸錢。

一、打草僱人夫貳拾名，每月銀玖拾貳兩叁錢陸分，兩箇月完工共銀壹百捌拾肆兩柒錢貳分。

一、城門樓叁座，無北門，每座門樓貳間，破作叁間，重簷無樓，連城門每座僱人夫叁拾名，叁處共人夫玖拾名，壹箇月完工，共銀肆百壹拾伍兩陸錢貳分。

一、城隅角房肆處，每處房壹間，僱人夫拾名，肆處共人夫肆拾名，每名每日銀壹錢伍分叁厘玖毫叁絲，計壹日完工共銀陸兩壹錢伍分柒厘貳毫。

一、城上腰房捌處，每處房壹間，僱人夫拾名，捌處共人夫捌拾名，計壹日完工，共銀壹拾貳兩叁錢壹分肆厘肆毫。

一、北城廟壹座貳間，破作叁間，又城隍廟壹所，房拾陸間，僱人夫叁拾名，壹箇月完工，共銀壹百叁拾捌兩伍錢肆分。

一、遊守千把官衙門捌處，又所千總衙門壹處，房屋大小多寡不同，共合房壹百肆拾柒間，僱人夫貳百伍拾名，壹箇月完工，共銀壹千壹百伍拾肆兩伍錢。

一、倉房伍間僱人夫拾名，計陸日完工，共工食銀玖兩貳錢叁分伍厘捌毫。

一、打造鐵器僱鐵匠拾名，每月銀肆拾陸兩壹錢捌分，兩箇月完工，共銀玖拾貳兩叁錢陸分。

一、估計買鐵併黝色銀壹百兩。

以上共估計脩築沙州城垣兵房費用過銀肆萬玖千貳百捌拾捌兩肆錢叁分柒厘肆毫。

通計安西沙州貳處脩築城垣房屋共銀壹拾捌萬壹千陸百肆拾伍兩壹錢伍厘肆毫。

以上估計脩築用安西沙州城垣兵房匠作人夫銀兩各數目理合繕摺具奏，伏祈皇上睿鑒，為此謹具奏聞。

雍正叁年柒月拾壹日鎮守陝西安西等處地方總兵官臣孫繼宗。

硃批：已發廷議。

〔144〕陝西安西總兵孫繼宗奏報安西屯田原給籽種牛具騾馬銀兩數目摺（雍正三年七月十一日）[2]-[5]-371

鎮守陝西安西等處地方總兵官臣孫繼宗謹奏，臣欽遵密旨，今將安西屯田原給籽種牛具騾馬銀兩，臣謹繕摺具奏。

一、安西屯田原給麥稞籽種壹千伍百石，內沙州地方下種三百石，相距安西肆百捌拾里。在安西之西他什地方下種柒百石，相距安西壹百肆拾里。在安西之西雙堡子地方下種叁百伍拾石，相距安西壹百貳拾里。在安西之西北捌道溝玖道溝地方下種壹百伍拾石，相距安西叁拾里，在安西之東。

一、應給屯田牛伍百隻，內給城工瘦騾貳百頭，自給之後陸續倒斃騾壹百柒頭，現存騾玖拾叁頭，其不敷牛叁百隻，折給銀叁千叁百兩，在於肅州地方覔買，因牛隻缺乏，僅其折給銀兩共買獲騾壹百肆拾玖頭，馬肆拾玖匹，牛肆拾隻。

一、原給城工破車貳百伍拾輛，拉車小鞍屜繩索貳百伍拾副，鐵鍁貳百伍拾張，鐵钁貳百伍拾把，鐵鏵貳百伍拾張。

以上原給籽種牛具騾馬銀兩各數目理合繕摺具奏，伏祈皇上睿鑒，為此謹具奏聞。

雍正叁年柒月拾壹日鎮守陝西安西等處地方總兵官臣孫繼宗。

硃批：已發廷議。

〔145〕陝西安西總兵孫繼宗奏奉密旨並謝欽賜孔雀翎子等物摺（雍正三年七月十一日）[2]-[5]-375

鎮守陝西安西等處地方總兵官臣孫繼宗謹奏，為密奉聖旨併謝天恩事。

雍正叁年柒月初壹日據臣標署前營守備任大漢齎捧到欽賜御製金翎管孔雀翎子壹根，上用銀蕋茶壹大餅，各色珍藥壹匣，平安丸壹匣，臣郊外跪迎至署，恭設香案，望闕九叩謝恩祗受訖。臣跪聽硃批旨意，朕安，另有口諭與來千總，欽此。千總任大漢傳面奉溫旨，褒榮恩綸勸勉，臣俯伏跪聆之頃，不禁涕零。又傳署固原提督臣馬煥於伍月拾叁日面奉密旨，年羹堯將總兵的功勞行走之處竟都隱昧了，不曾在朕前啟奏，着總兵將他行走之處繕摺奏來。再將總兵帶領出過兵的官有好的揀選奏來。又傳署提臣馬煥於伍月拾伍日面奉密旨，着總兵將安西建築城垣脩蓋兵房有無倒塌房屋，如我兵住得，將城工房屋價值據實估計奏來，如我兵住不得，將添脩之處亦據實估計奏來，我兵豈是住破損房屋的。再屯田壹事與了多少籽種，價值與了多少，牛具騾馬查明奏來等因，欽此。臣跪聽聖諭之下，仰見我聖主明同日月，無微不照，蓋造兵房實屬窄小不堪，屯田牛具騾馬實屬瘦損充數。至臣口外行走之處，竟遭年羹堯隱昧，不達九重，而微臣一點螻蟻之忠心久蒙聖主洞鑒，是臣千載奇逢聖明之主，實出皇上浩蕩洪慈也。臣仰遵密旨，將城工兵房屯田牛具騾馬等項逐一細查細估，併將臣行走之處及揀選保奏官員繕具密摺肆本謹奏天庭。伏念臣駑鈍之質，荷蒙皇恩，畀以口外重鎮，夙夜兢惕，惶悚靡寧，而感戴之忱刻難自已，是以遣差千總任大漢齎捧奏摺叩謝天恩，乃蒙聖恩高厚賞賚有加，優隆獨至，臣何人斯而受此殊恩也。但臣自荷戈小卒，蒙聖祖仁皇帝天恩，節次拔至參將，近年之超擢皆皇上特下之命，臣之所受者是聖主一人之知，即如上年皇上特下恩旨，孫繼宗遇有陝省總兵缺出題來補授等因，行令年羹堯欽遵在案，繼而寧夏總兵缺出，理宜遵旨將臣題補，其如年羹堯欺妄違旨竟將王嵩保舉，我皇上明見九有，則年羹堯之立心詭詐，顛倒是非之處自難掩飾，而年羹堯不將臣保舉者誠如明主聖諭，臣無錢夤緣也，臣叩聆恩旨，哽咽奚已。今者青海地方仰仗聖主天威大已平定，臣實虛糜高爵厚祿，而無出力報効之地，惟有將安西地方營制一切事宜殫心次序條理，以期營伍整頓地方改觀，以仰報我皇上洪恩於萬一耳，為此繕具摺奏，遣差千總任大漢齎捧恭謝以聞。

雍正叁年柒月拾壹日鎮守陝西安西等處地方總兵官臣孫繼宗。

硃批：朕雖未見你之面，實知你居心為人，勉力為之，再所奏保舉人員一摺，効力行走一摺，參奏王嵩一摺留覽，潘之善何如據你所見所聞奏來。

〔146〕署陝西固原提督馬煥奏陳年羹堯勒派在籍原任撫臣王之樞張連登等銀兩情形摺（雍正三年七月十一日）[2]-[5]-376

署理陝西固原提督印務總兵官署都督僉事奴才馬煥謹奏，為密摺奏聞事。

前奴才經過陝西西安府有前任偏沅巡撫王之樞見奴才云，我在偏沅做巡撫時諸事俱遵循趙申喬當日所行，革除利弊，並無一毫出產，我的居心行事惟有天日可鑒，前據年羹堯云，奉旨派我叁拾萬兩銀子，我變賣房產地土交過銀拾壹萬兩，尚少拾玖萬，不知將來作何處置。又路過咸陽縣，有原任湖北巡撫張連登亦見奴才，云我奉旨派往布隆吉修城種地，年羹堯云旨意派我貳拾萬兩銀子，以作修城種地之費，又將我帶往陝西効力行走，我將祖遺并自置鋪面店房當鋪茶引茶行生意并幾任宦囊盡其所有親交司庫銀拾陸萬叁千兩，其家人魏之耀又收過銀壹萬兩，年羹堯又勒送古董玩器玖拾叁件，購買價值銀壹萬餘兩。奴才又訪聞得前署直隸巡撫趙之垣家人杜姓者常與人言，為主子除辦大差之外，年總督私自得過我主子銀子貳拾餘萬兩，他家嚴魏貳堂官得過叁萬餘兩，貳堂官家人亦得過數千兩。又訪聞有原任江西巡撫王企敬年羹堯亦派銀拾萬兩，俱足數交過，奴才竊思王之樞張連登貳臣者前蒙聖祖仁皇帝擢用巡撫，奴才亦聞居官頗稱安靜，即薄有宦資不過養贍家口，今奴才目擊貳臣之清苦情形，亦屬可憫，總之天恩出自聖裁，至曾否奉旨派銀奴才未知的確。再年羹堯要過趙之垣王企敬銀兩傳於人口，諒非無因，竊思天下之督撫大臣皆知畏懼，亦有盡心報恩者，亦有清廉自愛者，未有如年羹堯貪殘如此之甚也，伏祈睿鑒，謹繕摺奏聞。

自為字起至摺字止計肆百玖拾壹字紙貳張。

雍正叁年柒月拾壹日署理陝西固原提督印務總兵官署都督僉事奴才馬煥。

〔147〕署陝西固原提督馬煥奏陳所聞修築安西鎮沙州城用過銀兩數目等情摺（雍正三年七月十一日）[2]-[5]-377

密摺，署理陝西固原提督印務總兵官署都督僉事奴才馬煥謹奏，為密摺奏聞事。

奴才前赴固原，沿途遇有安西鎮沙州城催夫督工之延綏鎮屬保寧堡守備楊鶴齡，固原鎮屬蘆塘營年滿千總尹成宗，西安州年滿千總李秀俱事竣回營，奴才細問口外修築城垣貳處係某官總理工程，某官經管錢糧口糧以及夫子數目，起止年月，約估共費錢糧若干，據該弁等口稱，總理工程錢糧事務係西安府按察司王景灝，臨洮府知府白訥，經手錢糧賬目係三原縣典史余繼念，原任驛丞孫統方，派委督催夫子係興漢鎮屬略陽營守備楊通，延綏鎮屬響水堡守備張玉文，并守備千總等。修築安西鎮城自雍正元年捌月初壹日起至雍正貳年貳月終，止共貳百零柒日，雇夫子壹千貳百名，又自雍正貳年叁月初壹日起至伍月初壹日止共伍拾玖日，雇夫子肆千伍百名以上，每夫子壹名日給工銀陸分肆釐陸毫零，每月合銀貳兩，日給口糧壹升叁合叁勺零，每月合糧肆斗，每糧壹石價銀捌兩，貳起共合工銀口糧用過銀捌萬玖千柒拾柒兩零。修築沙州城自雍正叁年叁月拾伍日起至伍月拾伍日止，共陸拾日，雇夫子貳千肆百名，每名日給工銀陸分，每月合銀壹兩捌錢，日給口糧壹升陸合陸勺零，每月合糧伍斗，每糧壹石價銀陸兩，共合工銀口糧用過銀貳萬叁千肆拾兩，以上修築安西鎮沙州城通共用銀壹拾壹萬貳千壹百壹拾柒兩零，至安西鎮零星雇覔夫子并石條磚灰等項亦不知數目，守備千總等曾問臨洮白知府共費錢糧若干，他說約費銀貳拾餘萬兩等語。奴才又至平涼府屬之涇州，叁更起程，叁拾里行至王村地方，時已黎明，遇有臨洮知府白訥經過，見有騾馱捌拾餘馱，內有銀馱叁拾柒捌馱，其餘馱子內貨物不能詳悉，奴才查此監修城工之文武官員係年羹堯酌派，其城工一應錢糧口糧俱屬王景灝白訥總理估計，典史余繼念、驛丞孫統方係經管錢糧賬目之員，而守備等弁不過聽總理文官指揮督催匠夫修築城工而已，錢糧之事彼武職自不得干預。奴才又聞城工所用木植磚石炭灰等項俱產於本地，所費人工亦屬無幾，今已工竣，其作何報銷錢糧之處奴才不能詳悉，今既有見聞，不敢隱默，謹繕摺奏聞，伏祈皇上睿鑒。

自為字起至摺字止計柒百捌字紙貳張。

右謹奏聞。

雍正叁年柒月拾壹日署理陝西固原提督印務總兵官署都督僉事奴才馬煥。

硃批：現諭嚴查。

〔148〕署陝西固原提督馬煥奏年羹堯屬員日前用兵部陽屠殺民人摺（雍正三年七月十一日）[2]-[5]-378

署理陝西固原提督印務總兵官署都督僉事奴才馬煥謹奏，為密摺奏聞事。

竊奴才前赴固原，行至潼關地方察訪營汛緊要情形，聞得有前任川陝總督年羹堯屠剿郃陽百姓之事，奴才不勝驚異，於陸月初拾日到潼關聞知此事，有奴才標下前營把總梅大年迎接前來，隨差前往郃陽密訪得年羹堯假捏郃陽百姓行賣私鹽，吞嚼富戶，因不遂其欲，於雍正貳年捌月拾捌日遣發前火器營參將今調新設援剿營參將馬忠孝、潼關營守備今陞寧夏玉泉營游擊蒲運際領兵壹百伍拾名，拾玖日遣發神道嶺游擊劉承基領兵壹百貳拾名，貳拾日遣發鹽道金啟勳、慶陽副將洪天祚領兵壹千名俱往郃陽城內，本日叁更放炮站隊，肆更出城，離縣貳拾里兵圍各村堡，捉獲百姓拾餘名，貳拾壹貳兩日兵圍夏陽川村堡數拾餘處，捉獲百姓壹貳百名，有鹽道金啟勳隨審隨釋，止留壹拾捌名押解西安，斬首玖名，內有秀才壹名途中身故，伍名脫逃，壹名現囚獄中，玖名內有秀才壹名。細詢拏獲眾庶名姓，百姓皆杜口莫敢直言，兵臨之際百姓男婦大小畏懼落河投井跳崖者為數甚多等情，伏思雍正貳年捌月拾捌日奴才在固居鄉守制，未聞此事，今蒙主子特命署提督事，已有責任，又有密旨指授，故抵潼關察訪營汛方知有此情節，奴才竊思年羹堯擅遣官兵圍困村堡固屬逆天，然密訪起釁之端皆由火器營參將馬忠孝、鹽道金啟勳自恃為總督年羹堯心腹，表裏作奸，釀成此禍，以致百姓老幼男婦落崖投水者不計其數，今既訪得有此慘毒之事，不敢昧於上聞，伏祈皇上聖裁，謹繕摺密奏以聞。

自為字起至摺字止計伍百壹拾陸字，紙貳張。

右謹奏聞。

雍正叁年柒月拾壹日署理陝西固原提督印務總兵官署都督僉事奴才馬煥。

硃批：朕早已備悉，現諭嚴查。

附錄修訂摺一件馬煥奏聞年羹堯屠剿百姓摺（雍正三年七月十一日）[4]-[30]-1008

同日又奏，為密摺奏聞事。

竊臣前赴固原，行至潼關地方察訪營汛，聞得有前任川陝總督臣年羹堯屠剿郃陽百姓之事，臣不勝驚異，隨差標員前往郃陽密訪得年羹堯假捏郃陽百姓行賣私塩，吞嚼富戶，因不遂其欲，于雍正二年八月十八日遣發前火器營參將馬忠孝、潼關營守備蒲運際領兵一百五十名，十九日遣發神道嶺游擊劉承基領兵一百二十名，二十日遣發鹽道金啟勳、慶陽副將洪天祚領兵一千名俱往郃陽城內，本日放砲出城，離縣二十里兵圍各村堡，捉獲百姓十餘名，二十一二兩日兵圍夏陽川村堡數十餘處，捉獲百姓一二百名，有鹽道金啟勳隨審隨釋，止留一十八名押解西安，斬首九名，內有秀才一名途中身故，五名脫逃，一名現囚獄中，三名內有秀才一名。兵臨之際百姓男婦大小畏懼落河投井跳崖者為數甚多等情。竊思年羹堯擅遣官兵圍困村堡，固屬逆天，然密訪起釁之端皆由火器營參將馬忠孝、鹽道金啟勳自恃為總督年羹堯心腹，表裏作奸，釀成此禍，以致百姓老幼男婦落崖投水者不計其數，今既訪得有此慘毒之事，不敢昧于上聞，謹繕摺具奏，伏祈皇上聖裁，謹奏。

硃批：朕早已備悉其事，現在特遣部臣嚴行查究。

〔149〕署陝西固原提督馬煥奏訪聞年羹堯用兵西海誅戮喇嘛搜搶財物摺（雍正三年七月十一日）[2]-[5]-379

署理陝西固原提督印務總兵官署都督僉事奴才馬煥謹奏，為密摺奏聞事。

竊奴才授任之後固原標下有出征西海官兵，奴才密訪得年羹堯於雍正元年拾月內派撥西寧總兵黃喜林剿滅郭莽寺〔註 70〕，有寺內捌拾餘歲胡突兔口稱我等喇嘛並非逆賊，情願盡獻所有金銀跪求饒命，總兵黃喜林盡行殺戮，所得金佛貂皮元狐珠寶金銀紬緞等物共載肆拾餘車，夤夜運交年羹堯管帳巡捕官咸寧縣典史胡顯、家人魏之耀收訖。又派四川巡撫王景灝、寧夏總兵王嵩抄殺白塔寺〔註 71〕以及爾格楞寺〔註 72〕，收其金銀珠寶不知其數，賞給兵丁破爛皮衣氈毯氆氌牛羊而已。再奴才密訪出征西海殺掠情節，有標下後營游擊王緒級係前派領固原兵丁出師之員，據王緒級云於雍正貳年貳月初捌日跟隨署總督岳鍾琪統領官兵出口進剿羅卜藏丹盡，出口之日軍令森嚴，申飭官兵凡遇賊營不得下馬搶掠，於初拾日趕至伊可哈里，追殺厄爾得尼撥什兔〔註 73〕，所獲營盤金銀器皿馱子等物俱屬興漢總兵武正安經收訖，於拾捌日由噶順地方趕至木葫蘆口，即羅卜藏丹盡母親部落，營盤帳房叁拾餘頂，所獲家財等物署總督岳鍾琪仍令總兵武正安經收，沿途所獲駱駝馬匹牛羊約數萬有餘，俱屬總

〔註 70〕今名廣惠寺，為羅卜藏丹津之亂被毀重建時清世宗御賜名，位於青海省大通縣東峽鎮。

〔註 71〕疑即塔爾寺。

〔註 72〕即郭隆寺，今名佑寧寺，為羅卜藏丹津之亂被毀重建時清世宗御賜名，位於青海省互助縣五十鎮寺灘村。

〔註 73〕指端拉克諾木齊額爾德尼博碩克圖，此人為右翼盟長，顧實汗圖魯拜琥第七子瑚嚕木什之孫，《蒙古世系》表三十七失載，《松巴佛教史》頁五五三表十載其父名旺欽，己名曲扎諾木真台吉。與《如意寶樹史》頁七九〇後表五校，己名曲扎諾木齊台吉，諾木真為諾木齊之誤。

兵王嵩經收，岳鍾琪即前赴柴旦扎營追殺羅卜藏丹盡去，不知總兵武正安將所收等物歸落何處。奴才伏思年羹堯指使黨羽搜搶財物殘暴已極，又將喇嘛妄行誅殺，焚毀寺院，其意不過欲滅其跡杜其口耳，至黃喜林、王嵩等逢迎趨附，倚為心腹，所以由微員而邀不次之擢也，奴才雖在西寧効力，但未曾見用，即有耳目不能詳悉，今奴才荷蒙聖恩不以衰老摒斥，命署固原提督印務，惟有仰遵聖訓留心密訪，今既有訪聞何敢隱默，謹繕摺奏聞，伏祈皇上睿鑒。

自為字起至摺字止計伍百柒拾字紙貳張。

右謹奏聞。

雍正叁年柒月拾壹日署理陝西固原提督印務總兵官署都督僉事奴才馬煥。

硃批：朕皆知道，好，黃喜林王嵩不過一介武夫，畏年羹堯之威，貪年羹堯之惠爾，人之常情，況皆有血戰之功，朕錯用年羹堯自悔失人之明尚且不及，何顏株連多人，朕槩不罪，向後若輩若不改乃又其自取之也，朕只要自己良心過得去。

附錄修訂摺一件馬煥奏聞年羹堯縱掠財物等摺（雍正三年七月十一日）[4]-[29]-1004

署理固原提督印務總兵臣馬煥謹奏，為密摺奏聞事。

竊臣抵任之後固原標下有出征西海官兵奴才密訪得，年羹堯于雍正元年拾月內派撥西寧總兵黃喜林剿滅郭莽寺，黃喜林將寺內喇嘛盡行殺戮，所得金佛貂皮元狐珠寶金銀紬緞等物共四十餘車，黃夜運交年羹堯管帳巡捕官典史胡顯、家人魏之耀收訖。又派四川巡撫王景灝、寧夏總兵王嵩抄殺白塔寺以及爾格楞寺，收其金銀珠寶不知其數，又據臣標下後營游擊王緒級云，從前緒級率領固原兵丁跟隨岳鍾琪出口進剿羅卜藏丹盡，至伊可哈里追殺厄爾得尼撥什免〔註74〕，所獲營盤金銀器皿馱子等物俱屬興漢總兵武正安經收訖。又至木葫蘆口，即羅卜藏丹盡母親部落營盤，帳房三十餘頂，所獲家財等物亦係武正安經收，沿途所獲駝馬牛羊約數萬有餘，俱屬王嵩經收，岳鍾琪即前赴柴旦札營追殺羅卜藏丹盡去，不知武正安將所收等物歸落何處。伏思年羹堯指使黨羽搜搶財物，誅戮喇嘛焚毀寺院，其意不過欲滅跡杜口，至黃喜林王嵩等逢迎趨附，倚為心腹所以由微員而邀不次之擢也，臣既有訪聞何敢隱默，謹繕摺奏聞，伏祈皇上睿鑒，謹奏。

〔註74〕「免」為「兔」之誤。

硃批：所奏各情形朕早已洞悉，如黃喜林王嵩不過一介武夫，畏年羹堯之威貪年羹堯之惠，亦係常情，況俱有戰功，朕悞用年羹堯失知人之明，悔之尚且不及，何顏株求多人，槩寬其罪矣，此後若輩若怙終不悛，是乃其自貽伊戚也，朕但要揆之天理良心上過得去則已。

〔150〕署陝西固原總兵馬煥奏遵旨傳諭將軍延信等人摺（雍正三年七月十一日）[2]-[5]-380

署理陝西固原提督印務總兵官署都督僉事奴才馬煥謹奏，為密摺齎國事。

竊奴才前奉皇上旨意，你到陝西問將軍延信、署理川陝總督岳鍾琪、陝西巡撫石文焯好麼，奴才欽此於陸月拾叁日到西安，滿漢文武大小官員俱出郊恭請聖安，奴才先傳旨與將軍延信，主子問將軍延信好，跪奏奴才受主子洪福好，即叩頭謝恩，又傳旨與署理川陝總督岳鍾琪，主子問署總督岳鍾琪好，跪奏奴才好，叩頭謝恩，未見陝西巡撫石文焯，問及岳鍾琪云已起程前赴甘肅巡撫任所，奴才又遍傳滿漢各官，主子聖躬甚是乾健，日事萬機，無不盡其精微，各官聽聞之下歡聲動地，共祝聖主萬壽無疆，奴才進城至總督署內，遵將密旨傳與岳鍾琪，跪聽已畢，岳鍾琪云奴才仰遵密旨，自當盡心料理，以報皇恩，即九叩謝恩欽遵訖，今將奴才傳旨日期謹繕摺奏聞。

自為字起至摺字止計貳百陸拾伍字，紙壹張。

右謹奏聞。

雍正叁年柒月拾壹日署理陝西固原提督印務總兵官署都督僉事奴才馬煥。

硃批：知道了。

〔151〕署陝西固原提督馬煥奏分條密報訪聞年羹堯劣跡等情摺（雍正三年七月十一日）[2]-[5]-381

署理陝西固原提督印務總兵官署都督僉事奴才馬煥謹奏，為密摺奏聞事。

竊奴才一介武夫，荷蒙聖恩命署固原提督印務，抵任之後除清理兵馬錢糧而外，惟有仰遵密旨，留心察訪以副皇上諄切教誡之至意，所有沿途並抵固後訪聞事宜每條另繕壹摺密奏，再奴才訪聞數事俱非虛無，皆年羹堯之指使，若非我皇上鑒之於先，則此輩之作為無所底止，今多半已經敗露，然年羹堯之黨羽陝省尚有貳叁分，雖明知其負固不改諒亦難逃聖明洞鑒之中，謹差奴才標下前營把總梅大年家人馬承策齎進密摺，伏祈皇上睿鑒全覽，為此繕摺謹奏以聞。

自為字起至摺字止計壹百捌拾捌字，紙壹張。

右謹奏聞。

雍正叁年柒月拾壹日署理陝西固原提督印務總兵官署都督僉事奴才馬煥。

硃批：皆朕知者。

〔152〕江蘇巡撫張楷奏年羹堯運售川木並未納稅摺（雍正三年七月十六日）[5]-230

江蘇巡撫臣張楷謹奏，為奏聞事。

臣准部咨，欽奉上諭，嚴查年羹堯資財產業藏匿寄放江南，令速行自首，欽此欽遵。臣即通行各屬嚴查去後，於本年七月十三日據江安糧道馬世珩〔註75〕詳稱，雍正二年九月間有陝西莊浪縣典史朱尚文押運川木兩簰，係年羹堯採買杉栢等木，運至江寧覔售，嗣有木商余國甸發賣，除費用外現存市平銀八千二百兩，世珩因係年羹堯舊屬，難以峻拒，今奉上諭通查，先遵首報。再本年三月內世珩督運在淮，又運到紫檀木大小九十九根，現在高郵州存貯，朱尚文已回陝訖等因。同日又據江寧府知府郭汝楩詳稱，查訊看廠人余國甸原報明木頭共是一萬零三百多根，卑府照則核算，應上稅銀一千五百餘兩，細查上年龍江關冊卷，並未納稅等因。同日又據原管龍江關稅務江南驛鹽道徐克祺詳稱，上年九月內有陝督年羹堯川木二簰到關，商人朱尚文報明應上稅銀一千五百餘兩，克祺必要現銀上稅方准過關，阻留在關，幾及一月，隨後有前署江寧撫院何天培發字一函，諭令即放過關等語，克祺奉署撫院札諭，其稅銀至今未上，此係實情，不敢隱蔽各等因前來，臣即批行按察司會同布政司嚴查年羹堯存貯木植及並未納稅緣由，另行具奏，併又通行各屬有無藏匿寄放之處，立速嚴查通報外，合先據詳繕摺奏聞，伏乞皇上睿鑒施行，右謹奏聞。

雍正三年七月十六日

硃批：知道了，查比納〔註76〕亦奏過。

〔153〕署川陝總督岳鍾琪奏報年羹堯交代不明摺（雍正三年七月十七日）[2]-[5]-418

硃批：已諭部矣。

奏，太子少傅世襲三等公署理四川陝西總督印務四川提督拜他喇布勒哈番臣岳鍾琪謹奏，為奏明事。

〔註75〕《四川通志》卷三十一頁四十四有重慶府知府馬世烆，即此人陞任者。

〔註76〕《清代職官年表》總督年表作兩江總督查弼納。

竊臣於本年五月十三日到任接受前督臣年羹堯交代一切事件，後至十六日年羹堯令筆帖式趙成將辦理軍前糧餉工部尚書臣綽奇清字公文一角，內摺底三件並用印漢咨一件，口稱年羹堯傳說此非交代事件，應行咨回綽部堂，臣聽信是實，即於十七日原令筆帖式趙成寫清字文咨回綽奇在案，至七月初五日接年羹堯於六月十七日自江南珠龍橋地方遞發咨文一角，內開為咨明事，案照巴里坤漸次撤兵，布隆吉安兵設鎮等因，曾於雍正元年十月內經本將軍會同平逆將軍遵旨條議八款，繕具清摺奏請，已經部覆，奉旨俞允，若巴里坤等處兵馬未即撤回，則來年官兵口糧應於今歲秋收後預為籌畫，如甘涼肅一帶秋收豐熟則可就近購買，否則甘屬河東河西有本將軍所買積貯米麥六萬石，亦可撥運，再不然惟有西鳳運供之法，久有成例，此案原應在交代之內，前因起行匆忙未及咨明，相應補咨等因到臣。因其所咨有關緊要，即據咨轉行鞏昌布政司遵照查議在案，今於七月十五日臣據西安布政司詳稱，七月初三日蒙署理巡撫印務圖〔註 77〕案驗，六月二十九日准辦理軍前糧餉工部尚書綽疏稿內稱，巴里坤等處官兵跟役雍正四年分尚該添運米五千五百石，仍動用從前撥解之米，需用腳價七萬七千兩應就近在西安司庫借用，查從前題請軍餉之事准部咨令與總督年羹堯商酌具奏等語，是以將此事咨商前任太保公督臣年羹堯去後，今准署總督印務公臣岳鍾琪咨稱，太保公杭州將軍年於五月十七日起程赴任訖，將咨商原文移送前來，是以臣將明年應需運米腳價銀七萬七千兩移咨署巡撫事布政司圖理琛，於西安司庫照數撥解等因，隨據署巡撫圖理琛撥解銀七萬七千兩解赴肅州去訖，臣案查雍正元年九月內兵部議覆前督臣年羹堯具奏甘州巴里坤等處官員應用錢糧雖總督身在西安，於巡撫綽奇所駐之處相去寫遠，但奏請錢糧理應預先將事件送至商議停妥始行會奏行文，巡撫綽奇此後凡係奏請錢糧事件務須預先送至總督年羹堯處商議停妥再行具奏，奉硃批俞旨這議甚好，知道了，欽此，欽遵在案。則此案雖屬年羹堯具奏並係川陝總督衙門事件，年羹堯並應明白交代與臣，綽奇既有摺稿與年羹堯會商，年羹堯不應令筆帖式趙成誑稱此非交代事件，應行咨回，臣不識清文以致受其愚弄，乃又遲至一月從江南珠龍橋始將籌畫巴里坤官兵口糧之處，乃稱起行匆忙未及咨明，相應補咨以塞其欺險陰擠臣於有過之地，而又陽欲掩之，年羹堯素行詭譎臣亦無可為辯者，尚書臣綽奇因先與年羹堯咨商文書認作臣自行咨回，所以不復與臣會商，徑咨署撫臣圖理琛借撥銀七萬七千兩，隨經署撫臣會臣撥解去訖，但臣比

〔註 77〕《清代職官年表》巡撫年表作陝西巡撫圖理琛。

時到任甫及五日諸凡頭緒未明，此事緣年羹堯並不與臣明白交代，綽奇清字摺底又是年羹堯稱為不是交代內事件，令臣代為咨回，臣愚昧被欺是實，並非遇事推諉，謹將始末緣由奏明，伏乞睿鑒，謹奏。

雍正三年七月十七日具。

硃批：吏部戶部兵部嚴察議奏，趙成至今尚聽從年羹堯指使，若此狡詐之行甚屬可惡，着拿解刑部候旨。

附錄修訂摺一件

同日又奏，為奏明事。

竊臣於本年五月十三日到任接受前督臣年羹堯交代一切事件，後至十六日年羹堯令筆帖式趙成將辦理軍前糧餉工部尚書臣綽奇清字公文一角內摺底三件並用印漢咨一件，口稱年羹堯傳說此非交代事件，應行咨回綽部堂，臣聽信是實，即於十七日原令趙成寫清字文咨回綽奇在案，至七月初五日接年羹堯於六月十七日自江南珠龍橋地方遞發咨文一角，內開為咨明事，案照巴里坤漸次撤兵，布隆吉安兵設鎮等因曾于雍正元年十月內經本將軍會同平逆將軍遵旨條議八款，繕具清摺奏請，已經部覆奉旨俞允，若巴里坤等處兵馬未即撤回，則來年官兵口糧應於今歲秋收後預為籌畫，如甘涼肅一帶秋收豐熟則可就近購買，否則甘屬河東河西有本將軍所買積貯米麥六萬石亦可撥運，再不然惟有西鳳運供之法，久有成例，此案原應在交代之內，前因起行匆忙未及咨明，相應補咨等因到臣。因其所咨有關緊要，即據咨轉行鞏昌布政司遵照查議在案，今於七月十五日臣據西安布政司詳稱，七月初三日蒙署理巡撫印務圖案驗，六月二十九日准辦理軍前糧餉工部尚書綽〔註78〕疏稿內稱，巴里坤等處官兵跟役雍正四年分尚該添運米五千五百石，仍動用從前撥解之米，需用腳價七萬七千兩應就近在西安司庫借用，查從前題請軍餉之事准部咨令與總督年羹堯商酌具奏等語，是以將此事咨商前任督臣年羹堯去後，今准署督臣岳鍾琪咨稱杭州將軍年於五月十七日起程赴任訖，將咨商原文移送前來，是以臣將明年應需運米腳價銀七萬七千兩移咨署巡撫事布政司圖理琛於西安司庫照數撥解等因，隨據署巡撫圖理琛撥解銀七萬七千兩解赴肅州去訖，臣查此案係奉旨命川陝總督與尚書綽奇會商具奏事件，年羹堯理應明白交代與臣，綽奇既有摺稿與年羹堯會商，年羹堯不應令筆帖式趙成誆

〔註78〕《清代職官年表》部院大臣年表作工部尚書綽奇。

稱此非交代事件，應行咨回，臣不識清文以致受其愚弄，乃又遲至一月從江南珠龍橋始將籌畫巴里坤官兵口糧之處乃稱起行匆忙未及咨明，相應補咨以塞其欺險陰擠臣於有過之地，而又陽欲掩之，年羹堯素行詭譎臣亦無可為辯者，尚書臣綽奇因先與年羹堯咨商文書認作臣自行咨回，所以不復與臣會商，徑咨署撫臣借撥銀兩，隨經圖理琛會臣撥解去訖，但臣比時到任甫及五日諸凡頭緒未明，此事緣年羹堯並不與臣明白交代，綽奇清字摺底又是年羹堯稱為不是交代內事件，令臣代為咨回，臣愚昧被欺是實，並非遇事推諉，謹將始末緣由奏明，伏乞睿鑒，謹奏。

雍正三年七月十七日

硃批：所事吏戶兵三部嚴察議奏，趙成至此際尚遵奉年羹堯指使為斯詭譎之行，甚屬可惡，着拿解刑部候旨發落。

〔154〕署川陝總督岳鍾琪奏謝硃批問好摺（雍正三年七月十七日）[2]-[5]-419

太子少傅世襲三等公署理四川陝西總督印務四川提督拜他喇布勒哈番臣岳鍾琪謹奏，為恭謝天恩事。

竊臣於本年六月十六日拜摺恭請聖安，蒙硃批朕躬甚安，卿好麼，從到西安身子大好如常否，臣跪誦溫綸，伏知天體清寧萬安吉慶，臣不勝懽忭，又上荷聖恩問及臣身好否，感激難名，臣前在西寧時因大病後常覺怔忡嘈雜，手足疼痛，仰邀聖主諭旨，此雖微疾亦當加意調養，臣欽遵服藥謹慎調攝，近來怔忡稍減，至於手足疼痛原從寒濕受病，是以天陰即發，在西寧天氣寒冷發之尤甚，自到西安時發時止亦覺稍輕，犬馬賤質盡瘁自矢，上廑聖慈特賜垂問，臣肝腦塗地亦不能仰答隆恩於萬一矣，謹據實陳奏，恭謝天恩，伏乞睿鑒，今將硃批奏摺十一扣一併恭繳，謹奏。

雍正三年七月十七日具。

硃批：着實用心調理全愈以慰朕懷，擇醫甚要緊。

〔155〕直隸總督李維鈞奏報查點年羹堯在保定家貲摺（雍正三年七月十九日）[2]-[5]-423

兵部尚書兼督察院右副都御史總督直隸等處地方加叁級紀錄玖次降貳級留任臣李維鈞謹奏，為奏聞事。

切保定郡城年羹堯房屋係去夏所置，其貲財係今年貳月肆月內從西安運來者，臣同布按貳司並府廳縣各官親往嚴查，逐細撿點，今查出鎖子甲貳拾捌，蜜針箭頭肆千根，各長柒寸，盔肆箇，並銀兩金銀器皿紗緞紬疋玉器磁器銅器字畫什物等項，俱加封固，又定州房屋內查出器皿信物亦皆封固，臣先具摺奏明，至細數冊容別屬查覆到日一併分晰，同田房數目彙造，伏祈皇上睿鑒，臣思年羹堯家貲鉅富，狡兔三窟，今檢其物件除見銀伍萬壹千肆百兩外，其餘紗緞子古董等物約值銀拾萬餘兩，並無貴重之物，可見藏匿他處甚多也，再欽奉硃批奏聞事，謹抒下情等事，奏明事蹟，報雨澤事奏覆事，計共伍摺一並恭繳，謹具奏聞。

雍正叁年柒月拾玖日兵部尚書兼督察院右副都御史總督直隸等處地方加叁級紀錄玖次降貳級留任臣李維鈞

硃批：為年羹堯將來，你仍留，不能保全首領也。

〔156〕鎮海將軍何天培檢舉年羹堯漏交關稅摺（雍正三年七月十九日）[2]-[5]-426

鎮海將軍臣何天培跪奏，為據實檢舉事。

竊臣蒙皇上洪恩回任京口，今柒月初陸日准到部文，恭繹上諭，凡有寄放年羹堯財物者俱令自行出首免罪等因，隨嚴飭旗營凜遵去訖，伏思臣與年羹堯雖素常認得，其銀錢之事從未分厘往來，再四思維惟有去年署巡撫任內有龍江關年羹堯木頭漏稅一事，臣寔有疏忽，瞻徇之罪不敢不據實檢舉，為我皇上陳之，查雍正貳年拾月間臣奉旨會勘李玉堂案件赴省，在公館內有委管龍江闗之驛傳道徐克祺進見，據稱川陝年總督有採買造船軍需木頭壹萬多根，差莊浪縣朱典史現押到關，應否免其輸稅放令過關來請示下，切思商木過關照例上稅原屬管關官之事，無庸請臣裁奪，今該道倉皇稟命，明係年羹堯威名烜赫，勢焰逼人，臣亦一時愚昧竟令任其過關，並未收稅，約漏稅銀壹千三百餘兩，今年羹堯種種罪惡敗露，則知此等木料乃其營私射利之事，必非造船軍工所需，臣此時既無年羹堯片扎，又不見伊家人一面，遽憑道臣之言不念朝廷稅課為重，縱放過關，不惟失於覺察，而疏忽瞻徇之咎實所難辭，至今思之悔恨無地，寢食不寧，若再隱忍不言，臣罪滋大焉，為此繕摺檢舉，惟有叩懇皇上敕部嚴加議處，臣叨沐聖恩深重，應受皇上嚴訓，警飭之施，寔為允當矣，臣不勝惶悚待罪之至，謹奏。

雍正叁年柒月拾玖日

硃批：知道了，你是小心謹敬之人，非鑽迎附黨之比，朕自然諒你，朕實一點無怪惱你之意，放心整理營伍，與朕多効些年力。

〔157〕西安副都統伊禮布奏報年羹堯抄沒私吞職員資財摺（雍正三年七月二十一日）[2]-[5]-433

西安副都統臣覺羅伊禮布謹密奏，為奏聞事。

年羹堯獲任川陝以來利令智昏，無惡不作，如刑夾職員，抄沒資財之處難以枚舉，近有鄂海之子阿禮控告年羹堯抄沒伊僕魏二家財並不咨部，亦不估計，盡入私囊，而總督與西安府衙門果無案卷可查，又已故糧道祖允焜於被參之次日即行嚴訊，且抄其家私十估二三，暗入伊手，至今毫無着落，又利其家人鄭二積有私蓄，密令桑成鼎筭入官賣奴僕，喚進署中，其貪污無恥之行殆與盜賊何異，在當年被害之家尚且死生莫測，何暇計其資財，況年羹堯行事詭秘，察探無由，及至敗露查問，全與國帑無補，瞞天昧日之心誠屬難容，謹奏。

雍正三年七月二十一日

〔158〕西安副都統伊禮布奏報年羹堯等虛冒運糧腳價摺（雍正三年七月二十一日）[2]-[5]-434

西安副都統臣覺羅伊禮布謹密奏，為虛冒運糧腳價事。

康熙六十年因甘肅口外駐劄大兵，糧石關係緊要，而邊地連年荒歉，糧價騰貴，兵民困苦，是以年羹堯請倣四川遞運之法將鄂海所題西鳳倉糧十萬石運至甘肅存貯，奉有聖祖仁皇帝明旨，其運價每石百里二錢，按程銷筭，朝廷不惜數十萬金錢長途輓運，無非為沿邊窮苦起見，不意王景灝護印，借此獻媚，在於臨鞏蘭州等處分頭購買，就近載送，而年羹堯所題倣四川遞運之法從西安起腳者不過朦朧其詞，為虛冒腳價之計而已，因其間分運之員有潼商道王全臣之子王世圭者，恃其平日與王景灝熟識，直言勸諫，觸其忌諱，遂密授意於參革之固原衛守備黃穎誣告王世圭捐糧交代未清，而年羹堯亦素恨王全臣不肯入黨，況又重以偏聽之言，遂將王世圭以候選之同知兩番嚴夾，且黃穎只虧空糧一萬五千石，而年羹堯刑逼王世圭認完二萬八千石，其挾恨陷害之處實可寒心，然王景灝之私忿雖洩，而年羹堯之虛冒益彰聞，現在告發諒非全謊，但陝西遞運原所以倣四川之法，今陝西之法如此，則四川之法可知，明蔽侵銷之處似難逃聖明洞鑒之中，臣據所聞如此謹奏。

雍正三年七月二十一日

〔159〕直隸宣化總兵許國桂奏報訪查年羹堯販賣馬匹摺（雍正三年七月二十一日）[2]-[5]-436

鎮守宣化等處地方總兵官右都督兼一拖沙拉哈番臣許國桂謹奏，為欽奉上諭事。

竊照雍正叁年陸月貳拾叁日蒙兵刑二部劄開，奉上諭，令直省督撫提鎮通行各該地方文武官員嚴查年羹堯寄放之貲財產業，欽此等因到臣，欽遵。臣隨遍飭所屬嚴加緝訪，並出示曉諭如有年羹堯寄放貲財產業及領其資本者即行自首，免於國法，又細加查察，查得張家口居民卜爾介向係年羹堯販買馬匹之人，恐其領伊資本，隨即傳訊，據供小的家並無年羹堯寄放之貲財，亦未有領其資本，緣小的兄弟卜爾耀因趕馬流落陝西，年羹堯的馬販子高文顯係裕親王屬下之人，認得小的兄弟，於康熙陸拾壹年同到張家口，住在小的家裡，買馬伍百餘匹，雍正元年年羹堯差家人高四、馬販子高文顯郭二同小的兄弟又住在小的家裡，買馬壹千餘匹，雍正貳年高文顯高四郭二同小的兄弟又住在小的家裡，共買馬柒捌千匹，馬販眾人私帶之馬在外，張家口之馬價每匹捌兩上下，趕到陝西年羹堯發眾人私帶之馬與營兵俱係拾貳兩壹匹，他的馬是多少價銀小的不知道，小的兄弟尚在陝西未回，此是實情，並不敢隱瞞等情，臣伏思年羹堯所買之馬與眾人私帶之馬不下壹萬餘匹，俱不報稅眾人私帶之馬每匹尚瓜銀拾貳兩，其自己之馬不知發至何價，此皆兵脂兵膏，年羹堯身為封疆大吏不思潔己奉公，乃購買馬匹壓發兵丁，網利肥己，即疲瘦不堪者亦皆強令收受，各營眾兵何以堪此，但年羹堯負皇上之隆恩甚多，即此一端已為法所難容，緣係臣地方之事，既經訊明，敢不直陳，應否勅下川陝督臣曉諭兵丁其馬價未給完者俱不准給還，其已給完者俱令照張家口捌兩之價，餘銀追回，此臣之愚見未必有協，伏乞皇上睿鑒施行，為此具摺謹差臣標把總郭之佐齎摺奏聞。

雍正叁年柒月貳拾壹日

硃批：着年羹堯明白回奏，一面着岳鍾琪察明具奏。

〔160〕署四川川北總兵李如栢奏參年羹堯岳鍾琪王景灝為奸結黨摺（雍正三年七月二十五日）[2]-[5]-446

署理四川川北等處總兵官印務加總兵銜臣李如栢謹奏，為特參奸邪結黨，牢不可破，恭請聖斷以除朋黨事。

竊以公爾忘私，國爾忘家，人臣之道也，乃竟有廢公行私固結而不可解者，如署陝督臣岳鍾琪、川撫臣王景灝與年羹堯是也，臣請為我皇上陳之，岳鍾琪係年羹堯之乾兒，無事不為私商，王景灝係年羹堯之門生，在西寧時朝夕不離左右，是深知年羹堯之所惡者莫過伊二人，當岳鍾琪統領官兵克取喇麻寺等處，凡一應所獲金銀布帛等物理宜奏聞皇上，恭候聖裁或賞賜効力官兵，或賑恤被兵黎庶，或安撫投誠番彝，又一面報知大將軍，乃岳鍾琪併不奏聞，止將所獲之物送於年羹堯，是其心中目中尚知有皇上哉，及至年羹堯惡貫滿盈奸逆畢露，岳鍾琪王景灝素日深知其奸惡竟默默不言，明係結黨已久，故寧負皇上而不肯背年羹堯耳，雖岳鍾琪亦會以一二事參劾年羹堯，細思此事實萬萬不能隱瞞者，姑藉此以掩其非，年羹堯黨也，先是年羹堯在川時各鎮標協俱令設公費名糧，每至年終造冊清筭，凡有羨餘俱送于年羹堯，入囊肥已，川北鎮現有案卷，其他鎮協諒亦各有案，即前署川提納欽亦對臣言，成都有八百分公費，此年羹堯起初之設立，迨至年羹堯陞任陝督，遂將公費送于川提岳鍾琪，岳鍾琪竟將公費俱拿至成都，銀兩並不發回，年羹堯參劾川陝文武官員不知凡幾，獨不參岳鍾琪，非結為黨援而肯任其肆行無忌乎。至于王景灝身為巡撫若不結黨，當其署理提督，方蒞任伊始，查明公費發回各鎮標協，俾其修理營伍，是乃職分所當行，即不能然，及至見臣咨請發回公費修理軍器，此時將各鎮標協公費即為發回，猶是知過能改之人，乃俱不出此，猶推至冬季發回，尚候署川陝總督岳鍾琪之批示，臣查初設公費，繼而送于岳鍾琪者年羹堯也，將公費拿至成都者岳鍾琪也，王景灝所以不發回公費者一則恐更易年羹堯之事，而背年羹堯保舉之私惠，再則岳鍾琪現署川陝總督，恐彰岳鍾琪之惡而觸其怒而參劾之，是王景灝心中目中尚知有皇上哉，猶不止此，臣于本年七月十七日折開省報，據提塘劉奇祥報稱，撫憲吩咐成都府縣出示，將上下大小衙門支應行戶一概不用，有各行客民人等上院叩謝等語，臣查王景灝蒞任川撫已一年有餘，至此時纔革行戶，則其素昔通同屬員虐害行客居民即此可概見矣，而年羹堯在川陝時不惟不參劾，而且保舉則其久結黨援，不彰明較著哉，似此結黨奸邪，只知私惠不顧大義，期罔君上，背負聖祖數十年豢養暨我皇上寵眷殊恩，誠為人臣所共嫉，國法所不容，仰祈皇上乾綱獨斷，明正其罪以彰典刑，庶奸邪知所畏懼而朋黨自消矣，為此繕摺特參，伏祈睿鑒施行。

雍正三年七月二十五日署理四川川北等處總兵官印務加總兵銜臣李如栢。

〔161〕署四川川北總兵李如栢奏參年羹堯奸惡不臣恭請誅戮摺（雍正三年七月二十五日）[2]-[5]-447

署理四川川北等處總兵官印務加總兵銜臣李如栢謹奏，為特參奸惡不臣，殃及枯骨，恭請誅戮以彰國典事。

竊照年羹堯祖孫父子世受皇恩，寵榮已極，縱令竭誠盡忠，仰體皇上愛育黎庶之心，時時宣揚聖德，撫恤群黎，猶稍不足以報高厚於萬一，而乃包藏不測，肆行無忌，奸惡異常，僅以臣所見知者敬陳之，陝西延安府所屬之米脂等縣招回逃荒之民蠲免惟正之供，是我皇上特恩，年羹堯則出示曉諭，夫眾曰此本爵之力，併不言皇上之恩，明係包藏奸心，悖逆不臣昭然可見者也，本年正月內年羹堯在西安府滴水橋黑夜之間殺十數人，併不聲言所犯何罪，如果係應斬罪犯，當於白晝斬之以儆愚頑，而乃殺於黑夜，若非妄行殺害，定係縱正犯殺替身，輕重互易，必居一於此矣。寧夏建築滿城原為邊疆起見，其黃河之西沿邊一帶儘有空閑地方可以建築，而且便於牧放馬匹，年羹堯則指示於寧夏城東北角離城五里之內建築滿城，毀壞額田約有數千畝，挖掘墳墓翻尸倒骨者不知凡幾，致令受害者痛骨，聞者寒心，其毒惡殆已甚矣。陝甘在京提塘武舉李介於雍正二年又四月內甫經前署甘提臣楊啟元咨部考准，未及任事，年羹堯因雍正元年內肅州鎮彝千總俞汝珍將兵馬草折銀兩賫至京中，同朱當該花銷，實與李介毫無干涉，俞汝珍親供如此，年羹堯猶將李介指名自京拿解陝西，併不審問，發縣收監，迄今一年有餘，尚在咸寧縣監中，年羹堯之擅作威福，固不止此也，臣深知其毒害無辜者，斯其一端也，似此奸邪悖逆無君，負聖祖暨我皇上天地高厚之恩，草菅人命，虐無辜而殃枯骨，奸惡之罪至矣極矣，斷難一日姑容於盛世者也，仰祈皇上明正其罪，亟加顯誅，俾天下臣民咸知年羹堯背負君恩，奸惡貫盈，罪在不赦，非我聖主不保全功臣，皆彼之自取，實法所難容，夫如是以誅之則國家幸甚，臣民幸甚，為此繕摺特參，伏祈皇上睿鑒施行。

雍正三年七月二十五日署理四川川北等處總兵官印務加總兵銜臣李如栢。

〔162〕兩廣總督孔毓珣奏遵旨清查年羹堯在兩廣資財產業摺（雍正三年七月二十六日）[2]-[5]-451

兩廣總督臣孔毓珣謹奏，為奏明事。

本年七月二十五日接到部文，奉上諭年羹堯將所有資財產業分散各處藏匿寄放，着直省督撫提鎮通行嚴查，欽此。遵即分行臣屬東西兩省文武嚴查曉諭外，查年羹堯有女許配臣族兄已故衍聖公孔毓圻之第四子為妻，康熙六十年值年羹堯陞任川陜總督將赴西安時臣任四川布政使，年羹堯將拆存舊屋楠木樑柱等料長短不等，交臣覓便帶赴山東寄貯，俟伊女遣嫁時取作家伙器皿，臣隨差衙役二人送往山東濟寧州城內空房收貯，至今年羹堯之女尚未遣嫁，木料亦未取去，其木頭約計八九十件，細數臣不能記憶。又臣於康熙六十一年陞授廣西巡撫，路由西安，年羹堯言及伊女將來遣嫁欲在山東置買莊子大者一處，小者兩處，價值萬金，以作奩田，託臣向親友及家人尋問有即通知等語，適臣有家人回籍，臣即以年羹堯之言諭之，後臣在廣西任內據臣家人稟稱，據田牙人等尋有濟寧州汶上縣交界地方土名允章江姓莊田出賣，寫信往西安，年羹堯隨差伊家人徐姓張姓數人前來看田交成，價值一萬一千兩有零，契內寫在年羹堯女壻名下等語，聞得買後係年羹堯之壻差人經管，今奉旨清查年羹堯財產，臣既知其事不敢不據實奏明，臣謹奏。

雍正叁年柒月貳拾陸日

硃批：知道了，此事已有人奏過。

〔163〕甘肅巡撫石文焯奏報委員查勘布隆吉爾城垣營房情形摺（雍正三年七月二十七日）[2]-[5]-460

甘肅巡撫臣石文焯跪奏，為奏聞事。

竊照布隆吉城垣營房俱不堅固，多有傾圮，臣抵任之始即委肅州道胡仁治前往查勘，一面具摺奏聞，併會同署督臣岳鍾琪將承修之臨洮府知府白訥題參請旨革職究審在案。茲據胡仁治查勘得建城之處地土鹼窪，當日造城並未打築根腳邊方，地氣春升秋落以致攲斜塌陷，惟城東北一隅稍覺高燥，西南一帶地實窪下，斷難經久，其營房料物工程俱極苟簡，間架淺窄不堪，兵丁家口難以居住，即衙署鼓樓倉房等處皆一例敷衍完工，草率從事。查此工程估計發銀緣年羹堯經理之事臣衙門無案可稽，伏思建城設鎮蓋造營房原為安內攘外之計，事關重大，詎年羹堯漫不審擇地利，選材鳩工，創立經久之規，委令前任西安按察使今四川巡撫王景灝佈置安排總理其事，繼又轉交白訥，只圖草草完工冒銷錢糧，全不顧新設防兵安住家口，夫設兵原所以資戍守，今營房淺窄破漏攲斜，既不能安兵丁之家室，又何以安其身心。且鎮城內水皆鹹苦，初飲則腹痛久之則疾病不免，有力者皆在十道柳溝遠馱河水，無力兵民深為可慮，此人生日用之常又不得不為之計者。再查無沙鹼可種之地有水足資灌漑者離城百有餘里或肆伍拾里不等，署督臣岳鍾琪已委涼莊道陸賜書前經布隆吉沙州等處確勘城池房屋並開墾地土，有無溝渠灌溉，俟其回日臣即會同岳鍾琪悉心審度，作何責令賠修詳議入告外，合將臣委蘭州道胡仁治勘過城垣營房情形備具另摺先行奏聞，伏乞皇上睿鑒，謹奏。

雍正叁年柒月貳拾柒日具。

附件布隆吉城垣營房塌陷傾倒情形單

謹將查勘布隆吉城垣營房情形開後。

安西鎮土築城垣壹座，週圍長共壹千貳百捌拾丈，肆面甕城共壹百陸拾肆丈，肆面城底寬貳丈叁肆伍陸柒尺不等，肆面城頂寬壹丈貳叁肆尺不等，肆面城連垛口高貳丈伍陸柒捌尺不等，各月牆並未開有走道，西南城牆腳俱已酥脫，正北城牆塌陷約丈餘，肆面城牆隔肆伍陸尺寬便裂直縫有至丈餘以及伍陸尺不等，又有自上至下直裂到底者，橫縫有至壹貳叁肆寸不等，查當日築城並未先打地腳，兼地處鹹窪，逢春潮氣上蒸遂致圮斜塌陷，惟東北角上稍覺高燥，西南一帶俱係鹹窪，斷難經久。

城樓肆座各叁間，枕梁金柱徑各壹尺至壹尺貳寸不等，簷柱徑各陸柒寸不等，皆無柱頂石，俱係用木板為拾字作柱頂石，椽子徑各壹寸伍分至貳寸不等，南門樓攲斜伍寸，西城樓後牆開裂自頂至底。

角樓肆座各叁間，梁柱徑各柒寸，檁柱徑各肆寸，椽徑各貳寸，東北角樓簷椽木攲斜，東南角樓簷椽木攲斜。

腰墩拾陸座各小房貳間，破作叁間，梁柱徑各叁肆寸，柳椽徑各壹寸肆伍分不等，上蓋止有仰瓦，皆活動脫落。

營房捌千間，每肆間一連，高陸尺餘至柒尺餘不等，臨大街間有高者，最高不過捌尺而止，每間進深陸尺伍寸至柒捌尺不等，臨大街間有深者最深不過捌尺伍寸而止，每間橫寬陸尺伍陸寸不等，臨大街間有寬者最寬不過柒尺而止，肆間一連共柱拾根，徑各貳叁肆寸不等，共梁肆根，徑各肆伍寸不等，共檁拾貳根，徑各貳寸伍分至叁寸不等，肆間前後椽有伍拾陸拾餘根至柒拾根者，係柳條，徑各伍陸分至壹寸貳叁分不等，臨大街者前簷止蓋仰瓦，後簷並未蓋瓦，其背街房上前後俱未蓋瓦，止係柳條編笆，亦有笈笈草粗蓆鋪蓋者，上止敷泥寸許。

以上梁柱檁椽皆係灣曲材料，遷就湊用，屋牆俱用沙鹹土坯立砌，房後有土築界牆，通長壹道並未隔有小牆，其通長界牆止高肆尺餘，厚陸柒寸不等，半已傾倒，營房已倒者共陸百肆拾貳間，歪斜將倒者共叄百叄拾肆間，其餘營房雖未傾敧，屋頂破漏者甚多。

〔164〕署川陝總督岳鍾琪奏恭繳密論年羹堯訓旨摺（雍正三年七月二十八日）[2]-[5]-479

太子少傅世襲三等公署理四川陝西總督印務四川提督拜他喇布勒哈番臣岳鍾琪等謹奏，為奏請事。

竊臣伏讀總督衙門應行傳奉清釐營伍上論一道，內有密論年羹堯訓旨，似不便存留總督衙門，永遠交代傳奉，臣謹恭繳御覽，乞賜另頒一道，以便傳奉遵行，為此具摺奏請，伏乞睿鑒，謹奏。

雍正三年七月二十八日具。

硃批：另寫發來。

〔165〕直隸總督李維鈞奏懇聖恩矜全摺（雍正三年八月初四日）[2]-[5]-517

兵部尚書兼督察院右副都御史總督直隸等處地方加叄級紀錄玖次降貳級留任臣李維鈞謹奏，為懇乞聖恩慈覆矜全事。

切臣查年羹堯貲財具摺奏聞，恭奉硃批，臣跪讀之下魂魄俱喪，寤寐驚悸，情極呼天，惟有懇求怙冒，伏念臣荷天恩至高極厚，雖勉竭心力，報効難盡，重以多愆，負罪滋甚，仰蒙覆載，屢賜寬容，如年羹堯奸逆狂悖，臣民共憤，臣始不察交之於前，絕之不早，既深自愧恨，幸蒙聖明矜察，俾臣知所改悔，得以奮志自新，嗣將年羹堯罪狀屢參，實以羹堯負恩背義禽獸奚擇，臣非特與之世結深讎不欲與之並生聖世，區區蟻忱，復荷慈鑒，再造殊恩，臣叨沐備至，方感激無地，何敢少懷怠志，上干天罰，臣同布按貳司搜查年羹堯貲財何敢少存私意，況耳目昭然，更何能私，其私藏軍器盔甲箭頭不臣不法，臣特疏參劾，第恐尚有隱匿，見在將年羹堯家人魏之輝等并居住易州之嚴二同伊兄弟嚴大俱隨年羹堯在浙伊弟嚴三等，臣同布按貳司嚴究貲財下落，俟審明有無寄匿另摺奏聞，臣無任感愧恐懼之至，謹具奏聞。

雍正叄年捌月初肆日兵部尚書兼督察院右副都御史總督直隸等處地方加叄級紀錄玖次降貳級留任臣李維鈞。

硃批：朕原實心保全惜你之意，上蒼鑒之，你自己必不肯保全，朕亦無柰矣，年羹堯乃爾前世冤孽也，朕保十二人中有你三個負恩人了，可愧之極，朕惟恨失人之明耳，怨不得爾等。

〔166〕直隸總督李維鈞奏陳負罪知悔改過思贖懇恩矜宥摺（雍正三年八月初七日）[2]-[5]-529

兵部尚書兼督察院右副都御史總督直隸等處地方加叁級紀錄玖次降貳級留任臣李維鈞謹奏，為微臣負罪知悔，改過思贖，仰懇聖恩矜宥保全事。

切臣至庸至愚，重荷皇上簡擢信用，皆出格外之殊恩，臣思報效無地，惟有殫智竭能一心事主，但性本闇昧，而與負恩背義之年羹堯絕之不早，重滋罪戾，有玷品行日夜羞愧莫可挽回，幸蒙聖明矜察，赦臣已往之咎，疊荷聖訓，勉臣改悔於後，臣受恩深重至於此極，若不知悛與禽獸何擇，臣惟洗滌肺腸務盡，去其舊染之污以冀改悔，少贖前愆，斷不敢猶萌巧詐之猜，與羹堯陽絕陰附，違天罹罰，況羹堯種種罪惡早蒙聖主洞燭，臣就知聞疊疏參奏，實非勉強塞責，欲留地步，待羹堯辯訴，且羹堯罪狀敗露，臣民共憤，莫不欲食其肉而寢其皮，臣若尚敢依違，非徒無益必致身受大害，臣為自全之計亦斷不敢懷為羹堯之心，矧蒙聖主包涵臣罪，屢賜訓誨，臣如夢已醒如睡已覺，凡涉羹堯之事無不極力作對，今羹堯貲財恐有隱漏。臣將其家人魏之輝等并魏之耀家屬及嚴二之弟嚴三等提齊到案，臣同布按貳司嚴訊寄匿之處，供出寄銀三萬兩在京中徐本立處，寄箱子壹百伍隻在西安府督標下遊擊龍有印處，寄箱子玖隻在西安府知府處，臣今各處遣官行文查對，俟審明後另行題本，是臣與羹堯已結深讎，今茲根究不遺餘力，實無有為羹堯之處，但臣心蒙識陋，措置失當，伏念臣一介孤立（硃批：好），皆蒙皇上知遇隆恩曲賜保全（硃批：自己不肯，朕亦無柰，如你如羹堯實令朕不解，爾等是何心欲何為也），皇上開天地弘恩寬宥於始，容臣改悔，更祈矜全於後俾臣補救，臣犬馬微忱力圖自新，凡蒙指訓即赴湯蹈火有所不辭，況與羹堯臣尤何敢瞻顧（硃批：所以說奇）而上違天命也，伏乞皇上矜憐臣無任感愧恐懼之至。再直屬被水州縣雖已委員查賑，臣擬於初陸日同布按貳司起程前往，分身督察，業經摺奏在案，今以查審羹堯家人魏之輝等連日審究未畢，且於初陸日接准部咨，以臣參奏羹堯不實，令臣明白回奏，臣欽遵繕疏拜發，因改於初捌日起程，理合一併奏明，謹具奏聞。

雍正叁年捌月初柒日兵部尚書兼督察院右副都御史總督直隸等處地方加叁級紀錄玖次降貳級留任臣李維鈞。

〔167〕直隸宣化總兵許國柱奏據情轉陳年羹堯私自增佔夔關之稅摺（雍正三年八月初七日）[2]-[5]-530

鎮守宣化等處地方總兵官右都督兼一拖沙拉哈番臣許國柱謹奏，為據情轉達事。

竊照雍正叁年捌月初伍日據現在修理宣城四川夔州革職知府劉天觀跪呈出首銀兩等事，臣見其中有年羹堯密付銀伍萬兩，又稱夔州關稅因貿易人多，私收至肆伍萬兩等語，臣隨細詢，據云每年夔關正額止貳千餘兩，其多收者俱係送與年羹堯等，臣又詢年羹堯所付之銀現在何處，據云自帶來者壹萬餘兩，其餘之銀在伊子劉尚智處，伊子現在陝西効力，因道路泥濘難攜，隨後即行帶來等情，臣恐夔關之稅私增至如此之多其婪分於上司者幾貳拾餘倍，於國課誠為有干法紀，但與其為各官婪分，不如加充稅額，我皇上自有乾斷，至劉天觀出首之呈，臣惟恐字句遺漏，不敢另行謄錄，謹連原呈粘單一併轉奏，為此具摺謹差臣家人王文炳齎摺奏聞。

雍正叁年捌月初柒日

〔168〕四川巡撫王景灝奏覆年羹堯報銷軍需不實摺（雍正三年八月初八日）[2]-[5]-538

四川巡撫臣王景灝謹奏，為奏聞事。

雍正三年八月初五日臣齎摺家人權德回川，奉到諭旨命臣查明軍需浮冒，將從前現在據實奏聞，不可為年羹堯隱諱，並飭嗣後宜照實數奏銷，不可浮冒，如有應用即題明賞給等因，臣跪讀之下仰見聖明無微不燭，因軍需原有浮冒令臣查明具奏，臣敢不徹底清查仰副盛懷，查年羹堯自康熙五十六年至六十年計其四載軍需雖已奏銷，而經手各官雖有陞遷離任，若俟各處行查翻致躭延歲月，以臣愚見祗應立法稽查，臣思軍需一項除官兵俸餉及鹽菜銀兩俱為實在之數，似無浮冒之處，所有虛浮皆在採買米豆草束等項及僱運腳價內藏掩，然而皆有底案可稽，臣惟查其所買米豆草束實發價銀若干，報銷若干，浮冒若干，併將米豆各從何處州縣採買起運，實發腳價若干，報銷若干，浮冒若干，逐年清查，總計浮冒軍需若干，必能得其確數，無復有所遁藏，在年羹堯當亦無辭，再為飾說矣，至年羹堯以後軍需，駐藏官兵漸次撤回，採買輓運亦屬有限，更為容易查核，俟臣詳查明白即據實奏聞，及臣於去歲八月到任後糧米已經運貯口外，足以供支，並未採買米石，其現駐官兵臣不過月給口糧鹽菜，所用無多，此後軍需俱照實數奏銷，不敢浮冒，如有應用之項自當題請賞給以杜濫用弊端，緣係密奉諭旨事理，容臣將浮冒銀數查明或應具摺奏聞或應具疏題報，理合一併請旨，伏候睿裁批示欽遵奉行，為此繕摺謹遣臣家人權德右營馬兵孟得貴齎奏以聞。

雍正三年八月初八日具。

硃批：具題是，內中如川陝兩處，即便有干連你自己處一點也不要巧飾，你是屬員敢與當日之年羹堯抗拒麼，不但你順從有罪，朕悞用人之咎亦無可辭也，若能事事據實，朕皆件件寬你，斷不食言，若半明半暗則不如強忍待罪也，如阮陽景〔註 79〕，如此一天下世知之人，如何不察出參究，今既奉旨矣，如再不能徹底窮究，仍令有所隱慝，則莫怨朕恩不至終也，此事在你大有干係，慎為之。

附件硃諭一紙

諭王景灝，四川自有兵事以來一切軍需奏銷甚有浮冒，皆朕所深知，特以軍務方殷，督撫捐項多，朕是以姑聽之而不問，今西藏已安，西海已定，打箭爐外諸處駐防官兵從此皆久遠在口外居住矣，則軍需之項不可不清楚明白，爾之奏銷宜照實數不可浮冒，及給部費，從前之事朕悉不究，至口外辦事官役及一切雜費如果有應用者即當題明賞給，因爾摺內有秉正不敢存私之奏，是以朕降此旨與爾，爾可將從前現在一一據實奏聞，不可少為年羹堯隱諱狥私，代人過愆也，特諭。

〔169〕四川巡撫王景灝奏估計年羹堯在西寧浮冒軍需銀數摺（雍正三年八月初八日）[2]-[5]-539

四川巡撫臣王景灝謹奏，為奏明事。

竊臣曾在西寧軍前管理戶部噶喇大事務，凡屬軍需皆臣督催料理，但一切收發錢糧則係年羹堯分委各員承辦採買，然年羹堯時常有言，每云用兵之際不能入正項開銷者約有三十餘萬，只可以公完公等語，且年羹堯身膺大將軍重任，錢糧係伊撥發報銷，任其主持而行，況去年五月內年羹堯自寧夏回省帶臣同行，途次固原州地方接得部文，奉旨令臣陛見，及到西安隨即馳驛赴京，乃荷天恩特放巡撫，又令馳驛速往四川，所以用過銀兩其中浮冒若干臣實不能知其細數，雖年羹堯在於西寧有散給兵丁皮襖，捐備火繩鉛彈以及各項賞需等

〔註 79〕《四川通志》卷三十二頁十三作提督標營中營參將阮揚璟。

費，是其用處固亦有之，然而浮冒亦復不少，今臣既蒙訓旨，將軍需一項不可〔註 80〕為年羹堯隱諱，臣於此時若不奏明，則又罹狥隱之譴，臣約計西寧軍需除不入正項開銷用去銀兩外，其浮冒仍有二十餘萬，伏乞皇上飭令年羹堯據實回奏，自行認賠，或將西寧報銷原冊發臣查對，臣當調取西寧雜項賞需底賬，逐一秉公查筭，查出冒銷之項即應於年羹堯名下追還，而微臣遵奉諭旨不敢瞻顧之心亦得以少白於聖主之前矣，為此謹繕密摺奏聞。

雍正三年八月初八日具。

硃批：將王景灝此奏發與岳鍾琪圖理琛石文焯嚴察議奏，該部知道。

〔170〕四川巡撫王景灝奏報毀棄年羹堯在成都祠宇改設義學摺（雍正三年八月初八日）[2]-[5]-540

四川巡撫臣王景灝謹奏，為奏明事。

臣看得年羹堯背負天恩，欺公圖利，種種惡蹟，一朝敗露，實國家之罪人，為臣民所痛恨，成都府北門外所有祠宇其碑額牌位不便存留應行毀棄，以為臣子貪污欺罔之戒，即將其祠屋改為義學之用，理合奏明，伏祈皇上睿鑒，為此繕摺奏聞。

雍正三年八月初八日具。

硃批：既毀又何必改，今可不必矣，遲了。

〔171〕四川巡撫王景灝奏恭承訓旨痛自刻責瀝陳悃誠摺（雍正三年八月初八日）[2]-[5]-541

四川巡撫臣王景灝謹奏，為欽承訓旨瀝臣悃誠仰祈睿鑒事。

竊臣賦質愚下，素無才識，甘心守拙，從未鑽營以為進身之階，所以前任臨洮府知府時軍前辦事數載雖未効寸長，亦無詿誤，迨至康熙六十年乃值年羹堯陞任川陝總督，飛檄調臣驗看，臣不得不赴西安，及見面時猶以威嚴之狀懾臣，謂臣素負性氣，竟欲參劾及臣，而臣亦止聽命未嘗少為之屈，徐乃詢及西邊事務，臣以所知者一一對答，年羹堯始翻然改容，勉勵臣云茲值軍興之際，看你年力精壯，正該出力報効朝廷等語，臣以其出言公忠，遂信以為實，然所以年羹堯委臣在肅州督運軍糧，又委西寧料理軍務，臣皆竭力奉公，不敢絲毫苟且，幸而大兵糧草均無遲悞，此臣謬被年羹堯薦引之所由來也，況臣家世受

〔註 80〕「臣既蒙訓旨，將軍需一項不可」硃筆改為「年羹堯種種惡蹟敗露，臣豈敢」。

國恩，豈肯卑賤其身為人指摘，且臣一任臨洮知府，一任西安按察司，皆係年羹堯屬員，以國事責臣承辦，臣又何敢推諉，非欲有所干進於其間，此中情節諒難逃於聖明之洞鑒者也，誰想年羹堯口是心非，言與行違，幸蒙聖聰照察，其奸貪之狀俱已敗露，且從西安赴浙之時又將貲財隨處寄放，臣實不料年羹堯之居心做人竟至如此，種種背負君恩為天下所唾罵，臣工所切齒，臣已深惡痛絕，又何能復出一辭以為年羹堯辯白，今蒙天語誥誡，臣已洞徹心髓，惟有仰遵聖訓，痛自刻責，深悔從前誤交匪類，以圖改悔自全而已，臣於奉到諭旨之先已將年羹堯寄放之金子、砍運江南之木植及魏之耀當本等項業經具疏題報，臣今仍於各處現在盡心搜查，務使毫無滲漏，以明臣不敢徇隱之心，贖臣不能早鑒之咎，自此肝腦塗地難報高厚於萬一，至臣蒙皇上如此殊恩，惟有矢心清白，何敢少萌貪汙之念，致干國法也，臣謹披瀝愚忱，伏祈睿慈鑒察，為此繕摺奏聞。

雍正三年八月初八日具。

硃批：因知你一路來歷，前又見你為人，所以朕獨力拒眾參論而寬恕你也，參奏你摺子現在朕處無數，俟事定發來你看，方知朕恩也，但今日不知你能全朕之用人顏面，能壓人之口與否，尚未能知也。少有一毫私做詐偽搪塞，恐不能挽眾譏也，勉力實在真誠為之，保你轉禍為福，將錯成是，少信不及，可惜朕一片愛汝之心耶，朕生平不為權詐虛語也。

〔172〕川陝總督岳鍾琪奏覆原福建學院范光宗捐銀未被年羹堯索詐摺（雍正三年八月十二日）[2]-[5]-556

太子少傅世襲三等公四川陝西總督臣岳鍾琪謹奏，為遵旨查覆事。

竊照前督臣年羹堯於郃陽縣私梟阻撓鹽法案內，因原任福建學院范光宗亦有家人在內，令范光宗捐銀一萬兩，以七千添造興安州關廂城垣，以三千置買育嬰堂田地，臣據實奏明，蒙聖主硃批原奏此數不知年羹堯又私嚇詐也多少之處，可確問必得實情奏聞，臣遵旨細查范光宗於此捐銀一萬兩之外，再無遭被私嚇索詐之處，理合據實覆奏，所有原奉硃批諭旨奏摺相應一並恭繳，伏乞睿鑒，謹奏。

雍正三年八月十二日具。

硃批：知道了，范光宗當日學院聲名甚不好，果否。

附錄修訂摺一件

世襲三等公川陝總督臣岳鍾琪謹奏，為遵旨查覆事。

竊照前督臣年羹堯於郃陽縣私梟阻撓鹽塩法案內，因原任福建學院范光宗亦有家人在內，令范光宗捐銀一萬兩，以七千兩添造興安州關廂城垣，以三千置買育嬰堂田地，臣據實奏明，蒙硃批欽此。臣遵旨細查范光宗於此捐銀一萬兩之外再無遭被嚇詐及收多報少之處，理合據實覆奏，所有原奉硃批奏摺相應一並恭繳，伏乞睿鑒，謹奏。

硃批：覽奏知道了，聞范光宗當日於學政任內聲名甚劣，果然否。

〔173〕川陝總督岳鍾琪奏遵旨留心任用効力員外郎王原圻摺（雍正三年八月十二日）[2]-[5]-557

太子少傅世襲三等公署理四川陝西總督臣岳鍾琪謹奏，為遵旨回奏事。

竊臣前具摺奏請將効力員外郎王原圻留臣幕中辦事，蒙硃批訓旨令臣留心用之，不可過信，誠我皇上眷念臣下之隆恩，臣敢不夙夜凜遵，時時覺察，如該員能竭力秉公實在辦事，即當據實奏聞，斷不敢疏忽輕信，上負聖主垂訓之至意也，為此具摺再奏，併恭繳硃批奏摺共九件，統乞睿鑒，謹奏。

雍正八年八月十二日具。

硃批：是，朕見此人上太保年公書稿，想來是一有力量人。

附錄修訂摺一件

同日又奏，為遵旨回奏事。

竊臣前具摺奏請將効力員外郎王原圻留臣幕中辦事，奉有硃批諭旨，欽此。誠我皇上眷念臣下之隆恩，臣敢不夙夜凜遵，時時覺察，如該員能盡力抒誠，相助為理，實有効力之處，即當具摺奏聞，斷不敢疏忽輕信，上負聖主垂訓之至意也，為此具摺再奏，併恭繳硃批，謹奏。

硃批：所奏是，朕曾見伊有上年羹堯之書，所以知其有才具而非自守之人也。

〔174〕川陝總督岳鍾琪奏參臨鞏布政司彭振翼貪婪劣蹟摺（雍正三年八月十三日）[2]-[5]-559

太子少傅世襲三等公署理四川陝西總督臣岳鍾琪謹奏，為遵旨參奏事。

竊臣奉旨甄別年羹堯任內所有迎合小人，遵將甄別府廳州縣等官繕疏題劾外，今查得臨鞏布政司彭振翼在年羹堯任內巧詐營緣，爭妍獻媚，雖踪跡詭秘，難以盡悉其奸，而聲焰昭明道路，咸知其穢，乃年羹堯事事敗露而彭振翼猶怙惡不悛，所收甘屬錢糧任意暗加重兌，除養廉公費之外每收正項地丁銀一百兩暗重三四兩不等，而甘屬州縣土瘠民貧，藩司一有暗加，牧令競相駭愕，紛紛傳播，大著貪聲，甚至將文縣已解地丁銀兩前司未經驗收者一任吏書侵蝕，反勒令該縣重複起解，臣前過蘭州即訪聞此事，曾面飭該司嚴審吏書追還該縣，迄今已三閱月，臣細訪該司仍敢徇庇書役，不行嚴究，似此藐玩國法，敗壞官常，何以職任承宣表率羣吏，本應具疏題參，但前奉諭旨，兩司以下有聞不妥者令臣具款密奏，理合具摺參奏以聞。

雍正三年八月十二日具。

硃批：彭振翼輿論多言其不好，朕惜其才尚堪用，所以姑容，如無可惜處，列款題參來。

附錄修訂摺一件

同日又奏，為遵旨參奏事。

竊臣奉旨甄別年羹堯任內所有迎合小人，遵將甄別府廳州縣等官繕疏題劾外，今查得臨鞏布政司彭振翼在年羹堯任內巧詐夤緣，爭妍獻媚，雖蹤跡詭秘，難以盡悉其奸，而聲焰昭明道路，咸知其穢，乃年羹堯事事敗露而彭振翼猶怙惡不悛，所收甘屬錢糧任意暗加重兌，每收正項地丁銀一百兩暗重三四兩不等，甚至將文縣已解地丁銀兩前司未經驗收者一任吏書侵蝕，反勒令該縣重複起解，臣前過蘭州即訪聞此事，曾面飭該司嚴審吏書追還該縣，迄今已三閱月，臣細訪該司仍敢徇庇書役，不行嚴究，似此藐玩國法，敗壞官常，何以職任承宣表率羣吏，本應具疏題參，但前奉諭旨，巡撫兩司以下有敗檢踰閑者令臣據款密奏，理合具摺參奏以聞，謹奏。

硃批：彭振翼聲名甚劣，朕因其才尚堪用，所以暫為姑容，如審查無可顧惜處，具題列款參來。

〔175〕川陝總督岳鍾琪奏請應否將承造寧夏滿城營房各官發回賠修摺（雍正三年八月十二日）[2]-[5]-560

太子少傅世襲三等公署理四川陝西總督臣岳鍾琪謹奏，為請旨事。

竊照寧夏特設滿城，修建營房必期寬廠堅固以為防範邊圉萬年至計，查前督臣年羹堯原發銀二十三萬兩，委現任西安府知府趙世朗延安府知府李繼泰潼關撫民同知楊廷相寧夏同知趙健總理城工事務，又委長武縣知縣今陞江南廬州府同知梁永福南鄭縣知縣嚴世傑管理檔案，於雍正三年五月初十日完工，茲據趙世朗等造冊報銷前來，據冊開實用過銀二十一萬一千八百二十七兩七錢一分二釐等因，臣查城工浩大，若止按冊稽核，無從得實，隨檄委平慶道李元英前往會同寧夏道按其所報之冊逐項對驗查勘核減去訖，再查原估內失估印房刑部房三十五間，柵欄營房五十間，少造甲房三十一間，磚井一十六眼，臣已另飭寧夏道動用存剩物料於七月初二日起工，至八月初四日據寧夏道董新策（硃批：此人亦平常人）具稟內稱，從前所造營房盡皆窄小，又經七月二十一二等日大雨淋漓，有上滲下漏不堪居住者，以致兵丁另下帳房等語，臣查從前原委承辦各官內如李繼泰趙健嚴世傑已奉旨調取引見，而楊廷相亦奉旨革職，於備陳私茶私鹽案內解赴山西質審，梁永福已經陞任，止有趙世朗一人在陝，臣思營房刻不可緩，除嚴飭趙世朗先往賠修外應否將李繼泰等悉發來陝公同賠修，或俟趙世朗修整完日將所用銀兩於承造各官名下均攤賠補，擬合奏請明旨，至城工營房原估丈尺若干，因何窄小，原報各工料有無侵蝕浮冒之處，俟平慶道李元英確勘到日另疏題報外，所有營房窄小滲漏應否將承造各官發回賠修之處，合先具奏請旨，伏乞睿鑒批示遵行，為此謹奏。

雍正三年八月十二日具。

硃批：當急為修理或暫那正項修理完整，將動用銀兩與趙世朗等分股賠補，李繼泰等原因無罪故調來看其為人光景，今既有此等敗露之事，此一起調來數員大槩皆仍發回陝，清理彼等任內事者。

附錄修訂摺一件

同日又奏，為請旨事。

竊照寧夏特設滿城，修建營房一事，經前督臣年羹堯原發銀二十三萬兩，委現任西安府知府趙世朗延安府知府李繼泰潼關撫民同知楊廷相寧夏同知趙健總理城工事務，又委長武縣知縣今陞江南廬州府同知梁永福南鄭縣知縣嚴世傑管理檔案，于雍正三年五月初十日完工，茲據趙世朗等造冊報銷前來，據冊開實用過銀二十一萬一千八百二十七兩零等因，臣隨檄委平慶道前往會同寧夏道按其所報之冊逐項對驗查勘核減去訖，再查原估內失估印房刑部房三十五間，柵欄營房五十間，少造甲房三十一間磚井一十六眼，臣已另飭寧夏道動用存剩物料于七月初二日起工，至八月初四日據寧夏道董新策（硃批：董新策才具中平）具稟內稱，從前所造營房盡皆窄小，又經七月二十一二等日大雨淋漓，有上滲下漏不堪居住者，以致兵丁另下帳房等語，臣查從前原委承辦各官內如李繼泰趙健嚴世傑已奉旨調取引見，而楊廷相亦奉旨革職，于備陳私茶私鹽案內解赴山西質審，梁永福已經陞任，止有趙世朗一人在陜，臣思營房刻不可緩，除嚴飭趙世朗先往賠修外應否將李繼泰等悉發來陜公同賠修，或俟趙世朗修整完日將所用銀兩于承造各官名下均攤賠補，擬合奏請明旨，至城工營房原估丈尺若干，因何窄小，原報各工料有無侵蝕浮冒之處，俟該道等確勘到日另疏題報外，所有營房窄小滲漏應否將承造各官發回賠修之處，合先具摺請旨，伏乞睿鑒批示遵行，謹奏。

雍正叁年捌月拾叁日〔註81〕

硃批：營房滲漏兵丁棲止何所，應急為修理或暫動庫帑，修完將所用銀兩分派股數，着落伊等賠補，至李繼泰等原因其無罪故調來引見，以看驗才具，今其經手之事既已敗露，一同調來數員俱當仍發回陜，令其清理舊時首尾。

〔176〕江蘇巡撫張楷奏報飭屬嚴查年羹堯在蘇寄匿財物摺（雍正三年八月十五日）[2]-[5]-576

江蘇巡撫臣張楷謹奏，為奏聞事。

竊臣欽奉諭旨行查年羹堯寄匿財產之處，臣即轉飭各屬嚴查去後，隨據江安糧道副使馬世珩、驛鹽道參議徐克祺、江寧府知府郭汝楩等首報，年羹堯上年玖月有運到木植及紫檀木存貯發賣，併漏稅不納緣由，臣經奏明在案，一面批行布按貳司確訊另行題報外，隨又據蘇州府知府蔡永清詳報，長洲縣生員李份出首，年羹堯托伊刊成《陸宣公集》賣部書板現存份家，又民人李常春出首，年羹堯托伊刊刻《康熙字典》壹部書板現存春家等語，又據江都縣詳報騾行黃健華出首，年羹堯有馬貳匹騾捌頭破騾轎玖拾貳乘，貳馬車三乘現存伊行，又據該縣民人曹良佐稟報康熙伍拾玖年曹領年羹堯銀叁千兩，年羹堯差家人嚴宗昌已討，人貳拾口銷筭，又據上元縣詳報民人胡範彝借年羹堯堂官魏之耀銀叁千兩，已經還過貳千兩等語，現在批行該司等嚴查，又柒月拾陸日據江都縣申報有匿名張捷投揭帖壹紙，內寫揚州武進士耿惠隱匿年羹堯資財家口，當經飛檄揚州府知府孔毓璞密訪虛實，隨據按察司徐琳因公赴揚，據該縣詳報就近確訊耿惠及鄉保隣佑，僉供仇口誣害，實係無辜，隨行省釋在案。再奉旨行查胡期恆家產，臣遵飛飭嚴查，隨據江寧府知府郭汝楩詳報，胡期恆之壻喬汲等帶領期恆眷屬資財自揚潛住省城水西門外，已經搬運潛逃，隨即水陸追趕，俱

〔註81〕此修訂摺日期作十三日，原摺作十二日。

皆弋獲，現經督臣查弼納轉發安徽布政司博爾多，江蘇按察司徐琳究審。又據無錫縣詳報該縣魚腥巷有胡期恆房屋壹所，計貳拾陸間，併屋內所存什物併有伊兄弟伍人，公共田畝，又據寶應縣詳報貢生番于處家人劉勝代伊主出首，曾借胡期恆銀壹千伍百兩，又據江都縣詳報民人梁興祖出首胡期恆中表親戚憐伊母孀居，曾與山田拾伍畝草屋叁間婢女雙花等語，據此該司一併嚴查統容另疏題報，併現在嚴行各屬逐戶挨查年羹堯寄匿之處，及胡期恆財產另奏外，謹先繕摺奏明，伏乞皇上睿鑒施行，右謹奏聞。

雍正叁年捌月拾伍日江蘇巡撫臣張楷。

硃批：胡期恆之事查必訥〔註 82〕已奏過，年羹堯奸詐百出，其所匿豈止于此，着實嚴查。

〔177〕川陝總督岳鍾琪奏請陛見躬聆訓旨摺（雍正三年八月十八日）[2]-[5]-593

太子少傅世襲三等公四川陝西總督臣岳鍾琪謹奏，為瀝陳戀主之微忱仰冀聖明之洞察，俯准陛見躬請訓旨以便遵循以慰犬馬事。

竊臣以邊鄙武夫荷蒙寵任，義則君臣恩逾父子，臣清夜自思昔年隨師西藏不過奔走微勞，即蒙聖祖仁皇帝由副將超擢提督，伏遇我皇上登臨大寶，青海蕩平皆仰仗廟謨，臣何功之有，乃蒙我皇上殊恩疊沛，授以將軍，給以世職，更復超晉公爵，已極人臣千古之榮，乃今又邀宮傅之寵錫，更任以川陝之重權，至於賞賚頻頒尤不勝枚舉，人臣受恩至此竟不得一趨殿陛，一展蹈舞之誠，寤寐豈能自安。且聖祖升遐時臣以邊遠備兵至今未得一伸哀悃，皇上曲體萬物無不洞照隱微，豈獨臣犬馬寸心不蒙矜恤，然臣亦伏思署固原提督臣馬煥口傳諭旨，以川陝事務急須料理，故使臣於來春陛見，臣自揣愚陋非不願竭力殫心仰副宸慮，其如三邊兩省積獘邊防每有非躬請睿裁斷不敢輕為置議，而且有緊要事宜不能待至來春，又為章奏所難罄述者，尤必跪請聖訓方可及時料理。查此時口外寧謐，川陝兩省時和年豐，地方安靜，京師距西安二千餘里，往返五旬，為日無多，且圖理琛已奉旨實授巡撫，其總督印務可以暫交署理，伏望聖恩允臣於九月中旬起程赴京，恭謁聖祖景陵即恭覲天顏，以伸臣數年戀主之下悃，更得請三邊永奠兩省乂安之睿謨，是於國計大有裨益而臣心亦稍可自慰矣，為此謹具摺恭奏，伏乞睿鑒批示遵行，謹奏。

〔註 82〕《清代職官年表》總督年表作兩江總督查弼納。

雍正三年八月十八日具。

硃批：卿既諄諄懇求，必欲來陛見，想地方情形自然可以暫離，另有旨諭部。

附錄修訂摺一件

世襲三等公川陝總督臣岳鍾琪謹奏，為瀝陳戀主之微忱仰冀聖明之洞察，俯准陛見躬請訓旨以便遵循以慰犬馬事。

竊臣以邊鄙武夫荷蒙聖祖仁皇帝由副將超擢提督，復蒙我皇上殊恩疊沛授以將軍，給以世職，超晉公爵，已極人臣千古之榮，乃今又邀宮傅之寵錫，更任以川陝之重寄，至於賞賚頻頒尤不勝枚舉，人臣受恩至此竟不得一趨殿陛，一展舞蹈之誠，寤寐豈能自安。且聖祖升遐時臣以邊遠備兵至今未得一伸哀悃，皇上曲體萬物無不洞照隱微，豈獨臣犬馬寸心不蒙矜恤，然臣亦伏思署固原提督馬煥口傳諭旨，以川陝事務急須料理，故使臣于來春陛見，臣自揣愚陋，非不願竭力殫心仰副宸慮，其如三邊兩省積弊，邊防每有非躬請睿裁斷不敢輕為置議，而且有緊要事宜不能待至來春，又為章奏所難罄述者，尤必跪請聖訓方可及時料理。查此時口外寧謐，川陝兩省時和年豐，地方寧靜，京師距西安二千餘里，往返五旬，為日無多，且圖理琛已奉旨實授巡撫，其總督印務可以暫交署理，伏望聖恩允臣于九月中旬起程赴京，恭謁聖祖景陵即恭覲天顏，以伸臣數年瞻戀之下悃，更得請三邊永奠兩省乂安之睿謨，是于國計大有裨益而臣心亦可稍慰矣，為此具摺恭奏伏乞睿鑒批示遵行，謹奏。

硃批：現卿諄諄懇求陛見，諒來地方情形可以暫離無妨，候另旨諭部。

〔178〕河東巡鹽御史馬喀奏請准商人范毓馪承辦引鹽摺（雍正三年八月十八日）[2]-[5]-592

內閣侍讀學士管理河東巡鹽御史事務臣馬喀謹奏，為請旨事。

臣查盧潞澤等拾柒處地方向係年羹堯假揑傅斌商名，強行霸占，蒙皇上聖明洞鑒，特遣大臣史貽直等審理，已經審出實情，並查無傅斌其人，繕疏具題在案，理應候旨另招新商，但現今秋冬貳季引鹽無商承辦，不能運賣，將來有悞民食，今據商人范毓馪具呈認充，情願每年於正課之外加捐節省銀二萬兩等情到臣。臣查范毓馪係山西介休縣人，聞其家道殷實，且係內務府商人，曾經辦過事情，頗稱歷練，潞澤十七處引鹽現在乏人辦理，若以范毓馪承辦，庶幾無悞引課，但應否准其認運，臣不敢擅專，伏乞聖裁批示遵行，為此謹奏請旨。

雍正叁年捌月拾捌日內閣侍讀學士管理河東巡鹽御史事務臣馬喀。

硃批：朕知道，此係奏過者。

附錄修訂摺一件河東巡鹽御史馬喀奏請准商人范毓馪承辦秋冬引鹽摺（雍正三年八月十八日）[2]-[5]-597〔註83〕

內閣侍讀學士管理河東巡鹽御史事務臣馬喀謹奏，為請旨事。

臣查盧潞澤等十七處地方向係年羹堯假捏傅斌商名，強行霸占，蒙皇上聖明洞鑒，特遣大臣史貽直等審理，已經審出實情，並查無傅斌其人，繕疏具題在案，理應候旨另招新商，但現今秋冬二季引鹽無商承辦，將來有誤民食，今據商人范毓馪具呈認充，情願每年于正課之外加捐節省銀二萬兩等情到臣。臣查范毓馪係山西介休縣人，聞其家道殷實，且係內務府商人，潞澤十七處引鹽現在乏人辦理，若以范毓馪承辦，庶幾無誤引課，但應否准其認運，臣不敢擅專，伏乞聖裁批示遵行，謹奏。

硃批：此係朕所知之事，曾經奏過者。

〔179〕川陝總督岳鍾琪奏查追年羹堯家人魏之耀侵沒捐銀摺（雍正三年八月十八日）[2]-[5]-595

太子少傅世襲三等公四川陝西總督臣岳鍾琪謹奏，為奏明事。

竊照在陝効力官員捐交銀兩臣已逐一查明分別完欠，彙疏題報在案，茲有原任吏部右侍郎前任湖南巡撫王之樞具呈一紙到臣，詞稱呈為捐銀交多發少，據實首報仰懇參追事，竊職奉職無狀，荷蒙皇上寬大之恩，於雍正元年三月乃將職同王企靖等俱交與年羹堯赴陝効力，彼時先有職子王會、職堂弟王之栻在京商捐効力銀兩，職子不顧後來欺誑之罪，亦不俟職到京，代為冒認，經年羹堯懸定捐銀三十萬兩，及職於三月二十五日到京，急求年羹堯將力不能三十萬實情轉奏，年羹堯不允，職見王企靖在京將銀交與年羹堯處，職亦竭蹶先湊効力銀六萬兩，向其堂官魏之耀交納，求年羹堯啟奏，並將實不能三十萬之處一並奏明，年羹堯仍然不允，職係奉旨交與年羹堯之人，下情無由上達，四月初十等日由職堂弟兩次將銀六萬兩交魏之耀收進，據魏之耀向職堂弟王之栻口說，先將五萬兩帶陝發給藩司，其一萬兩留京暫用，俟到西安將別宗銀兩抵補發司等語，職到陝查西安藩司止收到銀五萬兩，其餘一萬兩竟被侵沒，並未發司，職見其勢焰滔天，無從理論，昨蒙行司查取捐銀親供，職將捐過銀兩止就

〔註83〕原書單獨編目，輯者經辨識作為修訂摺。

藩司實在收數供明在案，今蒙聖明洞照年羹堯欺罔營私，擅作威福，凡有被其挾私抑遏者許自行呈首，天語煌煌，凡在臣工歡聲動地，職陸續捐過銀數與無力捐至三十萬實情既被遏而不奏，而又受侵沒銀一萬兩，若不首明，是負聖恩矣，特此據實呈首，伏乞參奏，照數追充帑項等情，據此臣查王之樞原報捐銀三十萬兩已經陸續交完銀一十萬八千五百兩，尚未完銀一十九萬一千五百兩，茲據呈稱報捐銀三十萬兩內初交年羹堯家人魏之耀銀六萬兩，侵沒銀一萬兩等語，臣查事關捐銀，必須取魏之耀確供方可追補，查魏之耀現今奉旨拿交刑部審理，應請旨將此項銀兩果否侵沒一萬兩之處一併勅部訊明追繳還項者也，為此謹具摺奏，伏乞睿鑒施行，謹奏。

雍正三年八月十八日具。

硃批：王之樞不堪人也，年羹堯即便要他萬金，在年羹堯亦小過也，不必采他。

附錄修訂摺一件

同日又奏，為奏明事。

竊照在陝効力官員捐交銀兩，臣已逐一查明分別完欠，彙疏題報在案，茲有原任湖南巡撫王之樞具呈一紙到臣，詞稱呈為捐銀交多發少，據實首報，仰懇參追事，竊職奉職無狀，荷蒙皇上寬大之恩，於雍正元年三月乃將職同王企靖等俱交與年羹堯赴陝効力，彼時先有職子王會、職堂弟王之栻在京商捐効力銀兩，不顧後來欺誑之罪，亦不俟職到京，代為冒認，經年羹堯懸定捐銀三十萬兩，及職于三月二十五日到京，急求年羹堯將力不能三十萬實情轉奏，年羹堯不允，職見王企靖在京將銀交與年羹堯處，職亦竭蹶先湊効力銀六萬兩，向其堂官魏之耀交納，求年羹堯啟奏並將實不能三十萬之處一並奏明，年羹堯仍然不允，四月初十等日由職堂弟兩次將銀六萬兩交魏之耀收進，據魏之耀向職堂弟王之栻口說，先將五萬兩帶陝發給藩司，其一萬兩留京暫用，俟到西安將別宗銀兩抵補發司等語，職到陝查西安藩司止收到銀五萬兩，其餘一萬兩竟被侵沒，並未發司，職見其勢焰滔天，無從理論，昨蒙行司查取捐銀，親供職將捐過銀兩止就藩司實在收數供明在案，今蒙聖明洞照年羹堯欺罔營私，擅作威福，凡有被其挾私抑遏者許自行呈首，若不據實首明，是負聖恩矣，特此呈首，伏乞參奏，照數追充帑項等情。據此臣查王之樞呈稱報捐銀內初交年羹堯家人魏之耀銀六萬兩，侵沒銀一萬兩等語，必須取魏之耀確供方可追補，查魏之耀現今奉旨拿交刑部審理，應請旨將此項銀兩果否侵沒一萬兩之處一併勅部訊明追繳還項者也，為此謹具摺奏，伏乞睿鑒施行，謹奏。

硃批：王之樞不堪人也，其所呈詞竟可置之不聞，侵沒伊銀一萬兩在年羹堯分中亦屬罪至小者。

〔180〕河東巡鹽御史馬喀奏謝補授陝西布政使摺（雍正三年八月十八日）[2]-[5]-598

內閣侍讀學士管理河東巡鹽御史事務臣馬喀謹奏，為恭謝天恩事。

雍正叁年捌月初捌日接臣子達三家書，內稱雍正叁年柒月拾捌日奉旨，馬喀着補授陝西布政使，仍兼管鹽務，又蒙皇上隆恩，念臣子達三年幼，特命赴臣任所學習事務，臣聞命自天，感激無地，隨即恭設香案，望闕叩頭謝恩訖，伏念臣至微極陋，無知無識，蒙皇上天高地厚之恩，令臣管理河東鹽政，臣自奉命之後時切惶懼，今復蒙皇上授臣陝西布政使仍令兼管鹽務，又蒙特恩念及臣子，令隨臣學習，臣父子受恩深重，無可報効，惟有恪遵聖訓，竭盡駑駘，併訓飭臣子達三盡心學習，仰報高厚於萬一耳，再恭謝天恩應候部文到日具奏，今部文雖未奉到，臣已經接得家信，所有感激私衷理合先行奏謝，臣仍候部文至日前赴新任，其到任日期照例具詳撫臣題報，合併聲明，為此謹奏。

雍正叁年捌月拾捌日內閣侍讀學士管理河東巡鹽御史事務臣馬喀。

硃批：知道了，達三下力管教，望其成人可也，不可溺愛縱放生事，壞你聲名，則朕必重處也。

附錄修訂摺一件

同日又奏，為恭謝天恩事。

竊臣接臣子達三家書，內稱雍正三年七月十八日奉旨，馬喀着補授陝西布政使，仍兼管鹽務，又蒙皇上隆恩念臣子達三年幼，特命赴臣任所學習事務，臣聞命自天感激無地，隨即恭設香案望闕叩頭謝恩訖，伏念臣父子俱受格外隆恩，無可報効，惟有恪遵聖訓，竭盡駑駘，併訓飭臣子盡心學習，仰報高厚於萬一耳，再恭謝天恩應候部文到日具奏，今臣已經接得家信，所有感激私衷理合先行奏謝，謹奏。

雍正三年八月十八日

硃批：覽爾奏謝知道了，爾子達三當加意教訓約束，冀其成立，不可溺愛，縱令生事，壞爾聲名，朕必重懲不稍姑寬也。

〔181〕河南河北總兵官紀成斌奏奉傳諭恭謝天恩摺（雍正三年八月十八日）[2]-[5]-603

河南河北總兵官臣紀成斌謹奏，為恭謝天恩事。

雍正叁年柒月貳拾柒日據在京提塘王棟稟稱，蒙新授南陽鎮臣董玉祥面諭，於柒月貳拾柒日出京，由滎澤縣過河上任，皇上有旨與臣，令臣隨路迎接等情到臣。臣隨於柒月貳拾捌日減從即赴衛輝府獲嘉縣亢村驛地方恭候，至捌月初玖日南陽鎮臣董玉祥到，臣叩迎至五里墩，鎮臣董玉祥宣傳上諭，下旨與總兵紀成斌，你是年羹堯保用的人，於今年羹堯欺哄的事朕盡情知道了，但所保舉的人也看各人居官為人，只要正正經經實心辦事，你不必驚怕，董玉祥是年羹堯參倒的人，朕放為南陽總兵，朕的意思你們要知道，河南並無總督提督，只你們兩個總兵，凡事你們兩人彼此通知，易得辦事，不要負了朕的洪恩，欽此。臣跪聆聖諭，當即望闕叩頭謝恩訖，隨於本日起身，至初拾日回署，伏念臣以一介武夫，至微極陋，荷蒙聖主隆恩由末弁拔置總兵重任，蒞任以來寢食夢寐，時存警惕，惟恐有負天恩，臣雖才具疏庸，自媿無能報効，而血誠愚忠實可矢諸天日，邇者年羹堯諸惡敗露，欺君虐民罪不容誅，臣昔年在川屢被其抑遏，至青海之役，臣行走之處年羹堯難以揜蔽，所以奏聞保舉，夫以亂臣賊子所保舉豈復有忠良之輩，臣反覆思維，先已自疑，且臣愚魯粗疏，又未能將年羹堯不忠不法之惡跡顯白以彰國典，臣安得不媿懼驚惶，時凜待罪之心，乃蒙我皇上天地之恩，既寬其罪，又復鑒臣愚衷，令南陽鎮臣董玉祥宣傳聖意，明示恩綸，臣叩聆之日感激涕零，臣何人斯久沐非分之寵賚，今更荷再造之仁恩，臣即捐糜頂踵難酬高厚，惟有凜遵聖訓，益加砥礪，實心辦事，竭盡駑駘以仰報皇上天恩於萬一耳，為此繕摺謹差臣標馬兵張大忠同家人蘇法賫捧謹具奏謝以聞。

雍正叁年捌月拾捌日

硃批：不但你先前錯認年羹堯，即朕何嘗未錯也，朕所惡者固執私情而忌公忠也，如明大義之人朕何罪之有，朕從無惡語也，王嵩甚不妥當，爾等同過事，必知其為人居心，據你所見秉公奏來，密之。

〔182〕署四川川北總兵李如柏奏陳不依權附勢取憾於年羹堯摺（雍正三年八月二十四日）[2]-[5]-632

署理四川川北等處總兵官印務加總兵銜臣李如柏謹奏，為敬陳蟻忱事。

竊臣以微末賦性愚直，蒙聖主隆恩拔中狀元，歷至頭等侍衛，扈從十載，惟知聖祖天恩，即極之捐糜頂踵不能仰報於萬一，并不知依權附勢，此臣素行然也，及我皇上繼承大統，殊恩疊沛，皆臣夢想所不到，臣何人斯仰邀聖眷至於斯極，是以臣日夜兢惕，惟思皇恩高厚，雖肝腦塗地實難報稱，故竭盡駑鈍循分供職，凡臣所歷任之三屯營、延綏鎮及今川北等處伏祈皇上差親信之人察訪，如臣不仰體皇心，於營伍地方不竭心盡力整飭防守，兵馬不勤加操練，即治臣之罪，至於諂媚取容，臣素所深恥而不為者，是以不合年羹堯之心，謹以臣之取憾於年羹堯者歷陳之，年羹堯於康熙六十一年在熱河陛見，奔走於其住處慇勤諂媚者接踵而至，臣併不登其門，年羹堯面奏聖祖討臣等帶赴陝西補用，未蒙俞允，彼時臣不惟不知其住處道謝，即遇於途中亦未嘗問候，此臣取憾於年羹堯者一也。雍正元年三月內舁送聖祖梓宮，年羹堯跟隨聖駕，彼時臣係三屯營副將，陵寢紅樁以外俱是臣之汛地，年羹堯至臣境內臣不惟饋送全無，併未到彼住處通一問候，此臣取憾於年羹堯者二也，凡謁見年羹堯俱有贄見規禮，臣初至陝西未與送贄見禮，每年端午中秋冬至及年羹堯生日各處俱與年羹堯送禮，臣一概不送，此臣取憾於年羹堯者三也，陝西文武各官與年羹堯稟啟用紅綾裱糊，背面或寫門生或寫門下，提鎮亦寫卑職，臣與年羹堯稟帖止用青紙，背面寫本職字樣，臣取憾於年羹堯者四也，年羹堯凡題補官員及奉旨賞賚官兵緞疋銀兩等物併不言皇上恩賞，止云此本爵之恩，臣每聞言年羹堯之恩者必急為正之，曰是皆皇上特恩，爾等何得以為年羹堯之恩，臣取憾於年羹堯者五也。年羹堯包藏禍心市恩於眾，久欲借端肆其狂悖，無如延綏所屬之交界相距西安三百餘里，聲聞易達，臣在延綏恐兵馬技藝不精，每日親身操演，務期嫻熟，邊疆隘口不時查閱，務令嚴加防守，凡此皆大不便於年羹堯，是以年羹堯視臣如眼中之釘，一日不拔去一日不快於心，臣取憾於年羹堯者六也，先是臣甫至山西，年羹堯即向臣說，你莫以十四貝子之事為得意，你若在我這裡也想如此，我萬萬依不得，臣不知年羹堯萬萬依不得若是何主見，臣至延綏將及半載，年羹堯申飭夫臣，謂臣若不改行，定差人拿問，臣不知年羹堯叫臣如何改行，本年正月內年羹堯將臣調至西安，不知又想如何陷害，臣至西安住居數月，盤纏罄盡，臣具文呈領本年夏季分俸薪，年羹堯則指示彼之黨援署布政司諾穆渾謂臣為閑員，不惟夏季俸薪不准支領，而又向臣追要已支領過之本年春季分俸薪，臣查年滿千總發陝候補者每月尚有支銀四兩以為養贍，臣亦是奉旨來陜，獨不准臣支領俸薪，其設法害臣之心不已和盤托出，臣正在艱窘無奈之際，適有運同嚴士俊亦來西安，臣在京曾與嚴士俊認識，方向士俊借銀三百兩以為日用之需，及至年羹堯已陞杭州將軍，臣蒙特恩署理川北鎮總兵印務，年羹堯則差千總洪元達與臣送銀一百二十兩以為赴川盤費，且謂前此申飭夫臣者皆誤聽小人之讒言，此其自相矛盾，我皇上至聖至明，無微不照，年羹堯素日之憾，臣為公為私即此可見其隱矣，緣係敬陳下情，臣伏查保寧至京六十七站，若差家人賫進必需一月方能到京，故隨本恭進，合併聲明，為此繕摺謹奏，臣不勝惶悚惕慄之至，伏祈皇上睿鑒施行。

雍正叁年捌月貳拾肆日署理四川川北等處總兵官印務加總兵銜臣李如柏。

〔183〕甘肅布政使彭振翼奏報雍正元年年羹堯檄令辦運軍需銀兩數目摺（雍正三年八月二十五日）[2]-[5]-639

甘肅布政使臣彭振翼謹奏，為據實奏聞軍需銀兩請勅嚴核事。

竊思潔己奉公臣之大義，欺君罔上法所難容，從未有營一己之利負君父之恩如年羹堯者，臣前署巡撫印務時進呈雨水摺子，蒙我皇上特頒不次之賞，又傳諭遇有所奏之事帶謝，臣因事無實據不敢輕瀆，今於捌月貳拾貳日奉督臣岳鍾琪來牌，內云西安糧壹萬石現貯咸長兩縣，年羹堯冒銷運價口袋銀肆萬陸千餘兩，臣不勝駭異，夫西安米石數僅壹萬即冒銷腳價如許之多，則何項軍需不可以冒開，臣查雍正元年年羹堯在西寧時曾題明檄臣辦運軍需，嗣後復牌飭陞任布政使，臣傅德移交庫銀貳拾萬兩到臣，隨照依年羹堯牌行於臨鞏兩府附近州縣，照各市價採辦米豆騾馱火繩鉛彈帳房等項，速運到西寧，腳價以及餵養寧夏御馬料草通共發過銀壹拾玖萬玖千伍百柒拾餘兩，據各府廳衛造冊到臣，經臣查核送戶部噶喇大西安按察使臣王景灝轉賫年羹堯在案，臣世受國恩，愧無寸報，惟知竭忠盡力，何敢附黨營私，今年羹堯既敢冒銷西安運腳，則於臣所辦之項其侵冒更不知何如也，是以臣不揣冒昧非分，謹將辦過銀兩數目具摺奏聞，伏乞皇上勅部嚴核施行，謹奏。

雍正叁年捌月貳拾伍日

硃批：你負年羹堯這一次特屬可嘉，可謂明大義辨是非者也，但既為矣為何不勉力盡情為之，留些地步做□麼，天下事未有朕不知者，過而能改盡情懺悔，朕非不容人改過之主也，若半吞半吐，欲公私兩為不能也，為害更甚，勉之慎之。

〔184〕川陝總督岳鍾琪奏覆年羹堯題補之寧夏道董新策等十一員官聲頗好摺（雍正三年八月二十七日）[2]-[5]-656

太子少傅世襲三等公四川陝西總督臣岳鍾琪謹奏，為遵旨密奏事。

竊臣查得年羹堯歷來任用題補尤劣之員業經具疏陸續題參，其大員亦另摺參奏在案，茲於回奏禁革私派摺內恭奉硃批諭旨，知道了，可以改悔雕琢之材密奏以聞，出眾助惡之輩寬不得，臣跪讀之下仰見聖度同天，祇以羣材之賢否為去留，並非因一人之不肖而概棄也，臣查年羹堯題補陝西道府如寧夏道董新策、漢中府知府高起，又佐貳州縣如靖邊同知甘士琪、同州知州陳時賢、長安縣知縣馬世燦，其題補四川道府如建昌道安定昌、成都府知府李弘澤，佐貳州縣如成都同知王詢、敘永同知杜士秀、保寧府通判王廷玨、合州知州張植，此十一員者雖亦皆年羹堯題用之員，然各該員謹飭持身，其居官聲名亦好，是以臣仰體我皇上甄別之明旨，概不參奏，今復仰奉密旨合即具摺奏聞，倘各該員有改操敗檢之處，臣仍不時查參，斷不容隱姑息。再查西安府知府趙世朗在知府任內雖無不好聲名，但係年羹堯用人，更聞其脩理寧夏城工頗有浮冒，業經臣遴委平慶道李元英前往查勘，嗣因營房窄小滲漏，更飭趙世朗前往賠脩，俟查確浮冒實數到日即當另疏題參，合併聲明，伏乞睿鑒，謹奏。

雍正三年八月二十七日具。

硃批：甚是，朕舉錯原無定執，在人自取之耳，爾等封疆大臣必洞體朕志方好，你來見過朕你自然知道，將來辦理自然得主意矣。

附錄修訂摺一件

世襲三等公川陝總督臣岳鍾琪謹奏，為遵旨密奏事。

竊臣查得年羹堯歷來任用題補尤劣之員業經具疏陸續題參，其大員亦另摺參奏在案，茲於回奏禁革私派摺內奉硃批諭旨，於參劾之際須留意甄別，遇能知悔，猶堪雕琢之材密奏以聞，其營私廢公怙惡不悛者斷難稍為姑寬也，欽此。臣跪讀之下仰見聖度同天，祇以羣材之賢否為去留，並非因一人之不肖而概棄也，臣查年羹堯題補陝西道府如寧夏道董新策、漢中府知府高起，又佐貳州縣如靖邊同知甘士琪、同州知州陳時賢、長安縣知縣馬世燦，其題補四川道府如建昌道安定昌、成都府知府李弘澤，佐貳州縣如成都同知王詢、敘永同知杜士秀、保寧府通判王廷玨、合州知州張植，此十一員者雖皆年羹堯題用之員，然各該員謹飭持身，居官聲名亦好，是以臣仰體我皇上甄別之明旨概不參奏，今復仰奉密旨，合即具摺奏聞。再查西安府知府趙世朗在知府任內雖無不好聲名，但係年羹堯用人，更聞其修理寧夏城工頗有浮冒，業經臣委平慶道前往查勘，嗣因營房窄小滲漏，更飭趙世朗前往賠修，俟查確浮冒實數到日即當另疏題參，合併聲明，伏乞睿鑒，謹奏。

硃批：所奏甚是，朕之予奪去取原無執定，總在人自取耳，爾等封疆大臣必領悉朕衷，仰體而行，庶不致有所乖錯，爾將來面朕後方能表裏洞然，辦理諸務更易立主見矣。

〔185〕川陝總督岳鍾琪奏請以阿炳安賞補衙署筆帖式摺（雍正三年八月二十七日）[2]-[5]-657

太子少傅世襲三等公四川陝西總督臣岳鍾琪謹奏，為奏明勤勞實著之員仰請聖恩簡補事。

竊查西安正紅旗滿洲庫爾庫佐領下候補七品筆帖式辛卯科舉人阿炳安自備效力，在前督臣年羹堯任內奉差一十八次，並無違悞，又隨臣於青海運糧，所到獨遠，又進勦桌子山管理炮位，歷著勞績，皆臣親知灼見，乃被前督臣年羹堯遏抑，于青海軍功冊內止列二等，桌子山效力之處並未敘明，除遏抑情由另疏題報外，伏念臣未習清文，仰蒙恩命授任川陝總督，所有衙門清字檔案必得實心任事之員經管翻譯，方無貽悞，阿炳安人材心跡臣所深知，兼係舉人出身，通曉漢文，翻譯尤便，仰懇聖恩賞補臣衙門筆帖式，俾收指臂之効，則凡清字文移可無舛錯之患矣，臣緣檔案得人起見冒昧奏請，至該員應否賞補之處，恭候聖主睿裁批示遵行，謹奏。

雍正三年八月二十七日具。

硃批：照所請，阿炳安補授總督衙門筆帖式，該部知道。

附錄修訂摺一件

同日又奏，為奏明勤勞實著之員仰請聖恩簡補事。

竊查西安正紅旗滿洲庫爾庫佐領下候補七品筆帖式辛卯科舉人阿炳安自備效力，在前督臣年羹堯任內奉差一十八次，並無違悞，又隨臣于青海運糧，所到獨遠，又進勦桌子山管理炮位，歷著勞績，乃被年羹堯抑遏，于青海軍功冊內止列二等，桌子山効力之處並未敘明，除抑遏情由另疏題報外，伏念臣未習清文，仰蒙恩命授任川陝總督，所有衙門清字檔案必得實心任事之員經管翻譯，方無貽誤，阿炳安人材心跡臣所深知，兼係舉人出身，通曉漢文，翻譯尤便，仰懇聖恩賞補臣衙門筆帖式，俾收指臂之効，則凡清字文移可無舛錯之恚矣，臣緣檔案得人起見冒昧奏請，至該員應否賞補之處，恭候聖主睿裁批示遵行，謹奏。

硃批：准照所請將阿炳安補用川陝總督衙門筆帖式，該部知道。

〔186〕川陝總督岳鍾琪奏請裁減西安府郃陽縣營汛摺（雍正三年八月二十七日）[2]-[5]-658

太子少傅世襲三等公四川陝西總督臣岳鍾琪謹奏，為請裁無益之營汛以復舊制，以省糜費事。

竊查西安府屬之郃陽縣去府城僅二百餘里，與蒲城澄城白水朝邑同州韓城宜君等州縣四面界址相連，實為境內之地，並非邊遠可比，乃年羹堯任總督時因其阻滯行鹽欲就此一縣以為各州縣示警，遂發兵擒捕，更請設營汛以掩自愆，今臣查訪此地雖由夏陽可達晉省，然山陝接壤地皆平衍，何邑無逕可通，若凡有小逕可通者即須設營，則黃河一帶當設營彈壓者亦不知凡幾矣，且其地方並無草束，購買甚難，並非可設營汛之地，故臣謂新設參將一員守備一員千總二員把總四員馬步兵丁八百名殊覺無益，徒費朝廷俸餉，且兵丁初到地方未免於民間亦有不便，敢請我皇上敕部察議，可否將此新設援勦一營仍行裁汰，其原撥臣標撫標城守及火器營馬步兵丁共八百名設營已經一載，若遽行裁汰，恐致失所無依，甚非我皇上愛養兵民之至意，故臣愚請將火器營兵丁二百名仍歸原營以足一千二百名舊額，以供操防外，其餘六百名俱令帶伊所食之糧酌分附近如臣標撫標城守營潼關營等處，隨營操演，俟伊各營有糧缺頂補之日然後將帶食之糧開除冊報，如此則兵丁不致無依，而國帑亦可漸省矣，再照城垣營房營汛既裁留之無益，應將城垣拆毀，其營房交布政司酌估變價，如不足原日修理所費價值，應同城垣費過銀兩俱着落將不應設立營汛之處妄自徇私奏請設立之年羹堯賠補還項，倘蒙俞允，則參將一缺現今乏人，應請停補，其守備千把臣於各營遇缺調補，郃陽汛防仍照舊令該管營汛撥把總一員帶兵分防可也，統乞睿鑒施行，為此具摺謹奏請旨。

雍正三年八月二十七日具。

硃批：朕近日亦聞得此營之設不知何故，甚不得理，議政王大臣詳議奏聞。

附錄修訂摺一件

同日又奏，為請裁無益之營汛以復舊制以省糜費事。

竊查西安府屬之郃陽縣去府城僅二百餘里，並非邊遠可比，乃年羹堯任總督時因其阻滯行鹽欲就此一縣以為各州縣示警，遂發兵擒捕，更請設營汛以掩己愆，今臣查訪此地雖由夏陽可達晉省，然山陝接壤地皆平衍，何邑無徑可通，若凡有小逕可通者即須設營，則黃河一帶當設營彈壓者亦不知凡幾矣，且其地方並無草束，購買甚難，並非可設營汛之地，故臣謂新設參將一員守備一員千總二員把總四員馬步兵丁八百名殊覺無益，徒費俸餉，敢請我皇上勅部察議，可否將此新設援勦一營仍行裁汰，其原撥臣標撫標城守及火器營馬步兵丁共八百名設營已經一載，若遽行裁汰恐致失所無依，臣愚請將火器營兵丁二百名仍歸原營以足一千二百名舊額，以供操防外，其餘六百名俱令帶伊所食之糧酌分附近如臣標撫標城守營潼關營等處，隨營操演，俟伊各營有糧缺頂補之日然後將帶食之糧開除冊報，如此則兵丁不致無依而國帑亦可漸省矣，再照城垣營房營汛既裁，留之無益，應將城垣拆毀，其營房交布政司酌估變價，如不足原數，同城垣費過銀兩俱着落年羹堯賠補還項，倘蒙俞允，則參將一缺現今乏人，應請停補，其守備千把臣於各營遇缺調補，郃陽汛防仍照舊令該管營汛撥把總一員帶兵分防可也，統乞睿鑒施行，為此具摺請旨，謹奏。

雍正三年八月二十七日

硃批：朕近日訪聞輿論亦知郃陽添設營汛甚不得理，發議政王大臣詳議具奏。

〔187〕貴州提督馬會伯奏謝不加重責與將軍爭競之堂弟大同總兵馬覿伯摺（雍正三年八月二十八日）[2]-[5]-662

提督貴州總兵官左都督記餘功四次臣馬會伯謹奏，為恭謝天恩事。

竊臣父子兄弟世受天高地厚洪恩，莫能仰報萬一，臣堂弟大同總兵官馬覿伯行止不端，在軍前時因瑣細事情與將軍等爭競，甚屬無恥，此皆不能仰體我皇上豢養隆恩，和衷辦事盡心効力，乃自干罪戾，荷蒙聖恩不即加重譴，猶格外矜全，發往軍前管轄綠旂種地官兵効力行走，臣接閱邸抄，惶恐悚惕不能自安，所有感激微忱理合繕摺奏謝，伏乞皇上睿鑒施行。

雍正叁年捌月貳拾捌日

硃批：不但你侄下堂弟，即朕親弟如廉親王允禩等百計千方教訓不能挽其不臣之心也，只可管得一身就是了，與你何干，馬覿伯不堪下流，不顧行止顏面人也。

〔188〕署浙江巡撫傅敏奏報年羹堯現在情形摺（雍正三年八月二十九日）[2]-[5]-667

署理浙江巡撫印務吏部右侍郎臣傅敏謹奏，為體訪的確，據實奏聞事。

竊臣道經江南地方一路密訪年羹堯行止，皆云到浙之日隨從尚有千餘人，馬疋亦多，及臣入浙境途中屬員接見，因便訪問，所言皆同，兼述其在將軍府中人眾難容，另造房屋百餘間居住，今皆分寄各旗人家寓居，至於馬疋亦俱分養，尚未得其實數，所有誘引兵丁之言如云，爾輩聽我說話不憂窮苦，併諭杭州知府隨時給發兵餉，不許遲誤，且代為籌畫馬價銀兩，百計市恩是實，又將軍鄂彌達到日置之閒散章京之列，始覺惶悚，向鄂彌達云皇上要殺我麼，鄂彌達云爾敗壞至此，皆爾自取，且參爾者即爾平日所用之人，更有何說。年羹堯云彼參我亦是無可奈何等語，據年羹堯如此口辭，則李維鈞等結黨不散，明參暗合顯然有據，臣思年羹堯罪不容誅，蒙皇上天高地厚之恩，曲為寬宥，自當痛自改悔，閉門思過，乃猶狐媚煽惑，結黨蒙蔽，罪惡愈重，實難姑恕，臣始入境所聞已有如此，其餘款蹟再當細訪確查，一一陳奏，臣謹奏。

雍正三年八月二十九日

硃批：已有旨拿問矣。

〔189〕甘肅巡撫石文焯奏與隆科多年羹堯並無交情暨甘陝官員情形摺（雍正三年九月初一日）[2]-[6]-1

甘肅巡撫臣石文焯跪奏，為凜遵聖訓一一銘心，恭繳硃批仰祈睿鑒事。

竊臣生逢聖世身受君恩竭慮殫誠惟圖報主，除此一念之外毫無所顧，至於趨炎附勢臣即初任同知以來亦所恥而不為，已歷叁拾年如一日，今臣年已伍拾有玖，官至巡撫，父子兄弟均荷聖主格外殊恩，返己自思逾分已極，尚復有何希冀，如隆科多臣雖認識，本無交情，年羹堯則係前年在乾清門始識其人，並非相好，此皆臣之實情。我皇上離照中天，自邀睿鑒，非臣所敢欺罔也，今蒙聖訓嚴明臣惟益深凜惕，有生之日悉戴隆恩，祇愧識拙才庸，寸長未効，不能少安於寤寐，凡奉行一切事件惟有盡心竭力以求無負委任。蒙諭允禟之事臣凜遵時加探訪，下人少有不法即當嚴處，如有行跡即便奏聞，臣仰體聖懷加意從事不敢少懈。茶馬事務臣於捌月拾柒日始接受文卷，現在徹底清查，但自康熙伍拾玖年至今尚未奏銷，雍正貳年茶引因商未到齊尚不曾給發，茶政墮壞已極亟當清釐調劑，容臣悉心體察據實入告，斷不敢因循前弊誤課病商，至臣之操守聖明自有鑒察，無庸臣之置喙也。邊疆地方需才已蒙聖恩選發人員，臣將所屬官內不稱職者即當參革，至年羹堯之腹黨在西安則有胡期恆金啟勳，在軍有則有現任四川撫臣王景灝，俱久在睿照之中，甘屬地方寒苦，凡年羹堯心疼之人皆擇美缺題補，故在甘肅者少，今甘肅布政使彭振翼按察使張适臣不知是否年羹堯保奏之人。但彭振翼為人樸實謹慎，其才具亦屬平平，張适做西安糧道臣到任在後，不知其居官如何，及任甘肅按察使認真辦事聲名還好，今現在西安候審。其次則寧夏道僉事董新策，先為年羹堯保舉引見，奉旨發往陝西遇道員缺出補用之員，臣到任後即審察其才守政績，頗稱留心地方竭蹶辦事，未見有甚不好處，但本質軟弱時有疾病。至於州縣中則有靜寧州知州李正發平涼縣知縣謝之茂貪婪不法，經臣會同督臣題參在案，現任者尚有安西同知張允震，環縣知縣劉鼎，秦州州判吳三煜，河州州判童炫，涇州吏目王遵，禮縣典史崔世宏，定邊監課大使鄧天寅，以上柒員皆年羹堯題咨補用之員，容臣一一訪聞，少有不法斷不敢姑容，然亦不敢以不相干人冤抑塞責。其安西同知張允震前以卜隆吉城垣營房建造不堪情形據實具稟，似非年羹堯私人，我皇上日月同明，總難逃於鑒照也，再查何圖於臣未到之前已經奉文解部，合併聲明，所有奉到硃批一併呈繳，伏乞聖鑒，謹奏。

雍正叁年玖月初壹日具。

硃批：知道了，凡事以得中為要，秉公去私自然隨事而時中也，勉之。

〔190〕江南提督高其位奏遵旨繕呈面奉諭旨摺（雍正三年九月初四日）[2]-[6]-19

提督江南總兵官臣高其位謹奏，為欽奉上諭事。

雍正叁年柒月拾貳日蒙兵部劄付前事，抄錄漢字上諭壹道到臣，臣隨恭設香案，九叩跪展宣讀，內奉上諭，着凡文武官員曾經面奉諭旨，除不能記載者俱將訓旨一一詳細將年月日一同繕寫進呈御覽，內外文武大吏着自行封進，欽此欽遵。竊照臣於雍正元年欽蒙特召陛見，叁月貳拾貳日到京請旨叩謁梓宮畢，蒙聖恩憐臣衰邁，命臣乘馬至景運門下馬，進乾清門，命遣內侍扶掖，而登養心殿，九叩頭畢，匍匐御榻之前，蒙皇上不以臣為賤軀，挽手痛哭，垂憐聖祖之犬馬，諭云皇考在日常說你是一個好官，效力年久，有功的老臣，今日看見你，又追念皇考之言，所以傷心。臣隨奏云，奴才本無材幹，只是兢兢守法，不敢妄為。蒙聖諭問臣多少年紀，耳目何如，臣奏奴才實年柒拾柒歲，兩耳重聽，眼目昏花，不堪重任，求主子天恩，容臣告退，免誤主子封疆。蒙主子諭，你雖有幾歲年紀，觀汝筋力還可與朕効數年之力，不得固辭，耳重聽切不可亂吃藥，目下有鑾儀使一缺，旗下都統一缺，汝自量其力之所能，願在京効力或願仍回到松江提督之任，臣奏奴才憑主子放在那裏，臣隨退出乾清門外。旋奉主子命隆科多年羹堯將如前旨詢臣，臣奏都統事務向來不甚熟練，至於鑾儀使又無可効力之處，松江提督濱海要地，全省事繁，奴才蒙主子如此天恩，分當鞠躬盡瘁，竭盡犬馬之力，無奈實實衰老，恐有誤事，辜負主子隆恩。貳臣轉奏，復出傳旨，汝所奏都是老實話，主子甚喜，叫你還回松江提督任去罷，欽此。臣自雍正元年叁月貳拾貳日至貳拾陸日陛見肆次，蒙賜尚方玉食，涼帽素珠腰刀，臣受異數隆恩，已於回任後即經奏謝在案。所有面奉諭旨，謹遵旨詳細繕寫進呈御覽，伏乞皇上睿鑒施行，為此具摺專差家人高忠兵丁張榮齎捧，謹具奏聞。

雍正叁年玖月初肆日

〔191〕四川巡撫王景灝奏實未總理布隆吉修城事件摺（雍正三年九月初六日）[5]-231

四川巡撫臣王景灝謹奏，為遵旨明白回奏事。

雍正三年九月初三日准兵部封發內閣交出欽奉上諭事，甘肅巡撫石文倬〔註 84〕摺奏，布隆吉城垣營房俱不堅固，多有傾圮，年羹堯漫不審擇地利，委令前任按察使今四川巡撫王景灝佈置安排，總理其事，繼又轉交白訥，草率完工，冒銷錢糧，不顧新設防兵居住等因，奉旨，這事情着王景灝明白回奏，欽此。並發城垣營房情形一摺到臣，竊臣於雍正元年七月初六日在西安按察司任內，原任總督年羹堯委臣同原任臨洮府知府白訥料理布隆吉城工事務，臣於起身時年羹堯云，我於康熙六十一年十月內從巴里坤回肅之時，特到布隆吉看明，駐防參將孫繼宗營盤之前，地勢寬敞，即在彼處建城甚好，臣於八月二十六日始抵布隆吉地方，照依年羹堯所言之地，與白訥公同簽定城基，正在燒造磚瓦砍伐木植，竭蹷經營之際，忽於雍正元年九月二十九日接得年羹堯調赴西寧辦理軍務之文，令臣星夜趨赴軍前，將城工諸事交與臨洮府知府白訥料理，臣轉交明白即於十月初一日自工所起程，趕赴西寧，後因阿爾薩朗蠢動騷擾，白訥報稱不能興工，迨至雍正二年三月內白訥始報動工修築，彼時正值春融凍

〔註 84〕「石文倬」為「石文焯」之誤，本文檔後文作石文焯。

解，如地形鹼窪潮濕，白訥即應將不便建城之故詳明年羹堯，另擇地基，何以默無一言，竟爾草率從事，今經甘肅撫臣石文倬摺奏，城墻塌陷裂縫，營房間架窄小，兼有傾倒之處，則白訥係親生督理之員，難辭潦草完工之咎，其城基係年羹堯指定地方，工程係白訥專管修築，臣在西寧辦理軍務，實已不任城工之事，在甘撫臣石文焯未知顛末，以臣為總理其事之人，荷蒙聖明洞鑒，不加嚴譴，着臣明白回奏，臣不勝感激涕零，謹歷敘緣由，繕摺據實奏明，伏乞皇上睿鑒。再查年羹堯發銀十九萬兩，除發甘州衛所採買米石並接運平涼米石共米二萬石，存貯肅倉，用過銀五萬六千六百六十兩，不入城工之項外，臣發涼甘肅等廳衛，僱覔夫匠買運布隆吉夫役口糧及各項物料，動用過銀五萬九千七百一十三兩八錢七分，俱有各廳衛所文冊，現據又轉交白訥銀五萬五千兩，在布隆吉使用，又存留肅州公庫銀一萬八千六百二十六兩一錢三分，亦令白訥支用城工項下，臣共發過銀一十三萬三千三百四十兩，業經分晰開冊咨移川陝總督臣岳鍾琪查核在案，合併奏明。

雍正三年九月初六日具。

硃批：交與議政矣。

〔192〕四川巡撫王景灝奏報賑卹安撫打箭爐地震災民摺（雍正三年九月初六日）[2]-[6]-31

四川巡撫臣王景灝謹奏，為覆奏事。

臣因打箭爐地動即委化林協副將張成隆、成都府知府李弘澤前往賑卹料理，已經具摺奏聞，今於雍正三年九月初三日賫摺馬兵李芳回川，奉到硃批諭旨，已有旨了，可照依蔡珽六十一年事料理，少不盡心使不得。臣跪讀嚴綸，益深悚惕，緣先准川陝督臣岳鍾琪咨移奉旨事理，臣隨即查照前撫臣蔡珽於康熙六十一年捐賞巴塘等處被災人等銀兩緞綾布疋煙茶每人所給之數逐一捐備，檄令副將張成隆知府李弘澤宣揚皇上恩德，查明被災民蠻各加賞賚，仍嚴飭該副將知府會同確查毋致遺漏，務使均沾實惠，俱照依蔡珽所行料理。至稅務衙署倒塌臣已委員捐蓋，又示令茶商速踹茶包運爐發賣，弗使缺乏，現今蠻民開設鋪面客商流通貿易，人心俱已安帖，臣皆欽遵諭旨實心辦理以期仰副皇上軫念遠方之至意，斷不敢稍有簡略自干罪戾，恐廑聖懷，謹將現在賑卹安撫緣由繕摺覆奏以聞。

雍正三年九月初六日具。

硃批：只要實力奉行，朕再無不知之理，若言暫時欺隱，爾等未必有年羹堯之大才也，彼尚不能免其敗露，何益之有，止務真實，一成真一分福，勉此一字諸凡是矣，切記切記。

〔193〕川陝總督岳鍾琪奏參年羹堯與王景灝通同冒銷兵馬錢糧摺（雍正三年九月初七日）[2]-[6]-37

太子少傅世襲三等公四川陝西總督臣岳鍾琪謹奏，為據實奏參事。

竊查臣於雍正元年十月內奉命統兵由川出口，於十二月二十六日抵西寧，所帶漢土官兵騎駝馬匹除留駐歸德地方外，其實在隨至西寧支給草料官兵騎駝以及駝載炮位共馬三千一百二十九匹，又隨帶土兵騎駝馬一千一百三十三匹，漢土共止騎駝馬共馬四千二百六十二匹，及雍正二年正月以後陸續遣發出兵，先後倒斃，至五月內將川兵撤調回川，止留臣標及松潘鎮標綠旗兵丁一千二百名，時已僅存駝載馬一千二百匹，其回川漢土兵丁並無騎駝馬匹，且住寧日西寧食物騰貴，各官兵賒欠鋪債，不能動身者甚多，彼時臣自桌子山回至西寧，遂將此事與年羹堯面商，年羹堯發銀二萬兩給散回川官兵，令其開發欠賬，併前途盤費，僱覓馱載，由口外回川，是回川漢土兵丁並無一馬，不特各營申報陸續倒斃之文冊可憑，而其時年羹堯已目擊情實矣。不意兵丁回川之後至十二月間忽據川提中軍稟報，川撫有追取回川各兵駝載馬匹變價之檄，臣不勝詫異，隨專差游擊張善馳赴西安向年羹堯備陳馬匹久已倒斃，業奉恩旨免賠，何得川撫復催變價，窮兵斷難措辦，稟之再三，年羹堯始云倒斃之冊是我失於報部，今既兵丁無力，我願代賠，隨查算銀數，該一萬九千一百五十二兩（硃批：年羹堯諸此等居心行事實令人不解），差員起解赴川。臣據張善回稟，心竊疑之，及臣奉命抵西安，據提標中軍阮揚璟稟報，千總劉國佐解送賠補馬匹變價銀兩數目日期前來，果與前數相合，臣因思現據長安縣具報，已經奏銷，起運西寧之米尚貯在倉，則此項代賠銀兩必另有故，遂一面將運米貯倉緣由具疏題報，一面將督臣衙門奏銷兵馬錢糧冊逐一撿閱，除非臣所經理者尚無憑查察外，其西寧支給川兵糧料乃臣親身經歷之事，雖不能記憶細數，而馬匹大槩猶所切知，詎意原任西安按察司陞任四川巡撫臣王景灝開造冊內其馬匹數目與草料數目俱大相懸殊，臣不勝驚駭，但臣無支領卷案可憑，故飛檄原任西寧管理支給糧料之游擊張善、顏清如將所支馬匹草料數目開報去後，今據開報到臣，與景灝所造奏銷冊一一查對，臣到寧之日漢土官兵實支草料騎馱馬匹共四千二百六十二匹，景灝冊報一萬一百六十四匹，再臣於五月間自桌子山回寧，遣發川兵回川之日僅存綠旗兵丁馱載馬一千二百匹，而景灝五月分冊報尚有馬一萬四百二十四匹半。至其自雍正二年正月以後至五月以前臣前後遣發各官兵出口回寧及陸續報明倒斃馬匹起支住支月日數目，其中多寡舛錯，浮冒難以備陳，是景灝與年羹堯通同侵蝕不問可知，事關國帑，理合據實具摺奏參，至於作何究擬追賠，伏候聖裁，非臣所敢擅專也。再照川省兵馬冒銷如此浮多，則陝省亦應查核，臣現在咨行各提鎮，將原領兵馬支領口糧草料細數關報到日，如有浮冒另摺再奏，合併聲明，統乞睿鑒施行，為此謹具摺恭奏請旨。

雍正三年九月初七日具。

硃批：具題來奏，陝省查核清時亦續參來，卿如此秉公朕實嘉之。

附錄修訂摺一件岳鍾琪奏參年羹堯冒銷馬匹摺（雍正三年九月初七日）[4]-[48]-1089〔註 85〕

世襲三等公川陝總督臣岳鍾琪謹奏，為據實奏參事。

竊查臣于雍正三年〔註 86〕十月內奉命統兵由川出口，于十二月二十六日抵西寧，所帶漢土官兵騎駝馬匹除留駐歸德地方外，其實在隨至西寧支給草料共馬四千二百六十二匹，及雍正二年正月以後陸續遣發出兵，先後倒斃，至五月內將川兵撤調回川止留臣標及松潘鎮標綠旗兵丁一千二百名時，以僅存駝載馬一千二百匹，其回川漢土兵丁並無騎駝馬匹，不意兵丁回川之後，至十二月間忽據川提中軍稟報川撫有追取回川各兵駝載馬匹變價之檄，臣不勝詫異，隨專差游擊張善馳赴西安，向年羹堯備陳馬匹久已倒斃，業奉恩旨免賠，何得川撫復催變價，窮兵斷難措辦，稟之再三，年羹堯始云倒斃之冊是我失（硃批：年羹堯諸此等居心行事處實屬不解）于報部，今既兵丁無力，我願代賠，隨查筭銀數，該一萬九千一百五十二兩，差員起解赴川。臣據張善回稟，心竊疑之，及臣奉命抵西安，將督臣衙門奏銷兵馬錢糧冊逐一撿閱，除非臣所經理者尚無憑查察外，其西寧支給川兵糧料乃臣親身經歷之事，雖不能記憶細數，而馬匹大槩猶所切知，詎意原任西安按察司陞任四川巡撫臣王景灝開造冊內其馬匹數目與草料數目俱大相懸殊，但臣無支領卷案可憑，故飛檄原任西寧管理支給糧料之游擊張善、顏清如將所支馬匹草料數目開報去後，今據開報到臣，與王

〔註 85〕《雍正朝漢文硃批奏摺彙編》錄有此修訂摺，但影印件遺漏不全，本書據《年羹堯奏摺專輯》錄之。

〔註 86〕原文如此，「雍正三年」，誤，原摺作雍正元年。

景灝所造奏銷冊一一查對，臣到寧之日漢土官兵實支草料騎馱馬匹共四千二百六十二匹，王景灝冊報一萬一百六十四匹，再臣於五月間自桌子山回寧，遣發川兵回川之日僅存綠旗兵丁馱載馬一千二百匹，而王景灝五月分冊報尚有馬一萬四百二十匹，至其自雍正二年正月以後至五月以前臣前後遣發各官兵出口回寧，及陸續報明倒斃馬匹，起支住支月日數目，其中多寡舛錯浮旨難以備陳，是王景灝與年羹堯通同侵蝕不問可知，事關國帑，理合據實奏參，至於作何究擬追賠，伏候聖裁。再照川省兵馬冒銷如此浮多，則陝省亦應查核，臣現在咨行各提鎮將原領兵馬支領口糧草料細數開報，到日如有浮冒另摺再奏，合併聲明，統乞睿鑒施行，謹奏。

硃批：將川省馬匹浮冒開銷之數先即具題參奏，其陝省浮冒數目查核清楚時再行續參，卿如此秉公釐弊，朕實嘉之。

〔194〕川陝總督岳鍾琪奏報在年羹堯門下行走之商販高符吉欺瞞販木等事摺（雍正三年九月初七日）[2]-[6]-39

太子少傅世襲三等公四川陝西總督臣岳鍾琪謹奏，為奏明事。

雍正三年九月初五日臣准川撫臣王景灝一件查參事，係查出年羹堯令莊浪縣典史朱尚文等興販木植一萬一百四十六根，併參代年羹堯行財買賣人高符吉慣於鑽營各緣由，移送會稿到臣。臣查高符吉之子高世祿冒濫軍功得任南江縣知縣，臣已先行彙參在案，唯查川撫臣王景灝疏稿內稱已故重慶府知府蔣興仁將此木擇其大者一千三百根賒與高符吉，議定價銀二千一十四兩七錢，細木一千一十二根蔣興仁即在重慶賣銀四百二兩八錢，交與莊浪縣典史朱尚文收去等語，其間明已被欺，臣在川日久，深知發運重慶大木每根價值必自五六兩起至十數兩不等，從無一兩七錢一根之賤價，即小木亦無賤至三四錢一根者，且商販高符吉既經查明向在年羹堯門下行走代為買賣之人，其領本經營斷不止此，所運木植因何又稱賒與，揆此顯有欺瞞情弊，臣已嚴提莊浪縣典史朱尚文去訖，俟提到西安臣親審明確再行具奏。至臣先經訪聞年羹堯巡補官丁守勤係魏之耀開典當夥計，因預行布按二司嚴行搒查，先已奏聞，今已查出金子四箱，因號數尚多將其子丁遠舉會參革去職銜究審。臣又查得年羹堯在西安運送四川騾馱共有四十四頭，騾轎三乘，備行布按二司根查此項騾馱駝轎是何財物，務有着落不致疏放隱匿外，又訪有戲子方二係年羹堯家人，李二行財夥計，臣亦密飭布按二司搒查究審訖，通俟查明確切數目一並題報。再查高符吉係湖廣漢陽府漢陽縣人，年羹堯任川撫時即任用行財興販米木，其家臣富，窩隱年羹堯貲財量亦不少，恐遲久搬運藏匿，仰乞皇上勅諭湖廣督撫速行搜查，定得其實，庶無隱漏，為此繕摺先行奏明，伏懇睿鑒，謹奏。

雍正三年九月初七日具。

硃批：朕實嘉悅，已有旨了。

附錄修訂摺一件

同日又奏，為奏明事。

雍正三年九月初五日臣准川撫臣王景灝一件查參事，係查出年羹堯令莊浪縣典史朱尚文等興販木植一萬一百四十六根，併參代年羹堯行財買賣人高符吉慣於鑽管各緣由，移送會稿到臣。臣查川撫臣王景灝疏稿內稱已故重慶府知府蔣興仁將此木擇其大者一千三百根賒與高符吉，議定價銀二千一十四兩零，細木一千一十二根蔣興仁即在重慶賣銀四百二兩零，交與典史朱尚文收去等語，其間明已被欺，臣在川日久深知發運重慶大木每根價值必自五六兩起至十數兩不等，從無一兩七錢一根之賤價，即小木亦無三四錢一根者，且商販高符吉既經查明向在年羹堯門下行走代為買賣之人，其領本經營斷不止此所運木植，因何又稱賒與，揆此顯有欺瞞情獘，臣已嚴提莊浪縣典史朱尚文去訖，俟提到西安臣親審明確再行具奏。再查高符吉係湖廣漢陽縣人，年羹堯任川撫時即任用行財興販米木，其家巨富，窩隱年羹堯貲財量亦不少，恐遲久搬運藏匿，仰乞皇上勅諭湖廣督撫速行搜查，定得其實，庶無隱漏，為此繕摺奏明，謹奏。

雍正三年九月初七日

硃批：如是而後宵小輩不致漏網，朕實嘉悅，已有旨諭楚省矣。

〔195〕川陝總督岳鍾琪奏報年羹堯發給口外親王捐馬銀兩摺（雍正三年九月初七日）[2]-[6]-41

太子少傅世襲三等公四川陝西總督臣岳鍾琪謹奏，為奏聞事。

雍正二年五月內原任督臣年羹堯於口外諸王台吉會盟時曾令親王插漢丹津、并郡王厄爾德尼厄爾克托克托奈捐馬二千三百匹，收放西寧廠內，於七月間遣兵由噶斯一路窮追羅卜藏丹盡即將此馬撥給官兵馱載，其中疲瘦者多，俱經倒斃，前臣到西安准原任督臣年羹堯將銀一萬兩交臣轉發，償其馬價，臣當經轉發去後，茲據西寧道趙世錫報稱，將發到馬價銀兩解交副都統達鼐散給親王插漢丹津、郡王厄爾德尼厄爾克托克托奈收領，取具蒙古領狀存案外，所有年羹堯先令口外親王等捐馬後又發給銀兩之處理合奏明，伏乞睿鑒，謹奏。

雍正三年九月初七日具。

硃批：知道了，年羹堯所辦之事令人不解者多。

附錄修訂摺一件

同日又奏，為奏聞事。

雍正二年五月內原任督臣年羹堯于口外諸王台吉會盟時曾令親王插漢丹進並郡王厄爾德尼厄爾克托克托奈捐馬二千三百匹，牧放西寧廠內，於七月間遣兵由噶斯一路窮追羅卜藏丹盡即將此馬撥給官兵馱載，其中疲瘦者多，俱經倒斃，前臣到西安准年羹堯將銀一萬兩交臣轉發，償其馬價，臣當經轉發去後，茲據西寧道報稱將發到馬價銀兩解交副都統達鼐散給親王插漢丹進、郡王厄爾德尼厄爾克托克托奈收領，取具蒙古領狀存案外，所有年羹堯先令口外親王等捐馬後又發給銀兩之處理合奏明，伏乞睿鑒，謹奏。

硃批：覽奏知道了，年羹堯所辦事件令人不解者多。

〔196〕福建福寧總兵顏光旿奏請盡速嚴懲年羹堯摺（雍正三年九月十六日）[2]-[6]-116

福建福寧鎮總兵官臣顏光旿謹奏，為管見密奏事。

竊悖逆年羹堯貪婪欺罔植黨營私，廷臣僉議鎖拿正法，籍沒其家以賠贓款，此乃諸臣之公論，應請皇上早賜依議，以為不臣者戒，今諭旨下詢外臣僉議以定處分，以臣愚見雲貴省分甚遠，若必待天下將軍督撫諸臣奏到勢有稽延月日，如年羹堯自知罪不容死，早伏冥誅已矣，倘悖惡不悛思欲漏網，恐該犯資財無數，黨惡人多，一被鬼脫則國法莫伸，伏乞皇上睿裁，或勅下浙省撫臣嚴加看守或鎖拿到京交刑部監禁，庶免疎漏，若皇上天心不將年羹堯置於死地亦必須永禁囹圄，終沒其身，斷不可發遣邊遠以舒籠鳥，此臣愚昧管見之言，未知當否，不揣密瀆天聽，懇乞皇上睿裁乾斷，不敢動煩天批，臣謹具摺奏聞。

雍正三年九月十六日

硃批：孟浪胡說之極。

〔197〕署浙江巡撫傅敏奏報年羹堯漸散所帶之人並遍賞親近人員摺（雍正三年九月二十日）[2]-[6]-132

署理浙江巡撫印務吏部右侍郎臣傅敏謹奏，為奏聞事。

臣自到浙之後年羹堯並不到臣署相見，亦不曾恭請聖安，臣近日復加密訪，皆云伊前所帶人甚多，漸漸散去，今尚存三百餘口，至其如何散去之處蹤跡詭秘不可得知。又革去將軍任時以所帶騾馬遍賞伊親近人員，又將緞疋銀兩分給眾人，以故愚昧之人頗多感激年羹堯者。臣因細訪曾受伊私惠之人，其明白較著者有職官二員，鑲黃旗固山大蘭炤，鑲黃旗參領包安，又郭齊哈撥什庫六人德倫泰、雅圖、福則寶、那三泰、劉整、康士麟，又筆帖式四人三雅圖、胡申泰、丑哥、明柱，此外受其惠者尚多，但伊等深自諱匿一時不能周知，俟再有所聞另摺具奏，臣謹奏。

雍正三年九月二十日

硃批：朕意已決矣。

〔198〕署理浙江巡撫傅敏奏傳諭問明謝賜履分次請蠲場課緣由等情摺（雍正三年九月二十日）[2]-[6]-138

署理浙江巡撫印務吏部右侍郎臣傅敏謹奏，為遵旨問明回奏事。

雍正三年九月初一日浙江鹽院謝賜履至臣署中請聖安，臣即傳宣上諭，問謝賜履爾奏沿海各縣海潮漸淹場竈，請免場課，自應查勘明白一齊具奏，如何先奏幾縣試探，然後再奏幾縣，此是何故，純臣之心豈宜如此，爾有何說可明白回奏。當據謝賜履回奏，臣因華亭等七縣官民聞知兩淮場課因海潮蠲免，紛紛詳來哀求具題豁免，臣不敢冒昧，故先摺奏請皇上指示應否具題，後奉皇仁蠲免，於是仁和等七縣亦援例請免，是以再行續奏，臣自知不應瑣瀆聖聰，實出情不得已等語。回奏畢臣與敘話間因問彼年羹堯到浙之日，你是文官如何出城遠迎，遠近鬨傳，殊覺不雅，謝賜履答云凡有大臣進京，我是鹽院向例應在武林門地方隨文武大臣跪請聖安，那一日巡撫法海進京，我到武林門請聖安，適值年羹堯也是那一時到杭，雖同在公所，並不是接他，且我與年羹堯素非知交，故不交一談，這是四個都統及法巡撫都看見的等語。臣因稱奉旨問你這話，你須將此段情節據實回奏，謝賜履又即跪奏前語，且云即今年羹堯在杭兩月，臣不曾與他往來一次，各官民所共知等語，臣未敢深信其言，連日細紡杭城各官民，皆云是日法海去而年羹堯來，謝賜履之為送為迎俱所不免，但在杭州尚未見有往來之跡。再臣訪問去年仁和鎮海山陰鄞縣等處實在被海水衝湮，可否免場課出自聖主隆恩，非臣所敢擅議，合併奏聞，伏乞皇上睿鑒，臣謹奏。

雍正三年九月二十日

硃批：此人看來是一庸懦無知之人，但謹慎操守或有可取。

〔199〕陝西安西總兵孫繼宗奏謝溫諭疊沛並賞孔雀翎子摺（雍正三年十月初三日）[2]-[6]-196

鎮守陝西安西等處地方總兵官仍帶紀錄壹次臣孫繼宗謹奏，為恭謝天恩事。

雍正叁年玖月貳拾柒日吏部尚書公舅舅臣隆科多等到布隆吉爾，臣出郊叩請聖主萬安，舅舅臣隆科多內閣學士臣傅德侍讀學士臣通智同傳雍正叁年柒月貳拾叁日面奉諭旨，爾等到布隆吉爾時降旨與總兵官孫繼宗，青海在事官員內爾甚屬出眾効力，領一枝兵，當甘肅路斷之時孤懸敵中，抵敵眾蒙古，殺敗賊人，克能保護地方，殊屬可嘉，奏報爾事之時朕即曾向怡親王隆科多拉錫等降旨獎賞，如此好人年羹堯竟何以未經保舉壹次耶，而年羹堯反將失傷守備作為爾罪，竟將爾置之布隆吉爾地方，年羹堯後聞朕有獎賞之旨，不得已方奏爾好，伊回去一定市恩謊告於爾，爾為人甚屬堅固，熟練軍務之處朕知之甚悉，欽此。臣跪聽諭旨之下感激無地，隨望闕九叩謝恩訖，伏念臣駐防布隆吉爾以來虛糜懷慙，涓埃罔效，前歲青海逆賊蠢動，布隆吉爾蒙古亦因之作亂，臣一軍孤懸，卒能抵敵制勝，保護地方者實仗皇上天威，乃得蕩平，臣何功之有，乃蒙我皇上天恩特授總兵，榮逾格外，且疊蒙獎賞，有加無已，臣何人斯，受此殊恩，即竭盡犬馬之力何能仰報高深。從前年羹堯到布隆吉爾，臣見其舉止詭譎狂妄，臣賦性愚拙，未嘗逢迎，故而失其歡心，所以自歷任川陝總督以來保舉官員不少，從未將臣薦舉壹次，臣於雍正元年玖月初貳日接年羹堯來文，內開本爵繕摺奏事，奉上諭，朕聞得莊浪營參將孫繼宗領兵駐劄布隆吉，人甚明白，漢仗亦好，遇有副將缺出題來等因，欽此。又於雍正貳年貳月初肆日接年羹堯來文，內開，准兵部咨開，雍正貳年正月拾陸日和碩怡親王公舅舅隆科多都統拉錫傳上諭，布隆吉一帶蒙古作亂，孫繼宗所帶之兵不滿壹千，看守地方能有餘力，又同潘之善剿殺西海逆賊，大敗逃竄，着賞與孫宗總兵職銜，現今陝省有事之時，孫繼宗不可移動，遇有陝省總兵缺出，將孫繼宗題補，孫繼宗若未得過翎子，着賞與翎子，欽此。併恩賞孔雀翎子到臣，臣隨恭設香案，望闕叩頭謝恩，欽遵在案。如此溫諭疊沛，悉出宸衷特簡，臣頂感之私不啻鏤骨銘心矣，年羹堯存心陰險，擅作威福，不惟不保舉臣，而且將失傷守備作為臣罪啟奏，是妒臣之甚，若非聖明昭鑒，知臣無罪，則臣遭年羹堯之陷害，冤同覆盆，何由得伸，臣何不幸而遭年羹堯如此加害之深，又不知臣何世修為而幸逢我聖主明高日月之上，無微不照，使臣得以全軀免害者，實出皇上再造之恩，竊臣自把總而仰蒙聖祖仁皇帝天恩超擢以至參將，自參將而復蒙皇上特恩歷授副將總兵，臣一介武夫，沐恩兩朝，雖未讀詩書，亦知以忠事君之大義，此心止知頂感皇上天恩，至年羹堯與臣文內繕摺奏事之語，顯係市恩，臣固知其奸詐邀譽，絕不聽信，此臣堅固之愚，已蒙聖鑒，惟有益加奮勵，恪供職業，嚴謹邊防以圖仰答聖主洪恩於萬一耳。所有微忱感激愚忱理合繕摺奏謝，伏祈皇上睿鑒施行，謹遣把總王得功齎捧奏謝以聞。

雍正叁年拾月初叁日鎮守陝西安西等處地方總兵官仍帶紀錄壹次臣孫繼宗。

硃批：覽爾奏謝真誠，朕甚嘉悅，你將來乃受朕大恩之人，勉力為之。

〔200〕署杭州將軍鄂彌達等奏報鎖拏年羹堯暨查出汪景祺《西征隨筆》摺（雍正三年十月十七日）[2]-[6]-240

署理杭州將軍印務長史臣鄂彌達，署理浙江巡撫印務吏部右侍郎臣傅敏謹奏，為請拏逆黨以正國法事。

雍正三年九月二十八日申刻欽差閒散內大臣都統阿拉錫〔註 87〕到杭，賚捧上諭，鎖拏年羹堯，欽此欽遵。臣等即於是夜同都統阿拉錫傳喚年羹堯到臣彌達衙門，臣敏宣讀上諭畢即時鎖拏看守，臣敏恐伊家財產有藏匿遺漏之處，不敢刻遲立即親自同內監二人赴年羹堯家內點查，婦女盡行押入側邊空屋，將內外各房門一一封閉，守至天明，與阿拉錫等面同逐件查點，儹造總冊會疏具題外。又臣等公同搜查年羹堯內室併書房櫥櫃內有上諭數張，及諸王大臣奉旨轉諭年羹堯書札數幅，現交阿拉錫進呈御覽，其餘遍處搜查皆係閒雜賬目紙劄，至於書信並無一紙，即拜帖手本亦已扯去姓名僅存空紙，隨將伊家人夾訊，據供年羹堯於九月十二日將一應書札盡行燒毀等語，及問年羹堯供詞無異。至阿拉錫起身之後臣等再加細搜粗重家伙，於亂紙中得抄寫書二本書面標題《讀書堂西征隨筆》，內有自序係汪景祺姓名，臣等細觀其中所言甚屬悖逆，不勝驚駭，隨連日密訪其人係何處人氏，作何行止，未有的據，直至十月十六日始知汪景祺即錢塘縣舉人汪日祺，係現任禮部祠祭司主事汪見祺之胞弟，臣等一

〔註 87〕《欽定八旗通志》卷三百二十一作滿洲正白旗都統拉錫。《欽定八旗通志》卷一八六有傳，曾與學士舒蘭往窮黃河源。

面飭令地方官將伊家屬封鎖看守，一面喚伊近房族弟翰林編脩汪受祺問其去向，據稱汪日祺如此悖逆罪該萬死，我如何敢替他隱諱，實係現在京師鑵兒衚衕居住，若我欺妄不行實說，甘與日祺同罪等語，取具親筆供單存案，臣謹將逆犯汪日祺所撰書二本封固恭呈御覽。臣思年羹堯蒙國厚恩，若無悖逆之心誰敢以此誹謗妖言達於其側，且既明知其悖亂何以不即具奏，若云見之已晚何不呈送地方官奏聞拏問，而猶隱忍收藏，是汪日祺固罪不容誅，而年羹堯尤法所不赦，且偶留一件如此大逆無道，則其他既焚者更甚可知，此等悖逆之人若不亟正刑章無以儆奸逆而懲惡黨，伏乞皇上立賜嚴拏正法以快天下臣民之心，以褫將來惡逆之膽，臣等受恩深重，義不與逆賊共戴天日，為此繕摺密奏。再臣等以其人現在京師，若稍遲延恐有洩漏，耑差臣敏帶出吏部筆帖式百祿騎驛馬進奏，合併陳明，伏乞皇上睿鑒施行，臣等合詞謹奏。

雍正三年十月十七日

硃批：此奏甚屬可嘉，將此兩本內朕不曾全發出，爾等見此書內言辭之人亦當密之可也。

〔201〕四川巡撫王景灝奏年羹堯捐馬情弊摺（雍正三年十一月初八日）[5]-230

四川巡撫王景灝謹奏，為奏聞事。

臣查年羹堯在四川任內冒銷軍需銀一百六十萬兩有零，借軍需名色私派銀五十六萬兩有零，已經另疏具題，臣又查年羹堯曾經題請於打箭爐口外裏塘巴塘二處照康熙三十六年捐馬事例加倍開捐，自打箭爐倉領運官米至裏塘者以米六石作馬一匹，但臣訪得年羹堯實於省城折收銀兩捐官之馬每匹收銀六十兩，捐貢捐級之馬每匹收銀五十兩，捐監之馬每匹收銀三十二兩五錢，而自打箭爐運米至裏塘每石實止用腳價銀一兩六錢五分，自打箭爐運米至巴塘每石實止用腳價銀三兩一錢五分，查年羹堯自康熙五十八年開捐起至康熙六十年春季各官生捐運裏塘米五千九百四石，作馬九百八十四匹，內捐官馬六百八十八匹，捐貢捐級馬四十四匹，捐監馬二百五十二匹，捐運巴塘米二萬三百八十八石，作馬六千七百九十六匹，內捐官馬五千八百五十四匹，捐貢捐級馬二百七十匹，捐監馬六百七十二匹，案冊雖稱領運而折收銀兩是實，計算年羹堯借捐納之名共得銀三十六萬四千二百八十六兩二錢，應請於年羹堯名下着追，臣緣查出折收銀兩情弊，不敢隱諱，謹繕摺奏聞。

雍正三年十一月初八日具。

硃批：該部察議具奏。

〔202〕江西巡撫裴𢕔度奏報雍正二年年羹堯私販木植入贛過關等情摺（雍正三年十一月初八日）[2]-[6]-298

江西巡撫臣裴𢕔度謹奏。

竊臣接准部文行查年羹堯寄放貲財，就經通行飭查去後，又准督臣查弼納咨有年羹堯私販川木及廣東紫檀木現在江南，臣思運木必經各關，何以並未據報，正在行查隨據南康知府張景良首報，雍正貳年陸月間有川木簰壹宗到關，該料叁百陸拾餘兩，持有布政使石成峨書函，係受江安糧道馬世烆轉托，內開年公爺木植到關即放，料銀代完，因遵放關未及回明，石司旋故，未完料銀情願照數賠補。又據贛南道王世繩首報，本年貳月內有廣東紫檀木壹宗，該稅銀伍拾餘兩，原任總兵黃起憲知府孔傳熹懇求放關，所有稅銀已照數代完，及過大姑塘時查係搭入糧船裝運，無憑稽察。臣思經過木植雖與寄放貲財不同，但私自聽情即代完稅銀亦屬不合，至贛州知府孔傳熹差人護送更干罪愆，應聽督臣究審，合將九江贛州貳關首報完補情由據實奏明。再查年羹堯續運木植現在查阻並無偷越，並貲財有無寄放之處應俟各屬確查覆到之日另行奏聞，臣不勝悚惶屏息之至。

雍正叁年拾壹月初捌日

硃批：知道了，似此遺愧之事將來當深以為戒。

〔203〕四川巡撫王景灝奏遵旨嚴訊年羹堯將子過繼阮揚璟一案摺（雍正三年十一月初八日）[2]-[6]-300

四川巡撫臣王景灝謹奏，為覆奏事。

竊年羹堯將子過繼與阮揚璟一案臣從前未及查察，未經題參昏昧之處罪無可逭，荷蒙皇上寬恩不即加以嚴譴，令臣與按察使程如絲嚴審追究，臣實不勝惶悚，又奉皇上批到奏摺，以此事在臣大有干係，令臣徹底窮究，臣跪讀之下益深兢惕，現在與按察使程如絲公同於臣衙門將阮揚璟並伊妻妾家屬男婦人等逐一嚴訊，務得實情，斷不敢少有隱匿，自干重罪，容俟審明另疏具題，合先繕摺奏聞。

雍正三年十一月初八日具。

硃批：你惜你不惜朕不知，但朕實實惜你，如今朕亦無法矣，不料爾等如此行事也，到陜可將諸事一一據實承認，竭盡家資以完不清之事，異日另邀朕恩有日，若詭避隱慝則弄巧成拙，國法無私，朕亦無可柰何之時則噬臍不及矣，朕皆一派真誠不虛者，信及與否在你自為也，可惜可惜可惜。

〔204〕四川巡撫王景灝奏謝聖恩寬恕曲賜保全摺（雍正三年十一月初八日）[2]-[6]-301

四川巡撫臣王景灝謹奏，為凜遵聖諭恭謝天恩事。

雍正三年十一月初三日臣齎摺家人權德回川，捧到硃批奏摺，臣跪讀之下知皇上獨拒眾論寬恕臣罪，諭以勉力真誠轉禍為福，臣感激深切不覺伏地嗚咽涕泗交顧，不能自止。竊念在陜西時正值年羹堯威勢恣縱，為其屬員實不敢抗拒，雖見有營私網利之處而畏勢順從亦所恆有，今自知罪戾，難免眾論之參奏，自難逃皇上之嚴譴，故數月以來戰慄憂懼不知所出，寢食俱廢，魂奪靡寧，茲讀諭旨云你是屬員敢與當日之年羹堯抗拒麼，此實皇上至聖至明如日月之無微不照，遂獨拒眾議曲賜保全，不知臣何修而得邀天恩如此之寬大也，臣之感戴益深臣之愧赧益切，惟凜遵訓旨以誠實二字刻刻在心，凡有應行陳奏之事必毫無欺偽以贖臣罪，於追悔之後即有干連自己之處亦毫無隱匿以暴臣罪於君父之前，如稍有支飾是皇上有保全微臣之心而臣轉無自為保全之計，非惟聖明所不宥實亦覆載所不容，為此披瀝下悃上瀆天聽，伏祈皇上睿鑒，臣不勝感激懼悚之至，為此繕摺謹遣臣家人陳琬、左營馬兵苗復起齎捧奏謝以聞。

雍正三年十一月初八日具。

硃批：前數件可以令你在川完結，今石文倬、圖理琛說參二款行不去了，可到陜照前批旨竭力行之。

〔205〕兩廣總督孔毓珣奏陳為年羹堯代買代運紫檀木實情摺（雍正三年十一月初十日）[2]-[6]-318

兩廣總督臣孔毓珣謹奏，為奏明事。

竊臣愚鈍微賤，荷蒙皇上知遇特恩，肝腦塗地難報萬一，奈事出無心實干重罪，悔愧驚懼不知所措，緣雍正二年九月內年羹堯遣人至伊兄廣東巡撫年希堯處託年希堯代買紫檀木二百擔，並託臣代買紫檀木二百擔，又託裝運過梅嶺存貯贛州水次，以便差人來取，開明價值運費隨後帶還等語，臣一時應允，及後年希堯將木買了運去，臣亦墊銀柒百陸拾兩代買紫檀木二百擔，大小計四十一根，差人運赴贛州城外寺廟寄貯。至本年四月內據臣子江西贛州府知府孔傳熹家信云，年羹堯於本年二月內差陝西兵丁住在總兵黃起憲衙門，來取紫檀木，要黃起憲及臣子代為照料僱船併要各撥一人相幫送至江南糧道馬世炌處交收，已經差人相幫送到等語，此臣不料年羹堯大負聖恩，罪惡滔天，與之代買代運罪實難逭，今接臣子傳熹家信奉兩江督臣提審送木家人並代運緣由，應聽兩江督臣審題外，但此項紫檀木實係年希堯代買二百擔臣代買二百擔，雖託代買並未還價，臣愚昧無知不能覺於事先，理合據實奏明認罪，臣謹奏。

雍正叁年拾壹月初拾日

硃批：此等小過朕豈有不諒之理，朕不怪爾也，至於羹堯之負朕深恩，彼為如此不法，不但你未逆料，實出朕意外也，爾非黨附下流輩之可比擬，朕雖未見你之面，朕深知你居心為人，此羹堯一事毫不必繫懷，此皆朕識人不明，悞寵匪人，朕自引咎不暇，何顧累及無辜也，此奏知道了，朕從無心口相異之語，日久天下臣民自然洞徹朕意也。

〔206〕陝西安西總兵孫繼宗奏覆副將潘之善官箴摺（雍正三年十一月十一日）[2]-[6]-325

鎮守陝西安西等處地方總兵官仍帶紀錄壹次臣孫繼宗謹奏，為遵旨具奏事。

雍正叁年拾壹月初柒日據臣標署前營守備任春雷賫捧臣前進奏摺到安，臣出郊跪迎至署，恭設香案望闕叩頭謝恩訖，署守備任春雷轉傳諭旨，總兵是狠好的總兵，奏事狠明白，朕壹件件都知道了，欽此。臣伏聽硃批旨意，朕雖未見你一面，實知你居心為人，勉力為之，再所奏保舉人員壹摺，効力行走壹摺，參奏王嵩壹摺留覽，潘之善何如，據爾所見所聞奏來，欽此。又城工屯田貳摺硃批旨意已發廷議，欽此。伏思臣駑駘之質，庸愚無似，仰沐聖恩有加無已，臣何人斯，受此恩榮，即捐糜頂踵亦未足仰報高厚恩慈於萬一，臣惟有仰遵聖諭，竭盡赤誠，事事勉力以圖報稱，以仰副我聖主訓導之至意。副將潘之善曩在巴爾庫爾出征時臣聞得歷練營伍，熟諳屯田，後於元年拾壹月內從巴爾庫爾赴布隆吉爾應援，兼程前來，允屬急公，又在布隆吉爾駐劄兩月，臣見其為人忠厚，辦事實心，臣欽遵聖旨，謹繕摺具奏，所有節次原奉硃批奏摺陸本合併賫繳，伏祈皇上睿鑒施行，謹遣署把總哈得功賫捧奏摺以聞。

雍正叁年拾壹月拾壹日鎮守陝西安西等處地方總兵官仍帶紀錄壹次臣孫繼宗。

硃批：去歲年羹堯奏言你，盛言潘之善不好處朕即疑之，所以有前問，今覽此奏乃其揑成者也，將前歲年羹堯在西寧之奏發來你看，可笑之極。

〔207〕甘肅巡撫石文焯奏請着落年羹堯賠還久懸帑項以清錢糧摺（雍正三年十一月十六日）[2]-[6]-362

硃批：無恥之極，難為你如何下筆書此一摺。

奏，甘肅巡撫臣右文焯跪奏，為帑項久懸未補亟請着落賠還以清錢糧事。

竊是甘屬各年各案供應動用銀兩以文武各官俸工捐補，除完過外現在尚有未完銀貳拾玖萬貳百陸兩零，又康熙伍拾貳年夏災案內動賑糧叁萬柒千貳百伍拾捌石零，俱應俸工陸續捐補之項，文職自司道以下州縣以上俸銀全捐，武職提鎮以至副參遊守各官俸銀每年捐柒留叁，又各役除拿扇轎夫不捐外，餘役工食亦係捐柒留叁，每年止應捐銀壹萬捌千肆百柒拾肆兩零，尚有丁憂事故官員不能捐解以及拖欠在民實難按年全完，若以之補還前項銀糧，算至雍正貳拾年方得補完，匪但帑項虛懸日久，抑且與永停捐俸之旨有悖，是邊陲文武官役竟不得與各省一例沾被皇恩，從前之封疆大吏安得無過，臣查原任總督年羹堯受聖主逾格之殊恩，身膺全陝重寄，自當仰體皇上軫念俸工為贍養官役家口而設，敕令永行停捐之德意，將前項銀糧另籌補苴之法，通省文武俸工遵旨停捐為是，乃竟置之膜外一籌莫展，夫年羹堯在川陝時何事不營私獲利，獨於國家之帑項漫無急公之心，通省之俸工絕少矜恤之意，以致遺此懸項，文武官役受累無窮，應將甘屬各年各案動用未完銀貳拾玖萬貳百陸兩零，動賑糧叁萬柒千貳百伍拾捌石零一併着落年羹堯照數賠還，解甘以清庫項，文武官役俸工槩行停捐，如蒙聖裁允行俟銀兩解甘之日將補還款項咨部銷案，臣謹具奏請旨。

雍正叁年拾壹月拾陸日具。

〔208〕川陝總督岳鍾琪奏覆年羹堯往日在四川建昌行鹽實情摺（雍正三年十二月十五日）[2]-[6]-446

四川陝西總督臣岳鍾琪謹奏，為奏聞事。

竊臣在京蒙皇上面問年羹堯建昌行塩之事，臣記憶不清，不能詳悉陳奏，今回抵西安細訪在川聞見之人，此事在康熙五十四年內，年羹堯以建昌塩井衛之塩歷來未曾立商，俱係本地居民自行販賣，遂差建昌提塘阮揚璟前往建昌會同地方官立商定課，比時有居民單擺頭李世臻邊騰鳳數人為首，率領漢番阻撓，不遂即聚眾扯旗圍城喊叫，理論不散，建昌道王沛憻、監理通判崔鴻圖商同建昌鎮總兵張友鳳遣兵驅逐，傷斃多人，但成都風聞不知確數，驅散之後阮揚璟回至省城，年羹堯即將為首之人嚴飭查拿，適值李世臻邊騰鳳赴省，即鎖拿親審，於成都市口杖責處死（硃批：此等人再不能漏網，如鄒魯汪日期，皆自來授首，真大奇，天道赫赫，實令人悚然）。其建昌行塩年羹堯仍捏派商課題報，聞至今每年皆地方官賠墊完納，臣另行密查確實再奏，謹就所訪具摺奏聞，伏惟睿鑒，謹奏。

雍正三年十二月十五日具。

硃批：好，應如是。

附錄修訂摺一件

同日又奏，為奏聞事。

竊臣在京蒙皇上面問年羹堯建昌行塩之事，臣記不清不能詳悉陳奏，今回抵西安細訪在川聞見之人，此事在康熙五十四年內，年羹堯以建昌塩井衛之塩歷來未曾立商，俱係本地居民自行販賣，遂差建昌提塘阮揚璟前往建昌會同地方官立商定課，比時有居民單擺頭李世臻邊騰鳳數人為首率領漢番阻撓不遂，即聚眾扯旗圍城喊叫，理論不散，建昌道王沛憻等商同建昌鎮臣張友鳳遣兵驅逐，傷斃多人，但成都風聞不知確數，驅散之後阮揚璟回至省城，年羹堯即將為首之人嚴飭查拿，適值李世臻邊騰鳳赴省，即鎖拿親審，於成都市口杖責處死（硃批：此等人斷不能漏網，如鄒魯汪日祺輩，皆係自來授首，真屬大奇，天道赫赫，實令人悚然），其建昌行塩年羹堯仍捏報商課題報，聞至今每年皆地方官賠墊完納，臣另行密查確實再奏，謹就所訪具摺奏聞，謹奏。

雍正三年十二月十五日

硃批：如此甚好，知道了。

〔209〕四川巡撫王景灝奏謝寬恕保全摺（雍正三年十二月十五日）[2]-[6]-450

四川巡撫王景灝謹奏，為恭謝天恩事。

臣以庸愚，謬膺任用，才識短淺，錯誤實多，前因南坪番彝一案，部議降級調用，奉旨從寬留任，嗣因督臣岳鍾琪題參年羹堯冒銷運價一案，部議將臣革職拏問，又蒙皇上特恩寬免，嗣又因署督臣圖理琛題參，請將臣解任發往西寧造冊，又蒙皇上恩免解任，令臣造冊移送，屢接部咨，皆出望外，臣俱恭疏奏謝天恩，而感激私衷實有未得盡陳者，痛念臣前在陝西兩任，皆係年羹堯屬員，不無畏勢順從，遂致牽連參奏，臣自揣無可獲全，不勝憂懼，乃荷皇上聖明，俯鑒臣之不能與年羹堯抗拒，蒙恩寬恕至再至三，是不但保全臣一家之身命，實且保全臣一生之名節，不知臣有何修，幸邀聖主曲體下情如此之至，雖生生世世効犬馬以難酬，即子子孫孫竭涓埃而罔報，惟有矢誠，實以對君盡心力以辦事，並率領妻孥朝夕焚香叩首，頂祝聖壽於無疆已耳，臣無任激切感仰之至，為此繕摺謹遣臣標右營馬兵劉傑溫和齎捧奏謝以聞。

雍正三年十二月十五日具。

硃批：朕實惜你，耐〔註88〕爾自棄自暴，朕亦無可柰何矣，如阮陽景年羹堯生祠堡夫等事件件不能改舉，亦不能枚舉，可惜可惜，至今惟有竭力完項以圖保全身命之外，朕無可諭爾也，國法三尺，朕亦私不得。

〔210〕川陝總督岳鍾琪奏報遵旨前往拿獲張瞎子並密查涼州蒙古竊盜拒捕摺（雍正四年正月初四日）[2]-[6]-509

四川陝西總督臣岳鍾琪謹奏，為密奏事。

竊臣于雍正三年十二月十九日欽遵諭旨，即日差親信人員前往臨洮府密拿算命張瞎子，並封固其家資字跡，務期跟踪拿獲不致漏洩疏縱，俟拿獲之日解京另奏外。其涼州一帶蒙古竊盜拒捕等事臣亦差員前往密查，併嚴飭該管文武毋得隱諱，如有實跡必須直窮到底，斷不敢使其漸長滋蔓，查實之日另具奏聞，所有奉到諭旨合先具摺恭繳，伏惟睿鑒，謹奏。

雍正四年正月初四日具。

硃批：好。

〔211〕山西總督伊都立奏查明齊山等三人偽官詐旨情形摺（雍正四年正月二十九日）[2]-[6]-561

總督山西管理巡撫事務加壹級臣伊都立謹奏，為奏聞事。

雍正肆年正月拾肆日據太原府屬榆次縣知縣張孫鋐稟報，拾叁日有壹行叁人住宿榆次縣屬鳴謙驛地方王敏店內，身背黃包袱口稱奉旨欽差，又稱十四貝子差查年羹堯餘黨，又有壹人赴廟鳴鐘，口稱我的主子是兵部車駕司筆帖式，姓齊，奉旨查拿年羹堯的餘黨的，及地方鄉約至店內查問齊姓，說跟的小子們沒有靴帽你們送他們些銀錢做靴帽，因鄉地店家等不給，齊姓又說我還要

〔註88〕「耐」為「柰」之誤。

親查各店，查至趙伏才店內把夥計韓世法拴去毆打，店家王敏等同鄉地隨即赴縣舉報，伊等三人於伍更時候跑走等情稟報到臣。臣查齊姓等語言悖謬舉動狂妄，明係光棍，隨即密差嚴拿，至汾陽縣地方拿獲齊姓等三人，並查出清漢字家信肆拾壹封，黃包袱壹個，內裝驍騎校存住誥命壹道，及騾夫人等一併解臣衙門。問騾夫名喚李廷謨，據供這齊姓壹行叁人在京城吳保順店內僱了叁頭騾子，今年正月初肆日從京起身，到直隸獲鹿縣他們說到縣裡去，隨即出來，後有兩個差人來問說，一路有官府支應沒有，我說沒有，差人不理他就走了，又到了山西榆次縣鳴謙驛地方店裡住下，說是兵部筆帖式查年羹堯的人，後面還有伍拾名炮手，他自己又到各店去查，把壹個店家也打了一頓，到伍更天走了，到清源縣地方吃了飯，因沒有飯錢假說後面有人來給，故寫下壹個小紅帖貼在店門口作記，到交城縣當了壹件衣服還了草料飯錢，到汾陽縣餓了壹夜，第貳日早上就被差人拿住了等語。問壹人名叫石榮，據供這姓齊的名叫齊山，我是寧夏民人，他給了我貳兩銀子，從寧夏僱我上京，他到京住了壹月，正月初肆日起身走到鳴謙驛住下，說是兵部筆帖式奉旨查拿年羹堯餘黨的，叫我到廟上鳴鐘，他路上又說十四王爺差往九爺那裡送信去的等語。問壹人名叫老達子，據供我是齊山家下人，齊山是陝西寧夏將軍處披甲，因沒有盤纏做下這事的。問據齊山供我是寧夏披甲人，是正紅旗人，在寧夏是查爾兔佐領下，在京是唐愛佐領下，因要上京搬取家眷，於舊年拾壹月內將軍給了牌票給假進京，因沒多銀子不能搬取家眷，僱了騾子回寧夏，不料到直隸滹沱河地方家人把盤纏銀子丟了，沒奈何因想着有帶的驍騎校存住請的誥命，用黃包袱包着，遂假充兵部筆帖式只說奉旨查拿年羹堯餘黨的，先曾到獲鹿縣去要草料，縣裡的差人不理，到了山西榆次縣鳴謙驛地方因沒有草料店錢，沒奈何嚇唬店家的，他們人多，店家又把門關了，我只得說你們都是年羹堯的人，我又自己向各店去查點，又把壹個店家打了幾下，到伍更天走了，不知他們怎麼去報官，後來到清源縣地方也因沒有店錢給他寫下壹個紅帖子，到了汾陽縣就被差人拿住了等語。詰問據石榮供，你說十四貝子差往九阿哥那裡送信，你送的什麼信，藏在那裡，你又說後面有伍拾名炮手，炮手在那裡呢，你寫下這個紅帖是什麼意思呢，又據齊山供我原在路上胡說，實沒有十四貝子差往九阿哥那裡送信去的事，況且帶的親友家信俱被查出，如有送的信有個不被查出來的嗎，那伍拾名炮手也是嚇唬他們的話，並沒有什麼炮手，這寫下的紅帖原因他們要飯錢沒有得給他，只說後邊還有人做個憑據的意思等語。隨查據清源縣知縣周人龍稟送到紅帖壹個，上寫清字特母格圖字樣，又點驗查出齊山所帶信肆拾壹封，俱係寧夏駐防親屬自京帶去家信，又驗將軍牌標壹張，係舊年拾壹月初捌日所給齊山路引，用有印信。臣查齊山帶有寧夏將軍印信牌票，又攜帶寧夏駐防親屬家信，其為寧夏披甲無疑，揆此行為因途中缺少盤費一時窮極愚昧無知作此無賴，亦屬實情，但假冒兵部官員詐稱奉旨查拿年羹堯餘黨，又稱允禩差往允禟處送信，種種狂悖希圖訛詐，雖當時搜查並無允禩與允禟所寄書信，行查各屬提訊店家對質亦未曾給有銀錢，然信口胡言偽官詐旨似此不法棍徒豈容寬縱，查齊山等係旗人，除將該犯等錄供解赴刑部嚴審，並將寧夏將軍牌票家信肆拾壹封，黃包袱內所包驍騎校存住誥命壹道，齊山沿路店房粘貼紅帖捌個一併送部分別咨查驗看外，相應奏明，伏乞皇上勅部嚴審施行。

雍正肆年正月貳拾玖日

硃批：此等小事既無別故，咨部做什麼，業已送部罷了。

〔212〕山西總督伊都立奏報查明大同知府欒廷芳饋送銀兩虧空錢糧緣由摺（雍正四年正月二十九日）[2]-[6]-562

總督山西管理巡撫事務加壹級臣伊都立謹奏，為奏聞事。

先經臣將參革大同府知府欒廷芳一案具題，奉旨欒廷芳〔註 89〕原係阿靈阿〔註 90〕家人，倚恃阿靈阿勢力官至知府，在任甚屬貪婪，前任巡撫瞻徇情面將百萬錢糧交伊辦理，以致虧空侵蝕甚多，諾岷察審時並未聲明原由俱為伊掩飾開脫，且欒廷芳餽送朕弟之處諾岷俱曾察出奏聞，至於餽送阿靈阿數拾萬兩之處並未陳奏，顯係諾岷袒護伊黨為阿靈阿隱匿耳。年羹堯從前曾奏朕云欒廷芳完結虧欠銀兩情願前往陝西効力，交銀拾萬兩等語，伊虧空侵蝕銀兩並不完補乃於各處鑽刺營求，殊屬可惡，這事情着交與新任巡撫布蘭泰，將原由查明嚴審具奏，欽此，准部行文到晉。又臣在京時復面奉諭旨，欽此欽遵，隨提欒廷芳嚴訊，據供前撫蘇克濟題陞大同府知府原是瞻徇阿靈阿情面的，至廷芳自做興縣知縣至大同府知府原有送過阿靈阿並阿爾松阿銀兩綢緞等物，不曾細記，約有肆伍萬兩等語，至結〔註 91〕其諾岷不將原委根究，又不將饋送阿靈阿數十萬兩陳奏，代為隱匿之處，據供依恃阿靈阿勢力題陞知府，前任巡撫瞻徇情面，將百萬錢糧交伊辦理，以致虧空侵蝕，這些原由諾岷並未壹字問及，饋

〔註 89〕《山西通志》卷八十二頁二作大同府知府欒廷芳。
〔註 90〕遏必隆第七子，清聖祖孝恭仁皇后妹夫，孝昭仁皇后之弟。
〔註 91〕「結」應為「詰」之誤。

送阿靈阿銀兩不開在庫簿內的，諾岷查出銀兩止據庫簿所開審題也，並無壹字問及。再年羹堯所奏廷芳願交銀拾萬兩往陝西効力之處，據供原差人求諾穆渾轉求年羹堯，許謝諾穆渾銀壹萬兩，情願解充餉銀貳拾萬兩，後來軍前沒得去，許的銀子也沒有給等語。臣查欒廷芳倚恃阿靈阿勢力，做官貳拾年饋送阿靈阿父子銀兩必多，既央諾穆渾、阿爾松阿求年羹堯，必有饋送，因提伊用事家人黃達嚴訊，據黃達供，欒廷芳由阿靈阿家過繼與正藍旗人欒鳴鳳為子，因此做官，送阿靈阿父子銀子都是家人陳奇張勳進京叫廷芳親叔來生轉送的，要知多少數目只問陳奇張勳來生就明白了。再央求年羹堯是廷芳親叔來生欒奇求了諾穆渾，又求了阿爾松阿，向年羹堯說的，來生還往西安年羹堯那裡去過，給他們多少銀子只要問來生欒奇就明白了，陳奇現在大同，欒奇住在崇文門內西堂子衚衕，張勳住在欒奇家內，來生在安定門大街東路住的，有肆伍萬家財。臣查正藍旗已故欒鳳鳴係欒廷芳繼父，其家必有藏匿廷芳家產，陳奇張勳來生係經手送阿靈阿父子銀兩之人，必知饋送確數，來生欒奇又係央求諾穆渾并阿爾松阿轉求年羹堯之人，必知鑽刺確情，且伊等係與欒廷芳至親，至阿爾松阿父子濟惡，罔顧國恩，將欒廷芳侵蝕錢糧數十萬兩伊等分肥，坐擁厚貲，均關國帑，理應將伊等家產嚴查封固，以抵廷芳侵蝕銀兩，除陳奇就近拘審并行文刑部轉行各旗嚴提張勳來生欒奇解晉嚴審，俟審明另行具題外，相應先行奏聞，伏乞皇上敕下該部，將張勳來生欒奇嚴拿解晉質審，將阿爾松阿來生欒奇欒鳳鳴等家產嚴查封固施行，謹奏。

雍正肆年正月貳拾玖日總督山西管理巡撫事務加壹級臣伊都立。

硃批：知道了，已諭部矣，阿爾松阿家產不必封，應着落他賠補者，看他如何隱匿就是了。

〔213〕署甘肅提督孫繼宗奏覆仰體知遇之隆實心供職摺（雍正四年三月初四日）[2]-[6]-691

署理甘肅提督印務安西總兵官臣孫繼宗謹奏，為遵旨具奏事。

雍正肆年貳月初捌日據臣前差進摺署把總哈得功齎捧奏摺到甘，臣郊迎至署，恭設香案望闕叩頭謝恩，沐手開封，跪聽硃旨，去歲年羹堯奏言你盛言潘之善不好處，朕即疑之，所以有前問你，今覽你此奏乃其捏成者也，將前歲年羹堯在西寧之奏發來你看，可笑之極，欽此。併發來年羹堯之奏，着令臣看，臣聽聞之下仰見我皇上聰明睿智，事事精詳，凡在大小臣工之賢否無一不在聖明洞鑒之中，臣思年羹堯身膺顯爵，位極人臣，不思進賢退不肖，反行害正以引邪，若非聖主燭其奸險，察其隱微，則潘之善必被陷害。臣一介孤微，蒙皇上推心置腹，待以股肱耳目，惟仰體知遇之隆，以實心供職，斷不敢一念徇私，負天恩有虧臣節，所以前奉旨下詢，臣見潘之善並無不好之處，亦未相勸盛言之事，故具實陳奏，但良心難昧，聖明難欺也，所有原奉硃旨，併發來年羹堯之奏另摺賫繳外，謹繕摺具奏，伏祈皇上睿鑒，為此謹具摺奏以聞。

雍正肆年叁月初肆日署理甘肅提督印務安西總兵官臣孫繼宗。

硃批：知道了，潘之善着實好的，朕近日聞你不識字，你一切奏摺未〔註92〕何如此妥當得理。

〔214〕陝西按察使許容奏請查問引見知縣馬樸鹽觔曾否變賣摺（雍正四年四月十二日）[2]-[7]-79

陝西西安按察司仍兼管督糧道事臣許容謹奏，為據聞入告仰祈鑒察事。

竊查年羹堯行鹽本利銀兩經部臣史貽直等審明交巡鹽御史變追入官，鹽臣馬喀據商人范毓馪等呈詞，將潞澤等十七處應變鹽價除現存銀兩並房屋等項共銀二萬四千七百餘兩，令地方官自行變賣交納外，其存積鹽斤應變銀一十五萬七千餘兩，請分十年帶銷，又據商人王烈等呈詞，將咸寧等七處應變鹽價銀四萬六百餘兩，請分五年帶銷，臣甫讀奏疏，通官引裕商力，請誠是矣，嗣臣訪查西安省城之咸寧縣應變鹽斤歲前十二月內已報完銀一萬三千八百餘兩，止存未變鹽三十五萬九千八百八斤，長安縣應變鹽斤銀二千七百餘兩，歲前已盡數報完，兩縣俱有原報案卷可查，亦有經管經承可訊，此外各處臣雖查訪未確，聞已變賣將完，馬喀身為鹽臣，各處報完數目自必早已深知，乃將二十萬現有之帑金分為十年五年帶銷之賒欠，臣實不知其是何肺腑也，查西安府經歷今陞廣西雒容縣知縣馬樸本籍運城，向曾充商，臣聞其洞悉此中情由，今於四月初八日領咨赴部引見，伏乞皇上勅下查問，則鹽斤曾否變賣，鹽臣因何具題，自難逃於聖鑒矣，臣兼管糧鹽，有所見聞，不敢瞻顧隱瞞，為此繕摺密奏，伏惟睿照，臣不勝惶悚戰慄之至，謹奏。

雍正四年四月十二日

〔215〕川陝總督岳鍾琪奏遵旨轉陳押解穆覲遠回陝沿途情景摺（雍正四年六月二十一日）[2]-[7]-366

四川陝西總督臣岳鍾琪謹奏，為奏聞事。

〔註92〕「未」為「為」之誤。

雍正四年六月十七日臣在莊浪地方據千總胡槤自京押解穆觀遠〔註 93〕回陝，口稱千總奉旨將穆觀遠押回西大通，交地方官嚴加看守，又奉皇上諭旨，着千總一路上留心察看他有甚人往來說話，并遇着允禟看是何情景，俱說與總督岳鍾琪轉奏，五月初四日自京起身，並無一人接送，二十五日辰時行至滬河，路上遇着允禟迎面相撞，允禟坐在車上故作不知之狀，親自連打馬數下慌張過去，並未回頭顧盼，約行二三里遠有一人趕來問穆觀遠說，你在京裡怎麼樣來，如今那裡去，穆觀遠說我在京裡審我來，夾我來，如今不知往那裡去，千總問他是那裡的人，他說是楚仲〔註 94〕家人名叫趙四，又向千總說穆觀遠原係我們管的人，今日往那裡去我們大人着我問聲，千總因對他說主子旨意交與川陝總督去，那人就去了，此外再無有人見面說話，理合稟明轉奏等情。據此臣隨即刻給文着胡槤將穆觀遠押赴西大通，交與看守允禟家口之署莊浪同知事蘭州同知陳師旦取具收管，嚴加看守去後，十八日據胡槤取具收管到臣，理合一併具摺奏聞，謹奏。

雍正四年六月二十一日具。

硃批：此人之可惡實書不盡，斷不可留於人世者，今法司已定凌遲之議，本現留中，但此人外國人，即處以極刑朕稍疑二，應以病死題奏，密之，取病死時着實令苦之，致病死後可令將其尸骨燒化簸揚，此不必入題，盛言其罪入題亦可，引法司凌遲之議，實可恨之人也。

〔216〕李紱奏報查出年羹堯與塞思黑（允禟）往來密書摺（雍正四年六月二十三日）[5]-7

總督管理直隸巡撫事務臣李紱奏，為據實奏明不軌情形，仰祈睿鑒敕部嚴究事。

查塞思黑〔註 95〕者向與阿其那〔註 96〕等結為黨羽，陰謀不軌，擾亂國政，中外臣工無不周知，然不軌之謀明白顯著者未有如塞思黑之甚著者也，五月十五日都統楚仲遵旨將塞思黑帶回至保交臣，將塞思黑圈住，臣因細詢塞思黑在西情形，據楚仲向臣切齒言，塞思黑陰謀詭秘之處甚多，尤可異者，去年於西大通千總阿維新日記號簿查出內載年羹堯與塞思黑密封文書十數次，又塞思

〔註 93〕Jean Mourao，字若望，葡萄牙天主教耶穌會傳教士。

〔註 94〕《欽定八旗通志》卷三百三十一作歸化城都統楚宗。

〔註 95〕清聖祖第九子胤禟（允禟），清世宗繼位後令改此名以辱之。

〔註 96〕清聖祖第八子胤禩（允禩），清世宗繼位後令改此名以辱之。

黑回覆年羹堯密封文書亦十數次，當經具摺奏明，今仍將號簿封存，即日差人附摺賫〔註 97〕呈御覽等語。臣聞此言不勝駭異，查塞思黑造作十九字頭，私寫格子書信，至有事機已失，悔之無及之語，其謀為不軌已屬顯然，至年羹堯乃悖逆謀叛之人，塞思黑係安置西大通之人，軍民政事毫無關涉，若非同謀不軌，何用密封文書往來各至十數次之多，乃楚仲既已奏明，未蒙皇上發覺其罪，蓋如天之仁尚在曲加寬宥，然春秋之法，大眚不肆，人臣之罪將則必誅，今查塞思黑有識字家人二達子現在遵旨解送刑部，其密封文書往來情弊二達子必無不知，伏乞皇上將臣此摺發交刑部，敕令將二達子嚴審，如果不軌情實所當，即將塞思黑明正典刑，以彰國法者也，臣無任憤激之至，謹奏。

雍正四年六月二十三日

硃批：此係塞思黑之小罪，此十數封字年羹堯在日即問過，但二人各有所犯不容誅之罪，何必牽連一小事，故未究也。

〔217〕川陝總督岳鍾琪奏年羹堯帶陝侍衛李峻徐潛應否解京發落請旨遵行摺（雍正四年八月十二日）[2]-[7]-616

四川陝西總督臣岳鍾琪謹奏，為請旨事。

竊查侍衛袁士弼等年羹堯請帶來陝，嗣奉諭旨解赴杭州，惟案內李峻徐潛二名，因年羹堯委赴延綏寧夏各署守備事務，故未一同咨解，經臣調回西安，令其遵旨參奏年羹堯惡蹟，因未奉明旨，故暫令祗候，今案內各員俱已奉旨發落，則李峻徐潛應否解京候旨發落，理合恭奏請旨，為此具摺謹奏。

雍正四年八月十二日具。

硃批：此二人給咨赴部請旨。

附錄修訂摺一件

同日又奏，為請旨事。

竊查侍衛袁士弼等年羹堯請帶來陝，嗣奉諭旨解赴杭州，惟案內李峻徐潛二名，因年羹堯委赴延綏寧夏各署守備事務，故未一同咨解，經臣調回西安，令其遵旨參奏年羹堯惡蹟，因未奉明旨，故暫令祗候，今案內各員俱已奉旨發落，則李峻徐潛應否解京候旨發落，理合恭奏請旨，為此具摺謹奏。

硃批：李峻徐潛二人給咨令其赴京，候該部請旨發落。

〔註 97〕原文作「賫」，輯者改為「賷」。

〔218〕兵部左侍郎副總河稽曾筠奏劉子正到工日期摺（雍正四年八月二十七日）[5]-232

兵部左侍郎副總河臣稽曾筠奏，為欽奉上論事。

雍正四年七月十四日准吏部咨文，內開六月二十三日奉旨，劉子正諂媚年羹堯，饋送禮物古玩等項，既自行首出從寬免交刑部治罪，着革職發往稽曾筠田文鏡處，在河工自備資用效力行走，若遲延推諉不肯出力，該督撫題參從重治罪，欽此。七月二十八日准撫臣田文鏡咨稱，劉子正已經到省，應聽飭發效力等因，臣隨查蘭陽縣南岸有新生險工，最為緊要，即飭令安插蘭陽縣南岸地方效力行走，據該縣報稱，該員於八月十七日到工，臣謹宣傳聖旨，嚴飭該員自備資用，於一切修防事宜務期殫心竭力，加謹搶護，若遲延推諉，不肯出力，即行會疏題參外，所有劉子正到工效力日期理合繕摺奏聞，伏祈睿鑒，謹奏。

雍正四年八月二十七日

硃批：知道了，此等人不可仍令其溫飽安閑也。

〔219〕川陝總督岳鍾琪奏覆從前在保定所聽蔡珽傅鼐言語摺（雍正四年十月二十八日）[2]-[8]-246

四川陝西總督臣岳鍾琪謹奏，為奏明事。

竊臣准部咨，奉旨將蔡珽傅鼐口供俱各抄錄行文，詢明臣鍾琪並令臣鍾琪將董繼舒即行送部與傅鼐質審，欽此。伏查臣前進京陛見過保定府時住宿行寓，蔡珽來寓看視，臣於中廳接見，即對坐中廳榻上慰問寒溫之後，蔡珽言目今惟怡親王辦事頗合聖意，皇上友愛之道亦至極處，所以即有小錯人俱不敢言，惟傅鼐在上前奏之，怡親王常說今日傅鼐又奏我一件不是了，如近日我直隸因從前供支過往兵馬之事動用錢糧應當發給者戶部總不發給，以致各州縣俱有虧空，我無可奈何，又不便啟奏，只得寫一稟到怡親王處，不料怡親王反不喜歡，即刻傳司官呵叱云，你們把該發的銀子不發叫人來村〔註98〕我，即此看來凡關係錢糧之事你們外省督撫更不可不留心等語。此語蔡珽高聲朗說，臣隨從人員俱共聽聞，不獨董繼舒也，至於怡親王如何好處傅鼐如何不好之處蔡珽實未曾說。傅鼐所供怡親王着實不歡喜他，叫臣防備之說蔡珽亦不曾說。董繼舒係四川武進士，任江南常州營守備，被參回籍，從軍桌子山效力，今已回川，其如何告訴傅鼐之處臣委不能知，除一面飛調董繼舒到日送部質審外，

〔註98〕「村」應為「找」之誤。

但臣思蔡珽所言戶部一段情節雖與傅鼐所奏無涉，然係因怡親王說及，正是說話之始末情由，臣受恩深重凡事不敢絲毫隱漏，今應否一併全錄咨部，臣未敢冒昧合先具摺奏請我皇上恩賜訓示，伏乞睿鑒，謹奏。

雍正四年十月二十八日具。

硃批：卿再不欺朕，朕信得及，知道了，朕豈肯將此等人來與卿對質，不必錄咨，只以已經摺奏情節覆部可也，應問與否朕自有道理。

〔220〕管理淮安關務年希堯奏謝恩赦年羹堯徙邊諸子回京摺（雍正五年三月初九日）[2]-[9]-152

內務府總管管理淮安關務臣年希堯謹奏，為恭謝天恩事。

臣于本年二月接到臣父遐齡寄臣家信，內開恩蒙皇上諭旨，向因年羹堯狂悖妄亂將伊治罪，又恐其黨援固結不散，若將年羹堯諸子留在京師或彼此暗相比附，今年羹堯正法之後伊平日同黨之人悔過解散，着將伊子遠徙邊省者俱赦回，交年遐齡管束，以示朕格外寬宥之至意等因，欽此。竊念臣弟年羹堯孽由自作罪不勝誅，跡其狂悖妄亂之多端，則其親生諸子法應同罪，乃蒙皇上仁恩曲貸其生，僅從遷徙于邊遠，尚俾飲食喙息，沒齒生全是聖主之恩，何非格外，更蒙皇上念其微勞偶効于生前，察其匪黨悔解於身後，將伊子之遠徙邊省者俱行赦回，臣跪誦至此不勝感激不自覺其涕泗之交并也，似此格外洪恩苟有人心聞之皆宜激勸，益知結援奸匪斷不能容於堯舜之朝，若當身慓悔又可獲全於聖明之世，共相儆惕黽勉以成革頑遷善之風，況臣家之身被者，以臣犬馬之年備員職守，其奮志涓埃以圖仰報萬一者又當如何也，為此臣敬具摺恭謝，謹具奏聞。

雍正伍年三月初玖日

硃批：你有何顏面具此謝奏。

〔221〕陝西總督岳鍾琪奏遵旨確覈平定青海官員功績摺（雍正五年閏三月十一日）[2]-[9]-335

陝西總督臣岳鍾琪謹奏，為遵旨奏明事。

臣准部咨，奉上諭，從前議敘平定青海功績，朕俱訊問年羹堯，分定等次，朕意以為年羹堯斷不忍欺，故信之不疑，皆准所請，今只以宋可進賞給三等阿達哈哈番，而黃喜林賞給二等阿達哈哈番，據此則從前議敘各官輕重失實，不能公平顯然矣，著將本內諸人議敘之處交與岳鍾琪秉公分別具奏到日議政大臣大學士等定議具奏，欽此。臣伏查甘肅提臣宋可進前於京營參將任內，在西寧軍前駐防塞外歷有年所，雍正元年十月內撤兵進口，適逆彝羅卜藏丹盡狂悖犯順，驚擾西寧南北西三川，宋可進帶領西寧鎮標官兵奮勇救護，大敗逆彝，後在青海行走，首先迎敵，屢著勤勞，雖原任西寧總兵官黃喜林進剿青海時統領先鋒官兵至騰格里地方，亦曾立有功績，然於逆彝初肆猖獗，侵犯三川之時黃喜林俱未臨敵，即青海軍前功次亦不能居於宋可進之上。其副都統臣達鼐在青海軍前領兵，晝夜分馳，直至騰格里，又至索諾木地方追殺堅贊堪布，擒獲七慶台吉，功苦備著，乃年羹堯於議敘青海功績分定等次之時，將黃喜林請賞世職優於宋可進、達鼐二人，似屬未公，今蒙我皇上明併日月，特旨命臣分別具奏，臣秉公確覈，當以宋可進為首功，達鼐、黃喜林次之，紀成斌又次之，庶幾於酬庸懋賞之典，不至輕重失實矣。再查周瑛在藏駐劄，郝玉麟駐防叉木多，俱能仰體聖主柔遠之懷，招撫番眾，彈壓地方，均克盡職，前蒙恩賞世職，實屬允當。至於蘇丹係議政之員，已蒙聖恩賞給世職，但議政議敘之例臣未深知，不敢懸議，恭請皇上欽定，理合遵旨據實奏明，伏乞皇上睿鑒，為此謹奏以聞。

雍正五年閏三月十一日

硃批：大學士會同該部議奏。

〔222〕陝西總督岳鍾琪奏請處置西洋人穆覲遠遺物摺（雍正五年七月十三日）[2]-[10]-146

陝西總督臣岳鍾琪謹奏，為請旨事。

竊照西洋人穆覲遠病故經臣題報在案，所有從前查明金銀衣物等項今據臨鞏按察司李元英造冊詳情作何着落前來，臣查冊內開載之衣物除金十四錠重七十兩銀三封共一百四十五兩併零星金銀器皿不須估變外，其衣服約值銀一百餘兩，為數無多可否令該地方官先行變價，俟解別項之便同不須估變各物一併解部，抑或交鞏昌布政司一併收庫以作公項，臣不敢擅便，謹具摺恭奏，伏乞睿鑒，為此謹奏請旨。

雍正五年七月十三日具。

硃批：交鞏昌公用是。

〔223〕廣西提督田畯奏謝恩准從寬賠補軍需銀兩摺（雍正五年十二月初一日）[2]-[11]-116

廣西提督總兵官臣田畯謹奏，為叩謝天恩，從寬賠補軍需事。

竊臣一介武夫，虛糜厚祿，屢沐異數洪恩，極人生未有之榮遇，即捐糜頂踵難報萬一，茲因軍需案內有臣應賠之項，更沐皇恩寬臣在任賠補，且荷天語誡諭，不啻家人父子，臣跪閱之下感激涕零，惟恪遵聖訓，時刻敬謹，不敢以皇仁浩蕩稍負初心，誓竭犬馬之力以仰報聖澤高深耳，所有微臣感激下情理合奏謝，伏乞皇上睿鑒，為此繕摺專差把總羅振，臣侄田芝齎捧，謹具奏聞。

雍正伍年拾貳月初壹日

硃批：轉時之榮，朕今日之恩，他日之辱又在你自取與否也，勉實在，慎詐偽，欽哉，莫少差念頭。

〔224〕管理淮安宿遷關務年希堯奏謝天恩特賜寬免釋放年裕摺（雍正六年六月二十一日）[2]-[12]-605

內務府總管管理淮安宿遷關務臣年希堯謹奏，為恭謝天恩事。

本年六月十五日臣接得都門家信，臣子年裕於勒什布案內所犯之罪蒙皇上天恩特賜寬免釋放，聞命之下當即恭設香案，望闕叩頭謝恩，臣竊念臣子年裕不能拒絕在部貪婪之勒什布，畏懼苛索，投拜門生，又將年熙餽送之項與聞經手，則其自犯科條，均係自作之孽，臣年非少壯，有子不才，亦惟安命，自尤己分，餘生伶仃沒齒，乃臣子罹應得之罪，而皇上開格外之恩，憫念臣家獲罪之外止有年裕一人，特予矜原，寬恩宥釋，俾臣復有是子，而臣家多全一人，臣實感激非常，不禁涕泗之橫集也，臣撫躬自省，以藐焉之身而蒙皇上天恩如此綦重，縱盡此形軀竭其智力曾何足以仰酬萬一，至于寸忱銜結，有不能宣之于詞，舉之于口，亦惟此一念之誠，長與犬馬報主之心同矢無窮之願而已，臣曷勝慄誠頂戴，繕摺恭謝，謹奏。

雍正陸年陸月貳拾壹日

硃批：覽，駐防官兵回京留京□□一摺發部議。

〔225〕四川建昌總兵趙儒奏陳從前借欠魏之耀銀兩緣由摺（雍正六年七月初三日）[2]-[12]-719

鎮守四川建昌等處地方總兵官左都督加一級臣趙儒謹奏，為奏明事。

雍正陸年伍月拾日准四川提督臣黃廷桂咨，雍正陸年肆月貳拾捌日准川陝總督臣岳鍾琪咨，雍正陸年肆月拾陸日准刑部咨，浙江清吏司案呈，據廣東撫臣楊文乾咨稱，副將趙儒借欠魏之耀銀叁百兩一案行追到臣，臣敢不祗遵解部。然查從前用銀有因而實非借項也，竊臣猥以庸才止堪內地驅遣，猶可勉力辦事，而年羹堯連次差臣進藏，原非臣之才力能堪，況道里迢遙路途橫阻，人行塞外食用維艱，馬走窮荒草料難覓，維時臣係千總微弁，無力行走，屢以恐悞公事為辭，年羹堯乃云只要辦得事來一切費用都是我給，臣是以難辭奔走之勞，遂有債累之苦。臣雖曾於瞻覲天顏時將節次進藏緣由俯伏陳奏，而微臣委曲私衷則不敢上瀆宸聰也。至向來承辦公務原係督撫大臣幫貼費用，故年羹堯曾經給臣銀兩以為進藏路費，而一切出入銀錢皆係魏之耀經手發給，或將此項開入賬內，誠屬有之。但年羹堯原許一切係伊給與，臣實進藏叁次，所幫者少所賠者多，歷年所得俸餉填補猶屬不敷，臣因年羹堯在任係一應陋規充入公用，非係年羹堯家財可比，雖經魏之耀給付亦無借欠字跡，遂致昧於所見未經奏明，罪實難逭，今奉部有查參之語，臣捧此檄為之悚惶無地，汗背沾衣，然而微員無力出口，非借支俸乾所能足其費用，幸逢聖明在上，凡臣工幽隱之情無微不燭，負屈之事無不可伸之，因敢冒昧瀝陳，即如今次進藏官兵已蒙聖主天心憐恤，奉有富足賞給之恩旨，而微臣用過年羹堯幫貼銀兩既奉部臣催追，分應解送到部，但四川係協餉省分，伏望天恩准臣在於川省布政司衙門交納，聽候部文撥充兵餉，則感沐皇仁雖捐縻頂踵不足報稱於萬一矣。臣賦性愚昧，止將屢次進藏事理陳奏，不得幫費進藏情由奏明，惟有靜候督臣查參聽部議處，謹先繕摺具奏，伏乞皇上睿鑒施行。

雍正陸年柒月初叁日

硃批：有旨免汝賠補矣。

〔226〕廣西學政衛昌績奏遵將藤縣休致教諭譚玉祺借人圈點之欽頒錢名世刊刻原詩摺（雍正六年七月十六日）[2]-[12]-807

提督廣西學政臣衛昌績謹奏，為恭解原書事。

雍正六年七月初四日准廣西撫臣郭鉷咨稱，准吏部咨查得廣西學政衛昌績疏參藤縣休致教諭譚玉琪將欽頒貯學之書任意借人，監生胡祚悠、霍廷杞肆加圈點等因，於雍正六年五月初九日奉旨，衛昌績此奏甚屬可嘉，着將原書解部，看其圈點之處再將譚玉琪、胡祚悠、霍廷杞定擬具奏，該部知道，等因到院，相應咨會欽遵諭旨，將貯學原書速即徑行解部，等因到臣，臣隨即行文藤縣教諭呂德懋將《名教罪人》錢名世刊刻原詩貳本親賫到省，臣遵即專差解部外，謹將解過緣由繕摺奏聞，伏祈皇上睿鑒，臣謹奏。

雍正陸年柒月拾陸日

硃批：覽，地方有所聞見為何不隨便奏聞。

〔227〕川陝總督岳鍾琪奏報原任甘肅按察使李元英私賣揑飾桌子山木植情形摺（雍正七年正月初五日）[2]-[14]-223

陝西總督臣岳鍾琪謹奏，為據詳奏聞事。

竊查桌子山伐運木植係交與原任蘭州按察司李元英在蘭接收轉發變賣，嗣因李元英緣事革職，奉旨勅交布政司孔毓璞接管經理，臣准部咨當即欽遵轉飭照例交代，隨據孔毓璞詳稱木植繁多，不能依限授受，經臣咨部展限在案，復據孔毓璞詳報，李元英任內經收桌子山運蘭木植內缺少木二萬二千三百一十根，其尺寸大小俱與原收數目不符，顯有以小易大，以短易長，私賣揑蝕之弊。又據李元英呈稱蘭州原收木植俱照達鼐屢次發來木數按數接收，凡木植大小長短丈尺係照木尺較量，今孔毓璞改用裁衣大尺盤收，遂致尺寸互異，即孔毓璞詳報元英缺少木二萬二千三百餘根，係雍正三年元英未曾任事之前黃喜林趙世錫二人經手，年羹堯入官木植，其二人私賣者業經查參追賠，今復算入元英接收項下，是以木數溢額，揑指為元英之缺少，任意刁難誣抑等語。臣思桌子山木植係奉旨交與達鼐李元英辦理之事，其自桌子山發運蘭州乃達鼐所經手，由蘭州轉發銷售係李元英所承辦，是桌子山發蘭木植其數目多寡以及尺寸廣狹大小長短并是否係用木尺量度，達鼐處必有發木底賬可查，至于孔毓璞詳報李元英缺少木二萬二千三百一十根，而李元英以為乃係從前黃喜林等私賣年羹堯名下入官木植已經題參追賠，其果否確情亦必有案可據，是孔毓璞李元英互稱情節上關帑項，必須飭查明確方得實情，臣不便因一偏之詞即行題參，因檄行蘭州按察司李世倬會同孔毓璞李元英三面確查，并移去達鼐發木底冊，從前黃喜林等私賣追陪原案逐一核查，如李元英果有虧缺揑蝕情弊，即令李世倬據實揭報，另行題參外，所有孔毓璞李元英二人詳報各情節并臣委員確查緣由合先繕摺奏明，伏祈皇上睿鑒，為此謹奏。

雍正七年正月初五日具。

硃批：李元英料不負朕，至此其中必有隱情，定案後自然明白。

〔228〕四川巡撫憲德奏報拏獲通緝遊僧淨一道人並飛飭嚴行押解至省摺（雍正七年正月二十四日）[2]-[14]-314

四川巡撫臣憲德謹奏，為奏聞拏獲重犯事。

雍正陸年拾貳月貳拾叁日，據直隸州達州知州孫廷正報稱，拏獲遊僧壹名正空，本名淨一道人，係請誅大逆案內通緝查拏之犯，相應詳報等情，臣隨批行按察司飛飭會委文武官弁，多撥兵役，嚴行押解至省，遵照原行部議，委員解部，並備錄原供飛咨刑部外，相應奏聞，謹奏。

雍正柒年正月貳拾肆日四川巡撫臣憲德。

硃批：已有旨矣，似此等巧會若非天上神明許一是字，不能幸而致者，莫視為輕易僥倖而然也，勉之勉之，聞得南川縣令王國定聲名甚不好，當詳察訪問，如果係劣員，引朕旨嚴參來，如有可取處，不可冤抑人，亦不過風聞者。

〔229〕川陝總督岳鍾琪奏報緝獲年羹堯同黨淨一道人摺（雍正七年二月十六日）[2]-[14]-472

陝西總督臣岳鍾琪謹奏，為拿獲重犯，恭請睿鑒事。

竊臣前准部咨，奉旨通緝年羹堯逆黨淨一道人解部審結一案，隨即欽遵，嚴行川陝所屬各地方官作速查拿去後，茲據四川達州知州孫廷正詳稱，雍正六年十月二十三日於州屬明月鄉居民唐茂松家拿獲遊僧一名正空，據供自認即係淨一道人等語，臣遂檄行四川按察司嚴查確審，以憑具題解部，據署按察司事鹽驛道尤清詳稱，嚴審正空，據供即係淨一道人，原籍嘉定州洪雅縣人，姓宋名珩應，於康熙三十八年間前往北京出家做道人，取名淨一，康熙四十三四兩年在京講說經義，曾會過大小多人，其中有個姓年的，許他大富大貴也，記不清了。康熙四十六年在口外熱河一百家萬壽寺削髮為僧，改名正空，雍正元年正月由口外進京，復到湖廣，雍正二年二月內回至四川，由萬縣開縣往來住歇，至雍正五年十月十八日到達州回龍庵，曾令庵僧別舟光眉二人送語錄十二卷赴京投遞，未經送到。雍正六年八月至唐茂松家，復令唐茂松赴京投遞語錄經書，至今未回等語，詳報到臣。又准川撫臣憲德咨稱，提審僧人正空，確係淨一道人，並語錄經書十六本，又書稿一綈，隨委令成都府經歷業炯嚴加管押，解部投審等情，並請會題前來。臣查淨一道人係請誅大逆案內奉旨嚴緝解部之犯，茲據達州知州孫廷正查獲遊僧正空自認淨一，歷審不諱，雖其附合年羹堯同謀不軌之處未吐實情，而削髮改名鑿鑿有據，其為逆黨無疑，此皆我皇上仁孝格天，至誠動物，是以匪類潛消，一切奸宄之徒無從遁跡，已准川撫臣憲德將奸僧淨一委員押解赴部，會疏具題，並將赴京投送語錄經書之回龍庵僧人別舟光眉以及達州民唐茂蘭等一併提拿，俟拘到各犯另行解部質審外，所有緝獲淨一道人緣由理合繕摺奏聞，伏祈皇上睿鑒，為此謹奏。

雍正七年二月十六日具。

硃批：此等事朕實感上天聖祖賜佑之深恩，不知如何可以仰報於萬一也。

〔230〕管理淮安宿遷關務年希堯奏報掣選河南遂平縣知縣徐輝祖身世實情摺（雍正七年五月二十一日）[2]-[15]-266

內務府總管管理淮安宿遷關務臣年希堯謹奏，為奏聞事。

竊臣父遐齡於先年曾契買民人徐德夫婦為僕使喚，服役迄今已閱四十餘載，彼時徐德帶有兒子一人，名徐之秀，雖未開入身契之內，而之秀年紀幼小，跟隨伊父就養臣家，迨徐之秀年長亦生有兒子一人，取名徐輝祖，之秀輝祖俱未曾供臣父使令，然始終皆跟同徐德在于臣家居住至今，臣逆弟羹堯任陝西總督時輝祖曾到彼服役，至其如何捐納授職臣從前俱未得知，今聞徐輝祖已掣選河南汝寧府之遂平縣知縣，領憑赴任，臣謹將徐輝祖之實在出身詳悉奏聞，謹奏。

雍正柒年伍月貳拾壹日

硃批：吏部察議具奏。

〔231〕發陝候補人員王琰奏覆與年羹堯並無營私請托及聞其繩糾不實舉動失宜摺[2]-[31]-134

臣王琰為欽奉上諭事。

竊臣原任山東泗水縣知縣，丁憂回籍，雍正元年柒月服滿赴部候補，貳年拾壹月吏部出示奉旨揀選得與選列，本月拾伍日引見，蒙准發陝，拾貳月貳拾肆日到西安，雍正叁年正月初叁日前總督年羹堯始行傳見，嗣即稱疾不令稟謁，臣在部候缺與發陝候補悉屬皇恩，況已需次頂補，何敢營私請托。至年羹堯從前所行事蹟臣未能周知，及到陝後復聞其繩糾不實，舉動失宜，幸聖明遠燭，彰癉悉歸睿裁，凡臣工莫不頌聖德之如天，皇恩之溥徧者也。臣遵奉繕寫緣由，不勝冰兢股慄之至，謹奏。

〔232〕都察院左副都御史王之麟奏參李維鈞與年羹堯素為契密懷私覬望摺[2]-[31]-160

都察院左副都御史臣王之麟謹奏，為特參無恥之大臣以振國紀以勵官方事。

臣聞自古及今國家所以高爵厚祿寵待大臣者以其能公忠體國，止知有君父而不顧私交，止知有名義而不顧厲害，表裏如一，始終不渝，為百寮所取法，士民所具瞻也，皇上自御極以來恩禮內外大臣有逾常分，雖天地之覆載父母之鞠育無已復加，人未有負天地父母而可以長久者。直隸總督李維鈞在守道任內尚為循分供職，蒙皇上特恩授以巡撫，陞為總督，加至尚書，殊寵異數，至於如此，少有人心自當竭盡忠誠，奮身圖報，乃敢交結勢要，依傍門戶，以朝廷封疆大臣自同奴隸，去冬年羹堯入京維鈞明知其不帶大將軍印信，則同為總督，何至趨走道旁，屈膝求憐。及羹堯罪惡貫盈，天心震怒，維鈞復具本參揭，冀蓋前愆，據稱去年十一月內用大將軍印劄行文豫備夫馬，又中途有大將軍印交不出之密語，維鈞當思羹堯既未帶大將軍敕印，何得有大將軍印文，復見其種種悖謬，彼時即應明列彈章，昭示中外，乃遲至數月始行奏聞，其從前代為欺隱，是屬何心，維鈞身為王臣，當念君父為重，私交為輕，乃卑躬屈節以求福於先，巧詞飾詐思免於後，為大臣者當如是乎。臣思維鈞與羹堯素為親密，其所揭各款自有實據，應候聖明裁奪，但維鈞心懷兩端，挾持觀望，患得患失，實為無恥之甚，伏乞皇上聖鑒，將李維鈞玷污官箴之處敕部嚴加議處，以為天下趨附權勢巧詐倖免者之戒，臣以菲材，謬居言職，不勝受恩激切，謹特疏參奏，伏乞睿鑒施行，謹奏。

〔233〕四川學政任蘭枝奏覆川撫王景灝等文武官員與年羹堯關係及操守從政情形摺[2]-[31]-586

提督四川學政臣任蘭枝謹奏，為遵旨回奏事。

臣於本年八月十一日〔註 99〕在保寧府考棚臣家人從成都送到巡撫處帶回請安奏摺一副，臣跪領訖，捧至密室啟視，內奉有密封硃批諭旨云，四川文武大吏官弁吏治如何據實奏聞，關汝一生名節禍福，詳審奏聞。臣捧讀再三，不勝悚惕，念臣身荷重恩，誠恐識見淺狹，不足當聖明採擇，至於是非邪正之辨，具有知覺，何敢於君父之前尚存一毫隱飾，切臣自到蜀中所見大小各官即不勝駭異，每一啟口惟有稱誦年羹堯之功德，侈談年羹堯之威權，感激年羹堯之提拔，彼此聯結一氣相通，竟視此官為根深蒂固，萬無動搖，而一種恣肆無忌之態尤覺不可嚮邇，則年羹堯之攬權納賄，徧置私人，敗壞官常，顛倒公論，排擯老成正靜之士，尊顯貪刻傾詐之流，負國恩而萌逆志，其不可容於聖明之世，夫復何辭。至今巡撫王景灝上年八月到任，臣在敘州考試，聞各官進見即吩咐將來事情總照依年公爺在此時辦，九月臣考試印州，經過新津地方，見新設稅場巡撫委成都知府李弘澤家人在彼收稅，路人竊竊私議，問之知此處年羹堯向來設有私稅，係舊巡撫蔡珽革去，今復添設，至本年三月間聞知年羹堯惡跡敗露，遂行撤去。由此觀之自非皇上燭破年羹堯之奸惡，不即敗露則王景灝

〔註 99〕雍正三年八月十一日。

附會年羹堯之處必非一端，此可揣而知者，但臣觀王景灝為人議論明白，辦事甚勤，即待人接物亦皆坦直，不似邪曲暗昧一流，以當封疆之任才實相宜，自無不在聖明洞鑒之中也。其餘各官依草附木，習為固然，亦難究詰，但據臣見聞所及，情形顯著及官聲陋劣尤甚者謹開列於左，以備皇上諮訪，臣謹奏。

建南道安定昌，成都府知府李弘澤，二人與革職按察司劉世奇皆年羹堯極信任之人，四川一省官府欲求請年羹堯者線索皆出其手，朋比相通，招納賄賂，同己者即為引進，異己者即加傾陷，猶陝西西安之有胡期恒、金啟勳輩也，即如原任夔州知府程如絲一案，劉世奇迎合年羹堯意，煅煉成獄，商同李弘澤，令署成都縣簡州知州薛祿天改造供招，逼誘程如絲承認，必欲置之死地，上年十二月臣在成都得悉其事。

龍安府知府王璣，為人險詐貪殘，倚恃與年羹堯有親，任意恣行，官聲甚劣。

建昌監理廳通判崔鴻圖，性既刻薄，行復貪婪，倚勢作威，官聲最劣，康熙五十七年因塩井衛等處多有塩井蠻民徃來貿易，藉以資生，崔鴻圖聳動年羹堯立商增稅，朘剝蠻民，遂致激變，至動官兵殺傷，後立碑禁止，永不立商，方得解散，事後年羹堯將為首李時蓁等三人拿至成都，慘刑處死，復令崔鴻圖於本地方拿獲蠻民，捕風捉影，酷死無辜不可勝數，三年之後獄猶不解，則崔鴻圖之生事滋釁，虐害蠻民，助成年羹堯之惡亦可見矣。

嘉定州知州金式訓，少年輕狂，縱酒任意，凡事悉憑家人衙役招搖通賄，官聲甚劣。

巴縣知縣周仁舉，係年羹堯親戚，冒入軍功，並無一日之勞，得缺後年羹堯着人趕來到任，貪刻放恣，全無畏忌，士民莫不疾怨，聞前重慶知府蔣興仁剖腹身死一事皆因周仁舉凡事把持，盡專其利，知府但有其名，至公事不能辦應，又受上司責備，因之氣憤，致有此事。

南江縣知縣高士祿，其父高木商原領年羹堯貲本販買木植，徃來經運多年，因將其子冒入軍功，並無一日効力之處，聞年羹堯常有家人至南江私通線索，搬運貲財。

蒼溪縣知縣孫毓玠，重耗嚴刑，性情暴戾，百姓怨入骨髓，聞舊巡撫蔡珽已填入大計劣員內，因係年羹堯親厚，遂得免劾，以樂至縣知縣黃振國易之，自此之後益無畏忌。

成都提標游擊阮楊景〔註 100〕，本係布政司衙門書役，年羹堯愛其才，巧令充提塘，信用無比，康熙五十七年建昌鹽井衛所設立之商人即阮楊景也，在彼處恣行威福，刻剝蠻民，以致激變，嗣後由千總陞至游擊，皆出年羹堯之力，凡事聽從，招納賄賂，其成都鄉城房屋數處，年羹堯不惜數萬金為之修造，益亦狡兔之一窟也。

以上各官弁皆係臣確有見聞，理應實奏，其餘未經見聞的確者不敢妄陳，緣臣職司學政，分宜嚴立關防按考，所至官府不輕接見家人，不得外出，至左右吏胥尤不敢輕易出言，恐其窺測，致生事端，則於各衙門經手辦事細情多不能悉，至於出色好官，才守俱優者臣實未得其人，亦不敢輕舉塞責，為此據實回奏，所有奉到御批原摺一件理合恭繳，伏惟聖恩垂鑒，臣不勝處切悚懼之至，臣謹奏。

〔234〕發往陝西揀選知縣朱廷宬奏覆年羹堯帶往陝西緣由及其所行事蹟無從得知摺[2]-[31]-669

臣朱廷宬為欽奉上諭事。

竊臣草茅下士，原任江南建平縣教諭，康熙六十年遵例捐陞知縣，於雍正二年三月到部投供，凡遇揀選無不遵赴，至十一月吏部出示，奉旨揀選人員發往陝西，臣遵亦遞呈在部，十三日見各大人公同揀選，十五日引見，蒙上諭着年羹堯帶往陝西。今跪聆聖諭，命臣將帶往緣由請託情節聲明，伏念臣一介寒微，勢位懸殊，無路攀援，何敢請託，蒙皇上格外宏恩，得邀殊遇，與原督臣年羹堯無怨亦無德也。至年羹堯所行事蹟臣到陝日淺，無從得知，不敢妄陳，為此繕摺聲明，臣不勝惶悚戰慄之至，謹奏。

〔235〕揀選知州汪元祐奏覆奉旨由年羹堯帶往陝西並無干求苟且之私等情摺[2]-[32]-87

揀選知州臣汪元祐為欽奉上諭事。

竊臣年叁拾肆歲籍隸江南，生逢聖世有志報効，竭力急公，於康熙陸拾壹年內遵阿爾泰事例由候選州同捐知州，不入班次遇缺即用，於雍正元年拾壹月赴部投供候選，屢經揀選，雍正貳年拾壹月內吏部奉旨揀選發往陝西人員，部示如有壹名不到永不許揀選等因，於拾叁日吏部各大人會同前任川陝總督年羹

〔註 100〕《四川通志》卷三十二頁十三作提督標營中營參將阮揚璟。

堯於箭廳唱名驗看，將臣揀選，拾伍日引見，奉旨着年羹堯帶往陝西，臣於拾貳月內到西安。今欽奉諭旨着臣將年羹堯帶往緣由請托情節並年羹堯所行事蹟聲明，繕寫參章道達冤抑之處，煌煌天語，欽此欽遵。伏思臣祖父以來耕讀自守，本無仕籍交遊，而臣至愚極陋，安分知命，從未往來宦途，只於揀選唱名時年羹堯見臣聲音宏亮年力富強以致揀選列名，臣恭遇聖天子聰明睿知，燭照無疆，文武聖神幽隱畢悉，臣何人斯敢在光天化日之下而有干求苟且之私。臣到陝之後於雍正三年正月初三日同揀選人員只見過年羹堯壹次，已後不復再見，並無差委亦無可習學，惟在寓靜守。其年羹堯從前所行事蹟早在聖明睿鑒之中，今歲以來所行事蹟臣實不深知，不敢冒昧妄陳，至臣與年羹堯並不感激，惟仰懇聖慈憫小臣之無知，霽天顏而垂照，臣不勝惶悚戰慄之至，謹奏。

〔236〕翰林院編修汪受祺奏陳隨年羹堯至陝緣由並請回京供職摺 [2]-[32]-89

翰林院編脩臣汪受祺奏為遵旨奏明事。

竊臣一介庸愚，中康熙五十四年乙未科進士，蒙聖祖仁皇帝拔入翰林，歷官十有一載，恭遇皇上登極之後雍正元年十月分別翰林隨班引見，仰邀俞旨仍留館職，雍正二年八月本衙門保送科道蒙恩召見，於養心殿跪聆聖訓周詳，又欽賜御書二幅筆一匣，微末小臣得邀曠典感激無地，至雍正二年十一月十四日接本衙門片子，傳次日引見，臣不知何由，十五日進叩天顏，奉旨人都好，着隨年羹堯去，因於十一月二十六日起身十二月十九日到陝，據年羹堯稱係奉旨代伊批寫文書，隨伊學習吏事，臣始知至陝緣由，遵依辦理，未敢違悞。但年羹堯於正月內染病相見甚疏，臣等每日進署批詳事畢即出，自去年十二月二十日起至今年五月初七日止在陝行走之處如此而已，今奉旨令臣等將請託請節，再寃抑之處並年羹堯所行事蹟逐一聲明。竊思臣備員侍從，榮寵已極，在館十年兢兢自守，顧惜聲名不敢稍萌非分之想，此亦滿漢掌院所素知，況臣資俸漸深上進不患無階，又恭逢聖主加意儒臣優渥備至，臣於去年八月初四日引見之後隨奉旨着於翰林院詹事府衙門陞轉，欽遵在案，臣方慶遭逢有時，何敢別生覬倖，去年來陝之時實無請託情節，到陝之後辦理批詳，年羹堯既稱奉旨亦不敢云有寃抑之情。至年羹堯身受異數殊恩不能時懷謹凜，致辜聖主向來任使之意，其獲罪多端，屢蒙訓諭切責，皆已在聖明洞鑒之內，臣見聞短淺實未能深知，不敢妄陳塞責以欺君父以取罪戾。抑臣更有請者臣父母俱年近八旬現在京師，臣父雙目久已失明，臣母兩足不能行動坐臥床席，桑榆暮景賴臣奉養，自去冬至今身雖在陝心神魂夢無刻不至京師，惓念君親寢食俱廢，伏乞天恩賜臣回京，上則供館職以報効涓埃，下則奉衰顏以慰安遲暮，人臣人子之心庶幾可以稍盡覆載洪慈莫過於此，臣一併冒昧陳請，不勝恐懼戰慄之至，謹奏。

〔237〕兵部等衙門面問馬煥奏對年羹堯情罪前後兩樣緣由並請將其交部以重議處摺[2]-[32]-103

兵部等衙門謹奏。

雍正肆年貳月初捌日九卿欽奉上諭，馬煥在養心殿見朕時首先奏參年羹堯大逆不道，及到任後有伍次密摺奏參年羹堯之事，俱甚嚴切，迨後回奏年羹堯議罪本章〔註 101〕內又請斥為庶人，嚴禁囹圄等語，是馬煥密奏時則言年羹堯之不可恕，在眾人前〔註 102〕又為之寬解，事君之道安有兩樣〔註 103〕，馬煥密摺發與九卿看，着九卿面問馬煥，欽此。臣等公同面問馬煥，據馬煥供奴才到任後原訪得年羹堯不法事情，不敢欺隱，原具密摺奏聞，至年羹堯罪惡即粉身碎骨不能抵其罪，又蒙主子天恩令各省督撫提鎮各抒己見具奏，奴才仰體主子至仁至德，議將年羹堯籍沒家產，嚴禁囹圄，令其自愧而死。奴才係邊鄙武夫，前後奏對兩樣，是奴才愚昧，有何辯處。臣等查得馬煥荷蒙皇上天恩，特授封疆重任，惟應一矢忠誠，屏絕瞻顧，乃於議奏年羹堯之情罪與密奏面奏之語大相懸殊，陰懷黨庇，情弊顯然，有玷人臣之職，應將馬煥交與該部從重議處，謹具奏聞請旨。

〔238〕鑲白旗漢軍都統范時捷奏覆郃陽用兵實有婦女投崖跳井摺[2]-[32]-117

鑲白旗漢軍都統臣范時捷謹奏，為回奏事。

竊臣蒙皇上垂問郃陽因兵一事實在傷人幾何，臣奏兵馬並未傷人，聞有無知婦女黑夜驚慌投崖跳井者誠有其事，不但人言嘖嘖，即臣標奉為安站之千總據伊所聞亦與臣所聞無異，蒙皇上諭臣寫字與年羹堯，命其細查確數，今蒙皇上將年羹堯給臣回字賞臣，閱看字內云並未傷人，但臣在西安時聞之確鑿，斷不敢以無影之事妄為陳奏，為此具摺回奏，伏候聖裁，臣謹奏。

〔註 101〕「本章」二字硃筆改為「疏」。
〔註 102〕「在眾人前」四字硃筆改為「今露章」三字。
〔註 103〕「安有兩樣」四字硃筆改為「豈可二心將」五字。

〔239〕直隸馬蘭口總兵范時繹奏覆詢問范時捷所談年羹堯在陝情形摺[2]-[32]-141

鎮守直隸馬蘭口總兵官臣范時繹謹奏，為遵旨覆奏事。

竊范時捷於正月二十九日〔註104〕午後到陵，住租戶莊，臣即身往接着，並預備飯食等物，以盡手足情誼，晚間坐談至二更有餘，除敘及家務及別後以來之事外，臣即將陝西諸事從容反復再四問及。據范時捷云，我於拜辭年羹堯之時年羹堯曾囑我云，你到京倘或皇上問我，你只說你與我臨別相會之際頻頻見我以手撫胸，以袖掩口，但稱我素日有勞心怔忡，氣短之病，近又發了此症，所以身子氣色比先都差了些，然而千萬不可說得我的病瘦太過了，這一段話我原要託蘇丹代我粉飾着說的，因蘇丹是我的親家，恐他說了必致動疑，此一段話託你代我說了罷等語。今范時捷打算云，看他此時光景，這一段話我竟不敢代他說了。又云年羹堯善於揣摩上意，每遇各省缺出則向眾佯言某缺必放某人，至命下皆適中其人，以此肆美威福，懾惑人心，不獨通屬凜畏，至各省風靡。又有王景灝、胡期恆、金啟勳輩皆以迎合以為能，此其寵甚者，通省之文武官員無不尊之懼之以求保全者。又云我此番來京年羹堯給我銀一萬兩，又替我應賬目一萬兩外，又給銀一千兩做盤纏，我曾以上好貂皮褂一件留作別敬。又將我的長子范弘濟留在西安題補火器營參將。又云年羹堯此番回署置女戲子六人，家中使用太監甚多。又云年羹堯凡京中消息得聞最早，是皆其暗設私塘之弊，由其私塘往來者自京只須兩日半即到西安等語。餘或言及年羹堯之驕矜，風尚之鑽營，瑣碎甚多，無關機宜，臣未敢絮陳天聽。至范時捷於說及年羹堯之時亦有感念交情之處，亦有指摘議論之處，臣未敢顧念私情，一毫欺隱，謹據范時捷之言確實上聞，謹遣臣標千總馬國棟賫奏，謹奏。

〔240〕翰林院編修胡彥穎奏覆奉旨隨年羹堯帶赴陝西代批呈詳並無請託之事摺[2]-[32]-347

翰林院編修臣胡彥穎謹奏，為遵旨據實聲明事。

雍正二年十一月十四日掌院學士傳，次日赴乾清門伺候引見，十五日掌院學士張廷玉同年羹堯引見，臣等於養心殿面奉俞旨，隨年羹堯來陝，其年羹堯因何將臣等奏請帶來之處臣等俱不得知，至十二月十九日臣到西安始據年羹堯稱奉旨令臣等代批呈詳，且令年羹堯教導臣等吏治，今奉上諭令臣等各將帶

〔註104〕雍正三年正月二十九日。

往緣由請託情節並年羹堯所行事蹟聲明具奏，伏念臣彥穎係康熙五十四年進士，由庶吉士得授今職，康熙六十年二月蒙皇祖仁皇帝厚恩點充會試同考官。雍正元年十一月二十五日復蒙皇上點充廣東鄉試副考官，隨於是月二十七日蒙恩召見，訓諭周詳並賜貂皮一張，雍正二年五月初四日回京繕摺條陳，又蒙召入詢問恩賜香珠錠子藥，臣一介寒微受恩至此寵榮逾分，何必更為請託之事，況年羹堯久任督撫，臣並無從識面，何由請託，臣在翰林十年兢兢自守，掌院學士等俱所知悉，今資俸漸深已受知遇，乃更冒恥請託雖至愚有所不為，臣以皇上侍從之臣而代總督批判，似屬非宜，但聖慈不以臣為庸陋令年羹堯教導吏治，仰見皇上天地父母之心欲將臣等委曲成就，臣惟有感激天恩勉力學習而已。但自正月十六日以後年羹堯因患病相見之日甚少，未能有所教導，至年羹堯所行之事有負聖主洪恩久在皇上洞鑒之內，臣聞見短淺不能悉知，今遵諭旨據實聲明不勝戰慄之至，謹奏。

〔241〕領侍衛內大臣馬爾賽等奏覆查審李維鈞隱匿年羹堯家產情形並將其暫行羈候摺[2]-[32]-434

領侍衛內大臣公臣馬爾賽，兵部尚書左都御史臣蔡珽謹奏，為請旨事。

雍正三年八月初五日臣蔡珽面奉上諭，年羹堯從前竊弄權柄擅作威福所有協從諂附者原不足深責，今年羹堯之奸邪僭逆，種種敗露朕已洞悉，屢頒上諭深自愧悔，頻勅內外諸臣令各洗已往戒將來，共期改過，若仍黨惡不悛則斷不姑恕，諭旨甚明，乃直隸總督李維鈞居心險譎，竟敢陽順陰違，如保定府城內即現有年羹堯私置之家產藏留之財物彼並不參奏，及至朕降旨令查尚具摺故作猶豫之狀，希圖延挨俾得檢匿，此等情景必有緣故，甚屬可惡，爾與馬爾賽同往保定府詳細詢察若果得奸欺黨逆實情即將李維鈞拿問請旨，欽此欽遵。臣等於初八日起程十一日到保定，因藩司公出行文飛調，候至十四晚始歸，臣等面問李維鈞你做直隸總督年羹堯在保定城內置房產藏財物你豈有不知，如何不奏呢。據供從前因未奉旨查他的家產所以不曾奏，既奉旨之後就奏了，初先尚不敢開查後又請旨方敢開箱查記，並無隱瞞。藩司羅密供七月初五日查魏之輝家私時曾搜出書一包，總督並不與我們看，自己看了一兩封就令封起放在匣子內裝入箱子了，我七月十一日便往永定河去了，二十五纔回來，見與我的冊子上並無此一件，因向知府知縣說為何冊子上不將其書子開記呢，因令添着開上了，我又向總督說此書信我們倒底要看看，總督說你既要看你們就看去，我與按察司遂一同去開了箱子看過，都是魏家親戚的家書，但從前不與我看又隔了許久我知道這書子是真是假呢，況總督既抄家之後還與魏家三四百兩銀子。又問羅密當日李維鈞看書子時曾支開你們不曾，供不曾支開我們但他也不曾叫我們看。問知府溫儀知縣陸篆當日底冊上果不曾開這書子麼，同供當日原不曾開，及至二十五日布政司回省城後叫我們開纔開上的。李維鈞又供我當日原看過這書三封就交與他們裝起了，至於我的冊子上原開記着有這書信的。問李維鈞凡抄沒家私最重在書信，你既見書信如何不奏呢。供我因見都是魏家的親戚家書所以不曾奏，這是我疏忽之罪，至於年家的人共一百餘口既抄之後每日吃食無所出，所以將他的銀子給他三百餘兩以為他們日用之費。又問既你們的冊子上都有這書信為何獨藩司的冊子上沒有這一筆，且這底冊上如何也沒有這書信一包的賬呢，這豈不是從前你們不問此一宗，及至藩司查問方纔續添的麼。供當日冊上不曾叫開想是遺落了，這也是我疏漏之罪。問按察司浦文焯與李維鈞供同。據此李維鈞身為總督年羹堯家財現在省城之內乃並不參奏，及奉旨行查始抄沒家產又不將書信登記，且不公同藩臬開看，情殊可惡，臣等謹將總督印信摘至公所，李維鈞亦暫行羈候，敬遣侍衛松艾賫摺請旨，伏候批示遵行，為此謹奏。

硃批：甚明白甚公當，料理甚得中，知道了，已有旨矣。

〔242〕吏部候選陸綱奏覆奉旨揀發西安情由並年羹堯好諛惡直等劣蹟摺[2]-[32]-701

臣陸綱為欽奉上諭事。

竊臣滇南下士一介庸愚，由廩饍生員兩經援例到部候選，雍正貳年拾壹月拾壹日吏部出示揀選現在投供各員，得與選列，隨於本月拾伍日引見發陝，拾貳月貳拾肆日到西安，叁年正月初叁日前督臣年羹堯傳見一次，臣私心以為奉旨揀發人員應不時面訓吏治，乃督臣稱病未令稟謁。及靜觀其行事好諛惡直，如前撫臣胡期恆工於諂媚，由府佐薦至大吏，驛傳道金南鍈樸茂質直，蒞任甫及一載遽遭參核〔註 105〕，即此而觀舉措未盡合宜，幸皇上洞燭幾微特諭金南鍈復任而胡期恆有卑鄙下賤之旨，官員黎庶咸頌聖天子明並日月，無遠不照，至臣綱遠居天末離家萬里，既無親族提引亦乏同輩先容，且係新班即用之員選期亦近，何敢營私以取罪戾，遵奉諭旨，謹將緣由繕摺具奏，臣綱不勝戰慄惶悚之至，謹奏。

〔註 105〕「核」應為「劾」之誤。

〔243〕揀選候補知府許登瀛奏覆發往陝西係奉特旨公同揀選與年羹堯從未一見摺[2]-[32]-926

揀選候補知府臣許登瀛謹奏，為據實奏明事。

竊臣係江南徽州府歙縣人，由監生於康熙伍拾伍年遵據呈題明事例在山西大同府捐州同並應陞，又於康熙伍拾捌年遵欽奉上諭事例在大同右衛捐知州免保舉，又遵敬陳管見事照湖灘河所〔註 106〕例捐員外郎，又於康熙陸拾壹年遵據呈代題事例在阿爾泰軍前運米，以知府不入班次遇缺即用，於雍正元年貳月奉旨着總理事務王大臣九卿大人保舉倉差，九卿大人公同保送拾員，叁月貳拾日引見，又於雍正貳年拾壹月奉旨着吏部揀選府廳州縣人員，本月拾叁日吏部公同揀選，拾伍日引見奉旨着發往陝西省，欽此。臣即束裝啟行，自去冬拾貳月拾捌日抵陝至雍正叁年伍月已及半載，現在守候，欽奉上諭令臣等將發往緣由請托情節並年羹堯所行事蹟一一陳奏，竊念臣至愚極陋惟知君父，力圖報効，臣係不入班次遇缺即用之員，在部在陝同一補用無可請托之處，且奉發陝西係特旨吏部大人等公同驗看揀選，臣一介微員何能得與年羹堯交往，即到陝以來年羹堯從未容一見，此不敢略有虛詞上欺君父者也。至於年羹堯行事久在皇上神明洞鑒之中，惟是臣來陝日淺非深知灼見，亦不敢瀆陳，小臣愚昧不勝悚慄，緣奉聖諭理合據實奏明，謹奏。

〔244〕鴻臚寺少卿葛繼孔奏參年羹堯攬權索賄劣跡摺[2]-[33]-57

鴻臚寺少卿臣葛繼孔謹將招權索賄之迹據實參奏仰祈聖鑒事。

臣以踈庸蒙天恩內陞，位至卿貳，臣惟知感激皇上勉圖報效，乃去冬橫遭詐騙，雖屬一已之私事至此安敢尚為隱匿以干諱飾，如臣向任部郎時年羹堯在翰林衙門原相識認，羹堯久任陝西，臣並無隻字通候。去冬年羹堯入京，臣於十月十三日恭請皇上陞殿，在乾清門遇見，羹堯向臣拉手問好，說你是認得東西的人，今番從江南來不該給我幾件古董不該來見我麼，臣見其聲高氣揚，勢燄可畏，只得將青綠花觚一件哥窰瓶一枝圖書一匣宋人尺牘冊頁一本舊書兩部宋元畫六幅共計十二件差家人送去，羹堯隨約臣往見，說我久知你才情好，今後自然留心照看你，你還要給我幾件古董，臣無奈又將玉一隻元人尺牘一本元明畫三軸共計五件差家人送去，前後俱交羹堯家人魏之耀收受。臣竊思進退人材皆出皇上聖斷，豈羹堯所可假借以開招權納賄之門，臣被其威取勢逼，

〔註 106〕今內蒙古托克托縣東十里黄河東岸處。

勒送禮物心實不甘，臣彼時畏其狂悖之勢不敢與之抗衡，咎亦難辭，今年羹堯奸貪惡跡種種敗露，而托詞勒騙尤為無恥，謹將羹堯穢跡據實參奏，伏祈聖鑒施行，臣不勝惶悚之至，謹奏。

〔245〕正藍旗漢軍副都統董玉祥奏覆取怨年羹堯緣由摺 [2]-[33]-62

正藍旗漢軍副都統奴才董玉祥謹奏，為天語指迷不敢不陳明原由事。

竊奴才以包衣擺牙喇蒙聖祖仁皇帝選拔分發甘肅以千總補用，歷陞而至興安總兵，奴才受希世之恩豪無報稱，復蒙皇上由興安總兵調補贛州總兵，由贛州總兵而陞今職，奴才受兩代皇恩，在京在外一體辦事，但惟知有主上而不知有他人，稍盡一點犬馬之心，昨蒙天語周詳指示，以年羹堯道奴才不堪做總兵，聞命之下感激涕零，皇上非待奴才至厚之恩，焉肯如此示語乎，幸蒙皇上聖明不信其語猶用奴才至此，但年羹堯何所親見任意而奏，奴才自揣其故緣在興安軍政時年羹堯曾面囑奴才以興安鎮屬寧羌營守備何天寵係其先生之子，已經患病，軍政內不必填病，奴才以軍政大典凡捌法槩不敢徇私，未允其囑，照例填註，其取怨於年羹堯一也。年羹堯以己之私馬分發各鎮，勒兵厚價官買，其顏管家吩咐興安鎮坐省提塘以馬百餘匹，每匹定價銀拾伍兩分發興安鎮，奴才差官兵驗看多係瘸病不堪，奴才以兵馬非兵之私馬乃朝廷之官馬，瘸病不堪豈敢買用誤事，且兵亦不能備拾伍兩之高價，未遂其欲，其取怨於年羹堯二也，今蒙天語指示奴才若不細陳始末，皇上焉能洞知其故，奴才謹將委曲奏明，伏乞皇上睿鑒施行，奴才戰慄謹奏。

硃批：着年羹堯明白回奏。

〔246〕四川按察使程如絲奏陳撫臣王景灝不行撤毀年羹堯生祠書院匾額碑文情由摺[2]-[33]-255

四川按察使臣程如絲謹奏，為逆臣僭妄之碑祠尚在，黨人傾附之心志未滅，亟請撤毀以遵諭旨以順輿情事。

雍正元年九月二十九日奉上諭，現在生祠書院如是係名宦去任之後民間追思蓋造者准其存留，其餘俱着地方官查明一槩改為別用，欽遵通行在案。查年羹堯撫川十有餘年恣行貪黷，廣通賂遺，吸萬民之脂膏傷一方之元氣，不惟無可追思抑且實流怨毒，其生祠書院扁額碑文理應亟行撤毀以快人心，乃巡撫王景灝躊躇不忍猶豫未決，及至屬員詳請又以曾經摺奏為辭。夫羹堯僭妄悖逆其祠院之撤毀實屬天下公論，景灝何妨明正其罪露章奏請，而乃陰行摺奏欲使撤毀之名歸之於皇上，而景灝且告無罪於羹堯，其傾險奸詐挾智用術殆與羹堯如出一轍。且查羹堯平日徇私引拔之人俱已遵奉恩旨輸誠自首，改行率德，即或陽絕陰比者不無其人，然亦皆列羹堯之惡款，暴羹堯之罪狀以掩其當初黨附之跡，今景灝既無章疏參奏又無事實摘發，且冀少緩生祠書院之撤毀以盡其區區比昵私情，是景灝明示天下以始終不背羹堯之志，而絕無飜然去逆効順之心也。況羹堯祠院扁額有仁德如天、恩流中外、萬國咸寧等項字樣，豈人臣所敢當而羹堯受之不以為怪，景灝留之不以為恥，是誠何心，臣出入城□，觸目憤駭不得不據實奏聞，伏候皇上睿裁，臣如絲臨奏曷勝戰慄悚惶之至，謹奏。

〔247〕四川按察使程如絲奏參簡州知州薛祿天倚恃年羹堯肆行貪婪摺[2]-[33]-256

四川按察使臣程如絲謹奏。

該臣查得成都府屬簡州知州薛祿天傾險性成，鑽營習熟，向與同鄉秦道然朋比狎昵，結為舅親，藉其聲氣得中進士，初選重慶府長壽縣知縣，甫經到任年羹堯即委以心腹，令其經管米糧私稅，約計收銀十餘萬兩，雖總其事者為重慶知府李來儀、周元勳，而駕船巡察沿江截拿祿天之力為多。康熙五十三年正月初二日有一不知姓名米客以四川從無米糧稅額不肯上納，不服拘擒，祿天即令家人徐鬍子同捕役向圓成唐圓士周永昌景明等四人及巡河快役金仲李華周在位等三人將米客並船戶水手俱行打死，棄屍江中，米船趕至黃草硤張飛灘變賣瓜分，現有米行旦壽命証，羹堯以此將祿天薦舉卓異陞授雲南知州，丁憂服滿復補今職。查簡州地僻民貧歷來出息不過四五百金，而祿天不惟苛派糧戶，且又創派煙戶，計簡州煙戶四千五百三十四戶每戶每年派銀五錢共派銀二千二百六十七兩。其他掊克聚斂盡以獻媚逢迎，常用金杯金壺等物餽遺羹堯，約在千金以外，現有代伊置辦之人莊天章可証。又其貪譎之智窮工極巧，只要署事不求陞遷，凡有好缺皆謀署理，恣情尅剝任意貪婪，既以奉羹堯亦以肥囊橐，其署成都縣印時訪查江西民鄭勝伯私雕木印，差役拘拿，又因勝伯貧窶無力納賄，乃令勝伯妄扳富厚平民黃米城黃言生熊儀甫米城等，無奈只得湊銀一百七十兩交與江西民錢學名過付，方始釋放，現有被害人黃米城等証。伏思我皇上明照八表，智周萬務，內外大小臣工無不滌慮洗心，改行率德，而祿天敢逞其狼貪狐媚之積智，竟縱橫於光天化日之下，止據前後正署三任中奇貪極酷，已自罪不容誅，似此齷齪無恥之員豈可一日留司民社，謹特開具劣蹟繕摺參奏，謹奏。

〔248〕四川按察使程如絲奏報查實成都府知府李弘澤於江口等處私設口岸收稅摺[2]-[33]-257

四川按察使臣程如絲謹奏。

該臣查得成都府知府李弘澤原係市井貿易小人，昔年奔走年羹堯門下，領本營運，藉其貲力捐授四川嘉定州知州，務為刻剝以奉羹堯，羹堯益加親信遂以知州保薦陞補成都知府，查成都府經管落地稅務綽有羨餘，儘堪肥潤，詎弘澤貪心不饜欲壑未盈，於新津縣之楊柳河、鄧公鋪，內江縣之江口三處地方設立口岸，差家人余二劉二顧鬍子用加一大戥私收稅銀，當經前任撫臣蔡珽嚴行申飭，立碑革除，後王景灝到任令弘澤將蔡珽所立之碑仆埋土中，復於雍正二年十一月二十二日遣余二劉二顧鬍子依前收稅，直至本年六月二十六日景灝因羹堯離陜始諭弘澤掣回余二等三人，罷止私稅，其蔡珽碑記雖經百姓刨抬出土，至今尚未豎立，通省傳為笑談，弘澤毫無愧怍。又成都府統轄州縣二十有五，向有本府糧規，疊奉署撫臣塞爾圖撫臣蔡珽先後禁革，乃弘澤於二人去任之後稟命景灝仍然勒索，每正糧一兩府規五分門規二釐，通計每年收受糧規銀四千五百四十兩零。雍正二年十月有金堂縣知縣陳舜明陞任廣西河池州知州，已經離任交代清楚，弘澤因其糧規未繳，掯不出結，及糧規既繳又勒其歷年糧規，俱要一一追補，以致該員變賣假貸，狼狽起身，現有陳舜明可証，弘澤自知穢迹彰聞，深憂發覺，且羹堯已敗無可奧援，乃宣言於眾曰設立口岸收受糧規是年羹堯教我做的等語，意欲委過羹堯，希圖掩飾，然臣細加體察弘澤雖係羹堯私人，而再設口岸復索糧規則係遵奉景灝教令，實非羹堯指使，今弘澤已經奉旨引見，其庸劣卑鄙情狀自難逃聖明洞鑒之中，但如此貪污黨比之員臣既訪查確鑿，理應據實奏聞，謹奏。

〔249〕四川按察使程如絲奏參李弘澤等三員摺[2]-[33]-258

硃批：此等之奏不公不密，使不得。

臣仰荷皇上天恩至深至重，誓惟歸命一人，不顧招嫌取怨，況弘澤等三員或係年羹堯鷹犬或係百姓仇讎，斷難一日姑容，臣密行訪查，至再至三，最確最實，方敢敷陳參奏，伏祈皇上恩准勅賜施行，則邊方吏治得以振刷澄清而天末黎民不致含冤無告矣，臣如絲臨奏曷勝戰慄悚惶之至，謹奏。

附件修訂摺一件

四川按察臣程如絲謹奏。

臣仰荷皇上天恩至深至重，誓惟歸命一人，不顧招嫌取怨，況弘澤等三員或係年羹堯鷹犬或係百姓仇讎，斷難一日姑容，臣密行訪查至再至三，最確最實，方敢敷陳參奏，伏祈皇上恩准勅賜施行，則邊方吏治得以振刷澄清而天末黎民不致含冤無告矣，謹奏。

硃批：此等之奏若不公不密斷乎不可者也。

〔250〕四川按察使程如絲奏報審訊阮揚爆過繼年羹堯之子略節及王景灝狥私情形摺[2]-[33]-259

四川按察使臣程如絲謹奏，為欽奉上諭據實奏聞事。

該臣看得阮揚爆〔註 107〕過繼年羹堯之子並隱匿資財一案，奉旨交與巡撫王景灝同臣嚴審究擬，臣於本年十月初七日〔註 108〕接奉巡撫公文當即會同營弁立將阮揚爆鎖拿並伊妻子家口俱行看守，房產家財俱行查明封貯訖，臣隨到巡撫衙門與王景灝公同審訊，據阮揚爆供稱次子阮廷程委係年羹堯之子，於五十二年四月初十日夜起更時分羹堯家人徐二魏之耀同在巡撫衙門內抱給是實，臣因詰其何故不行自首，據供我曾回過王大老爺，說外邊都知道我過繼年羹堯之子如今還該怎麼樣，王大老爺說這是外邊訛傳的話，何足憑信，臣聞此供正欲再加窮究，而景灝即忕喝住，疾呼夾棍，臣向景灝云且慢些夾他，等他細說緣由，景灝不依，止將他事夾訊，以致羹堯因何將子過繼揚爆，因何不行自首實情未能盡得，此在巡撫大堂上萬耳萬目之所共聞共見，俱可質証。及供招既定臣復向景灝云此事理宜速行具題，並應請旨將魏之耀就近在部嚴加刑究或押解來川與阮揚爆質對，務得年羹堯將子過繼隱情方成定案，乃景灝既不忍入之耀之罪，又不肯速行具題，且對臣云我先做一箇摺子去探探皇上的意思再作商量等語，今延挨一月有餘尚未具題，臣實不知景灝是何肺腸。臣聞景灝昔日奔走年羹堯門下之時與魏之耀結為兄弟，八拜訂交，今力為開脫不肯加罪於之耀則其念舊狥私之意已自顯。然至揆其欲行摺奏輾轉遲延之故或潛遣人先至之耀處通知消息，令其不必直吐隱情亦未可定，緣奉特旨令巡撫王景灝與臣同審之案，理合將阮揚爆供招略節不首緣由並王景灝遲延瞻顧情形據實奏聞，

〔註 107〕《四川通志》卷三十二頁十三作提督標營中營參將阮揚璟。
〔註 108〕雍正四年四月初七日。

伏祈睿鑒，臣如絲臨奏曷勝戰慄悚惶之至，謹奏。

硃批：王景顥已革任，年羹堯已正法，魏之耀即此事亦其小罪也，看他如何漏網，凡百如此直陳無隱可嘉之至，勉為之，密之一字若能方不負汝此一番居心行事也，所奏黑虎一事尤屬可嘉，摺留中，朕自另有不動聲色之料理。

附件修訂摺一件

四川按察使臣程如絲謹奏，為欽奉上諭據實奏聞事。

該臣看得阮揚爆過繼年羹堯之子並隱匿資財一案，奉旨交與巡撫王景灝同臣嚴審究擬，臣于本年十月初七日接奉巡撫公文當即將阮揚爆鎖拿並伊妻子家口俱行看守，房產家財俱行查明封貯訖，臣隨到巡撫衙門與王景灝公同審訊，據阮揚爆供稱次子阮廷程委係年羹堯之子，於五十二年四月初十日夜起更時分羹堯家人徐二魏之耀同在巡撫衙門內抱給是實，臣因詰其何故不行自首，據供我曾回過王大老爺，說外邊都知道我過繼年羹堯之子，如今還該怎麼樣，王大老爺說這是外邊訛傳的話，何足憑信。臣聞此供正欲再加窮究而景灝即忙喝住，疾呼夾棍，止將他事夾訊，以致羹堯因何將子過繼揚爆因何不行自首實情未能盡得，及供招既定，臣向景灝云此事理宜速行具題並請旨將魏之耀就近在部嚴加刑究或押解來川與阮揚爆質對，務得過繼隱情方成定案，乃景灝既不忍入之耀之罪，又不肯速行具題，且對臣云我先作一箇摺子去探探皇上的意思再作商量等語，今延挨一月有餘尚未具題，臣實不知景灝是何肺腸。臣聞景灝昔日奔走年羹堯門下之時與魏之耀結為兄弟，八拜訂交，今力為開脫不肯加罪於之耀其念舊狥私之意已自顯。然至揆其欲行摺奏輾轉遲延之故或潛遣人先至之耀處通知消息，令其不必直吐隱情亦未可定，緣奉特旨令巡撫王景灝與臣同審之案，理合先將阮揚爆供招略節並王景灝遲延瞻顧情形據實奏聞，謹奏。

硃批：王景灝已革任，年羹堯已正法，魏之耀即此事尚為罪之小者，看伊如何漏網，凡百悉如此直陳無隱可嘉之至，勉為之，密之一字能謹守不失方不負汝此番居心行事也，所奏黑虎一事尤屬可嘉，摺留中，朕自另有不動聲色措置之法。

〔251〕四川巡撫蔡珽奏覆遵依護軍統領那奏傳諭凡事與年羹堯商議而行摺[2]-[33]-390

四川巡撫臣蔡珽謹奏。

護軍總領那秦〔註109〕到川口宣諭旨戒飭嚴切，臣跪聆之下戰觫無地，伏念臣一介下愚，罪譴日積，蒙聖恩不即責處，尚賜訓誡，且令臣事事與年羹堯商議而行，俾臣得所遵依，鴻慈深重逾於覆載，臣從此有生之年皆聖主格外之矜全，也惟有恐懼感激恪守恩訓，日凜天威於咫尺耳，謹奏。

硃批：若不小心謹慎服勞使不得。

〔252〕四川巡撫蔡珽奏報大將軍年羹堯牌調撫標官兵添駐裡塘起程日期摺[2]-[33]-399

四川巡撫臣蔡珽謹奏，為奏聞事。

雍正元年十二月初八日接大將軍年羹堯牌調臣標下兵三百名添駐裡塘振揚威武，臣謹派馬兵五十名步兵二百五十名守備一員把總二名，其官兵借支銀兩俱照從往例於藩庫借支，臣復加賞助，今於十二月二十四日自成都起程前往，所有官兵起程日期理合恭報，謹此奏聞。

硃批：好。

〔253〕原任四川巡撫蔡珽奏謝恩命寬宥罪過摺[2]-[33]-400

臣蔡珽謹奏，為恭謝天恩事。

竊臣一介庸末，性既愚昧才復疏陋，奉職無狀妄謬滋多，撫躬自問罪戾已極，刑部議臣大辟臣實甘心無一言可辯，乃蒙天恩高厚哀宥，臣躬寓雨露於雷霆之中，施陽和於霜雪之下，旁觀者尚驚嘆聖德好生寬大迴邁千古，況臣身受，從此有生之年皆皇上特恩所賜，雖舉家肝腦塗地亦難以仰答鴻慈之罔極，惟期始終竭此心力以効犬馬於萬一耳，臣無任惶悚戰慄感激痛切之至，謹奏。

硃批：朕與天下臣工不畏有過，但願過而能改則無過矣，期共勉之。

〔254〕都察院左都御史蔡珽奏請恩允辭去所賜年羹堯金銀器皿等物摺[2]-[33]-402

都統都察院左都御史臣蔡珽謹奏。

本月初三日奉旨將年羹堯房屋一所奴婢二百二十五口並金銀綾綺首飾衣服器皿什物等項賜臣，蔡珽伏念臣荷皇上殊恩寵錫便蕃，涓埃未報，方懷慚沮，敢冀恩私，豈意聖情有加無已，然臣內省實有未安，查年羹堯房屋一所本係皇上賞賜之物，其奴婢二百二十五口亦係內務府所隸之人，既蒙恩賚臣不敢辭，

〔註109〕《欽定八旗通志》卷三百十八內大臣年表雍正三年作護軍統領那親，六月革。

至於金銀綾綺首飾衣服器皿什物等項臣與年羹堯雖向來相識，可以通財，但至今日見年羹堯身沐皇上優渥至極之殊寵而貪譎濫劣，種種負恩，釋氏有言審己功德量彼來處，臣自問既無可受伊物之功而量彼復皆不可問之物，況臣叨沐皇恩粗堪自給，此等貲財斷不敢受以取玷，伏乞皇上天恩允臣所請則感激無地矣，臣不勝悚息待命之至，謹奏。

硃批：此辭奏甚屬得理，照所請將物什棄還與年興。

〔255〕欽差兵部尚書蔡珽奏報接署直督日期並未曾搜查李維鈞家中書箚情由等事摺[2]-[33]-409

兵部尚書左都御史都統臣蔡珽謹奏。

本月十九日臣接得部文奉旨命臣署理直隸總督印務，欽此欽遵，除將李維鈞交付公馬爾賽帶領赴京外，臣擇於二十五日入署辦事，至期報疏謝恩，此數日內所有要緊事件臣即先行辦理，不敢（硃批：好）有悮。再臣等初往保定李維鈞沿途差人迎探，及見面時伊甚是驚惶，因候藩司三日始至，諒李維鈞必已預備，是以不曾搜其家中書札（硃批：是），恐搜之不獲反使得以借口也。羅密為人甚魯鈍（硃批：光景過於老實）而語甚笨拙，既將李維鈞羈候，恐羅密出去觸生事端，是以即令其看守（硃批：甚當），李維鈞不致另生別事，今李維鈞（硃批：奇）已出城赴京，兵民安靜之至，合行一併奏聞，為此敬遣家人張六賫摺謹奏。

硃批：知道了，賑濟之事乃目下要務，朕前日想一法，將河間靜海等州縣修理十數處城工動十數萬帑金，借此窮黎可以傭工糊口，亦賑濟一策也，復命揀選人員即便命往各州縣同地方官估計，旨下時爾可嚴飭屬員實心任事可也，特諭。

〔256〕署直隸總督蔡珽奏報查辦年羹堯等藏寄保定財物及易州等地地畝房產情形摺[2]-[33]-422

署直隸總督臣蔡珽謹奏，為請旨事。

竊臣查得年羹堯資財藏寄保定者共箱匣櫥櫃綑包等項肆百叁拾壹號，內各色銀伍萬壹千肆百參拾貳兩肆錢，金器並首飾叁拾肆觔，銀器皿並首飾貳百捌拾陸觔，及其餘玩器珠寶紬緞布疋衣服零星首飾並書籍器皿等項俱有查造清冊。又魏之耀魏之輝等所貯玩器首飾紬緞衣服器皿等項共捌拾陸號，亦逐壹造明細數。又據易州冊報查有年羹堯家人嚴二等存銀肆千叁百壹拾柒兩，紬緞衣服首飾等物共陸拾伍箱亦造送細冊。臣曾親審刑訊伊等，據供年羹堯之物在保定者止此，魏之耀之物有寄伊妹婿任珍處者有寄伊子魏燦之妻兄徐本立者，業經提解造冊到保現在確查審訊，至要緊之物云俱係魏之耀與四川丁巡捕之子丁遠舉密商，不知在何處，其在保定者亦止此。臣細察現在保定之人俱非其素相深託者，魏之輝遍體生不潔之瘡亦已數年，不過令伊等在此看守耳，且伊等所供或在京中或在四川已為阿齊圖、岳鍾琪等所封禁，又難提查，今魏之耀魏之輝俱已解部質審，應聽部臣嚴審究追，所有年羹堯等封貯保定府城並易州之銀兩金銀首飾玩器珠寶紬緞衣服及書籍等物應同鎖子甲密針箭頭解交內務府查收，分別發變存貯，其粗重銅鐵錫器木器及粗舊布疋衣物牲畜等項難以解變者俱就近估價變賣，造冊報部，將價銀解交藩庫。至任珍徐本立等從前收寄銀物並有續報資財州縣應俟查審明確之後壹體分別造冊解送估變。再現據保定府屬之易州清苑安肅滿城完縣，霸昌道屬之涿州昌平東安，通永道屬之武清玉田等州縣報到年羹堯房屋地畝，臣核算共地貳百玖拾柒頃有奇，房壹千貳拾餘間。又伊父年遐齡伊子年熙有涿州房山永清等處共地貳拾貳頃有零，房壹百玖拾柒間，又通州當鋪壹座，應俟查齊之日分晰造冊報部，其房地租銀當鋪本利似應查追入官。至魏之耀等產業已經封貯，其家口應解送刑部交內務府奏請聖裁（硃批：是，知道了），再伊等傭工之人經臣奏明奉旨釋放，其白契典賣使用之人頗多，可否查其籍貫親屬准予贖身（硃批：應如是料理，此輩小人原無罪也，你酌量料理奏聞），有無力者聽其自便，出自聖主特恩，為此具摺仰祈皇上指示遵行，謹奏。

硃批：阿拉什〔註 110〕回奏到來，年羹堯之可惡處，豈有此理了，大奇事，你到京再備悉諭你知道，他等大槩十一月初三四到京，世間竟有求不生之人，可訝可怪之極。

〔257〕署直隸總督蔡珽奏謝恩賜佛手香橼並覆硃諭虎入年羹堯家等事摺[2]-[33]-429

署直隸總督臣蔡珽謹奏。

賫摺人回，蒙賜佛手香橼，敬叩首謝恩祗領訖，臣恭讀硃諭，虎入年羹堯之家，此事真是奇極，臣伏見上天之慈佑，皇上事事指示明顯之至，鍾愛實實至矣盡矣，聖祖之付託皇上上合天心，即此亦是一大徵驗，平常之人有些微之

〔註 110〕即拉錫。

善尚不肯墮落廢棄，皇上得眷既已若此，自然益懋聖德以仰承天庥（硃批：此朕真心也）而不負聖祖，此誠普天下之福也，臣無任凜然駭異（硃批：實在）歡忭之至。前皇上曾向臣說元年有夢虎之事，臣今雖記不甚明，然實曾有此旨，今果應矣，奇甚（硃批：此夢朕向人言的多）。臣又恭讀硃批，修堤之事聖心因稍違而憂勞，此則不妙，目下尚遍地皆水，無可取土，則先時尤難措手，實不為遲，臣細查此堤甚長，昔蒙聖祖命築，民享樂利已三十年，若今冬水退，明春停堤內數處之城工，但估修此堤勝於修城多矣（硃批：甚是，詳悉斟酌，定了主意，萬壽前來見面奏）。臣又恭讀硃諭云，白日未得一點之暇，將二鼓燈下書，字不成字，莫笑話，臣不自揣庸劣，實意為皇上一體之臣，皇上御書超邁今古，乃臣所深知，今勤政至二更時隨筆即書，正皇上不外待臣之意，臣方欣喜，笑之一字雖聖筆誠書，臣心則甚是難過（硃批：原是戲意，又何難過）。臣又聞京中有包衣下千餘人鬧入廉親王府中拆房搶物（硃批：未至於此），漸不可長（硃批：亦初三之日，更奇），為首者自當正法，餘人正可因此安心（硃批：朕意相同，自然如此，此事允禩之可惡，筆不能罄，但放心，朕自有一番料理）。修城平糶之事臣亦以欽奉上諭作起立條約數款，恐廑聖念，謹一併繕摺恭呈御覽，伏候酌定，謹奏。

硃批：條約甚詳悉得當，好。

附件硃諭一件

一大奇事，年羹堯之誅否朕意實未決，四五日前朕寔意已定，不料初三白日一虎來齊化門外土城關內地方，報知提督帶新滿洲，虎已出城外河內葦草中，新滿洲到已晚，伊等週圍執鎗把火看守，半夜忽然突出往南去，從東便門上城，直從城上到前門下馬道入大城，並未傷一人，直入年羹堯家上房，至天明新滿洲九門等至其家放鳥鎗，虎跳下房入年遐齡後花園中，被新滿洲追進用鎗扎死。有此奇事乎，年羹堯朕正法意決矣，如此明彰顯示實令朕愈加懔畏也，朕實驚喜之至，奇，從古罕聞之事也。朕元年得一夢景不知可向你言過否。白日未得一點暇，將二鼓燈下書，字不成字，莫笑話。

〔258〕原任兵部職方司主事錢元昌奏覆赴陝與年羹堯接觸實情並參年羹堯在陝僭越劣蹟摺[2]-[33]-799

原任兵部職方司主事臣錢元昌謹奏，為遵旨奏明事。

臣伏奉聖旨去冬年羹堯帶去補用人員，着各將帶往緣由請託情節並年羹堯所行事蹟聲明繕寫參章，道達寃抑之處，俱交與岳鍾琪轉奏，倘有不能聲明情由者俱仍着隨年羹堯前赴杭州學習，欽此欽遵。仰見我皇上至聖至明，辨心術之公私，別趨向之邪正，雖微末小臣勿令一人屈抑，臣不勝感激踴躍，謹備陳於聖主之前。伏念臣一介寒儒由副榜貢生出身，初任廣東惠州府長寧縣知縣，二任兵部職方司主事，自慚愚鈍無知，涓埃未報，乃於雍正二年十一月十四日年羹堯傳旨到部，轉傳到臣，着臣於十五日引見隨往陝西。臣聞命之下竊念職方司辦事亦屬緊要，若非年羹堯奏請何以帶往陝西，但臣與年羹堯素不相識，惟康熙四十五年夏間年羹堯為翰林時曾以扇四柄索臣詩字，贈臣對聯一副，自後一十八年從無來往，即年羹堯來京時臣從未到門求見，亦從未託人薦引，不知年羹堯何以忽然記憶奏臣隨去。及至臣到西安又守候了十日年羹堯方得見面，又並不向臣提及奏請的話，止對臣說我向日聞你筆下好，近又聞你做官狠有聲名，我想你涉世已久外任京職俱已做過，自然會辦事的了，其言如此，然又不派臣辦事，自上年十二月二十四日到西安至本年二月初九日即聞臣母訃音回京守制，中間惟於正月初三日方隨眾人見了一次，初九日又見一次，餘日只在僧寺中閉門靜守，不辦一事，此是臣去冬往陝實情，皇上聖明無微不照，臣何敢涉一字之虛，蹈萬死之罪，仰冀恩慈俯垂矜宥。至年羹堯所行事蹟臣雖在陝日淺，耳目未周，但就親見親聞之事言之而其罪已斷無可逃矣，臣於上年十二月初一日出京見一路墊道鋪橋，鑿石平路，行臺相望彩畫猶新，其堂官幕賓亦皆另設公館，備極華麗，勞民傷財怨聲載道。到陝之後又見陝西地方滿漢軍民人等無不側目切齒含怨吞聲，其轅門上行走之人無論卑賤徒隸但借公府之名便去詐人，百姓莫敢控訴，聲勢所壓甚至逼死多人毫不動念，此皆年羹堯殘害百姓之惡跡也。從來君上有賜於臣下始有北向謝恩之禮，而年羹堯之於屬員或有所與，每於轅門外或大堂下向北叩頭口稱謝恩，年羹堯安受無辭。皇上進饌始稱用饍而年羹堯亦稱用饍，皇上設讌始稱排讌而年羹堯亦稱排讌，御駕出入始墊街道而年羹堯在西安每逢出入亦必墊道，皇上朝期每月不過三次坐班而年羹堯逢五逢十俱令文武官員穿公服到轅坐班，良久而散，此皆年羹堯僭越狂悖之惡跡也。臣在西安見此舉動時時驚駭，恨其敗露不速，今年羹堯惡貫滿盈果已難逃聖鑒，所作所為果已一一敗露，天下臣民無不交相稱快，亦無不交相誡勉，不特川陝百姓額手稱賀而已也。臣謹據實奏聞，伏祈聖主恩賜垂鑒，臣不勝惶恐待罪之至，謹奏。

硃批：着年羹堯明白回奏。

〔259〕揀選知縣戴維賢奏覆被年羹堯帶往陝西緣由摺[2]-[33]-841

揀選知縣戴維賢為欽奉上諭事。

臣係四川民籍，中康熙四十四年乙酉科第二名舉人，丙戌科揀選知縣，於雍正元年奉部文截取，於雍正貳年三月內領咨赴部投供候選在案。竊思臣草茅寒士，倖叨科名，屢應禮闈，未遂夙志，株守蓬門已經二十餘載，欽惟皇上盛德日新之際，窮簷得意之秋，是以江左三員，閩省四邑九卿挑選兩次掛名邊省，寒儒何幸，群升鳳闕，窮鄉愚陋竟容再覲天顏，殊遇非常，榮幸已極。復於去冬十一月內奉吏部嚴示揀選陝西官員有一名不到者嗣後不與揀選之列等因，投供驗到，於十三日吏部各大人與川陝總督年羹堯公同揀選，十五日引見，奉上諭發往陝西。今欽奉諭旨，令臣將年羹堯帶往緣由請託情節並年羹堯所行事蹟聲明繕寫，敢不以實謹對，臣周歲失怙，倚母成立，上無叔伯，終鮮兄弟，幼事詩書，矢志愈堅，十五列黌宮，十七食廩糧，二十七歲始叨鄉薦，株守至今，歷年有日，需次已失，赴部候選，兩與揀選，俱經引見，緣缺少人多，未蒙補授，臣今煢煢一身，糊口不暇，平日復以廉潔自矢，慣於淡泊，既不能衣食有餘，亦不能交通往來，況始進之階不謹，將來報國之心必不誠實，臣蒙朝廷百餘年培養士子之深恩，不識大義，必不敢自壞名節。至年羹堯事蹟，皇上聖明天縱，無微不照，臣初至陝省，何敢冒昧妄陳，為此據實敬呈御覽，臣不勝戰慄恐懼之至。

〔260〕揀選候補同知關聯璧奏陳奉旨發陝補用始末暨所知年羹堯事蹟摺[2]-[33]-934

揀選候補同知臣關聯璧謹奏，為遵旨奏明事。

竊臣一介寒微至愚極陋，由候選同知循例於康熙六十一年十一月內在阿爾泰一路捐納改歸單月不入班次即用，赴部投供在案。於雍正二年十一月十一日吏部出示曉諭，現在投供候補候選人員俱限次日驗到，即於十三日揀選十五日引見，蒙皇上天恩准發陝省補用，刻期起程，於十二月二十二日抵陝，時值封印，前任督臣年羹堯不容謁見，至雍正三年正月初三日始傳見一次，嗣後年羹堯稱病傳免稟謁。但臣實係頂補之員，在部候銓與發陝補用均係報效朝廷，況臣家世寒微，與年羹堯素未謀面，不特無力鑽營抑且無門可入，際茲聖明在上臣亦何敢營私請托，自干罪戾。伏思上司屬員原期協恭，臣到陝五月求再見而不能，是以年羹堯所行事蹟未能週知，他如河東鹺政年羹堯委任非人，紊亂塩規，陝省大計年羹堯聽信讒言舉措失宜，幸荷乾剛獨斷洞燭隱微，天下臣民共相慶幸，今蒙天諭垂問，敢不據實奏明，敬繕始末恭呈御覽，伏乞聖慈俯鑒，臣不勝惶悚戰慄之至，謹奏。

〔261〕翰林院檢討寶啟瑛奏覆隨年羹堯去陝緣由及實無請託等情摺[2]-[33]-938

翰林院檢討奴才寶啟瑛謹奏，為據實奏明事。

奴才係正白旗漢軍，叨中康熙五十四年進士，蒙聖祖仁皇帝拔置翰林，恭逢皇上御極，奉旨開館纂修《明史》，奴才提調《明史》館事，雍正二年十月初一日掌院學士臣阿克敦張廷玉向奴才云本衙門辦事檢討李蘭已補授給事中，衙門事甚緊要，可先在衙門辦事，俟選拔庶吉士後再行保奏，奴才即在明史館翰林院兩處行走，未經保奏之先於十一月十四日掌院傳次日引見，彼時不知何由，十五日進叩天顏，奉旨人都好，着隨年羹堯去，欽此。隨於十一月二十六日〔註 111〕束裝赴陝，於十二月十九日抵陝，據年羹堯云奉旨令奴才到陝辦理批詳學習吏治，凡所批案件俱是年羹堯自定批條，書寫畢即出，此奴才在陝行走之事也。今奉旨令奴才等將帶往緣由請託情節並年羹堯所行事蹟聲明摺奏，伏思奴才祖父兄弟世受皇恩駐防京口六十餘年，又恭遇聖主作養詞臣，逾於常格，奴才榮寵已極何敢別生僥倖之想，且奴才在館十年惟知讀書守法，與年羹堯素昧平生，實無從請託，斷不敢欺隱一字，自干罪戾。再奴才到陝未及一月年羹堯抱病之後見面甚少，其從前所行事蹟獲罪之處悉在聖明洞鑒之中，奴才與年羹堯既非深交未能知其行事不敢妄奏，為此遵奉諭旨據實聲明，奴才不勝戰慄悚惶之至，謹奏。

〔註 111〕雍正二年十一月二十六日。

引用及參考書目

一、正文及附錄引用書目

1.《康熙朝滿文硃批奏摺全譯》中國第一歷史檔案館編，中國社會科學出版社，一九九六年七月。

2.《雍正朝漢文硃批奏摺彙編》中國第一歷史檔案館編，江蘇古籍出版社，一九八九年三月。

3.《雍正朝滿文硃批奏摺全譯》中國第一歷史檔案館譯編，黄山書社，一九九八年七月。

4.《年羹堯奏摺專輯》國立故宮博物院故宮文獻編輯委員會編，中華民國六十一年十二月。

5.《文獻叢編》故宮博物院編，臺聯國風出版社，中華民國五十三年三月十五日。

6.《永憲錄》蕭奭著，朱南銑點校，中華書局，一九五九年八月。

7.《歷史檔案》，《歷史檔案》編輯部，一九八六年第二期，總第二十二期。

二、序文及註釋引用書目地圖

1.《康熙朝滿文硃批奏摺全譯》中國第一歷史檔案館編，中國社會科學出版社，一九九六年七月。

2.《雍正朝漢文硃批奏摺彙編》中國第一歷史檔案館編，江蘇古籍出版社，一九八九年三月。

3.《年羹堯滿漢奏摺譯編》季永海、李盤勝、謝志寧翻譯點校，天津古籍出版社，一九九五年八月。

4.《年羹堯奏摺專輯》國立故宮博物院故宮文獻編輯委員會編，中華民國六十一年十二月。

5.《平定準噶爾方略》清高宗敕撰，全國圖書館文獻縮微複製中心，一九九〇年七月。

6.《欽定西域同文志》清高宗敕撰，吉林出版集團有限責任公司，二〇〇五年五月。

7.《欽定八旗通志》李洵、趙德貴等校點，吉林文史出版社，二〇〇二年十二月。

8.《雍正朝漢文諭旨匯編》（第一冊）中國第一歷史檔案館編，廣西師範大學出版社，一九九九年三月。

9.《文獻叢編》故宮博物院編，臺聯國風出版社，中華民國五十三年三月十五日。

10.《欽定理藩院則例》（道光）張榮錚點校，天津古籍出版社，一九九八年十二月。

11.《水道提綱》齊召南著，傳經書屋版。

12.《清世宗實錄》中華書局，一九八五年十月。

13.《清代職官年表》錢實甫編，中華書局，一九八〇年七月。

14.《四川通志》（乾隆）黃廷桂監修，張晋生等編纂，景印文淵閣四庫全書第五五九至五六一冊，臺灣商務印書館，二〇一三年九月。

15.《陝西通志》劉於義等監修，沈青崖等編纂，景印文淵閣四庫全書第五五一至五五六冊，臺灣商務印書館，二〇一三年九月。

16.《甘肅通志》許容等監修，李迪等編纂，景印文淵閣四庫全書第五五七至五五八冊，臺灣商務印書館，二〇一三年九月。

17.《雲南通志》鄂爾泰等監修，靖道謨等編纂，景印文淵閣四庫全書第五六九至五七〇冊，臺灣商務印書館，二〇一三年九月。

18.《山西通志》覺羅石麟等監修，儲大文等編纂，景印文淵閣四庫全書第五四二至五五〇冊，臺灣商務印書館，二〇一三年九月。

19.《西藏志》佚名著，成文出版社，中華民國五十七年三月。

20.《蒙古世系》高文德、蔡志純編著，中國社會科學出版社，一九七九年十月。

21.《松巴佛教史》松巴堪布益西班覺著，蒲文成、才讓譯，甘肅民族出版社，二〇一三年三月。
22.《如意寶樹史》松巴堪布益西班覺著，蒲文成、才讓譯，甘肅民族出版社，一九九四年七月。
23.《中國歷史地圖集》（清代卷）譚其驤主編，中國地圖出版社，一九九六年六月。
24.《中國分省系列地圖集》（西藏、新疆、青海、甘肅、四川、雲南）星球地圖出版社，二〇〇九年六月。
25.《軍民兩用分省系列交通地圖冊》（西藏、新疆、青海、甘肅、四川、雲南）星球地圖出版社，二〇一一年一月。
26.《蒙古地圖》比例一比三百三十萬，中國地圖出版社，二〇一三年九月。

附錄一　《歷史檔案》載年羹堯案史料〔註1〕

〔1〕吏部等為年羹堯遵旨回奏事參劾年羹堯奏本（雍正三年六月）〔註2〕

吏部等衙門謹奏，為參奏事。

雍正三年六月初二日奏事員外郎張文斌交出杭州將軍年羹堯奏摺四本。

內一件，為遵旨明白回奏事，雍正三年五月初七日准兵部遞到內閣封發上諭一道，臣跪讀上諭，沈竹、戴鐸乃朕藩邸舊人，行止妄亂，鑽營不堪，暗入黨羽，造捏無影之談，煽惑眾聽，壞朕聲名，怨望譏議非止一端，朕隱忍多年，及登大寶，知此二人乃無父無君之輩，寬其誅而皆棄之不用，年羹堯奏請將沈竹帶往軍前效力，戴鐸在皇考時密奏年羹堯欲謀反，在朕前亦曾奏其欲反，朕以曾將此事向年羹堯言過，年羹堯在朕前亦極言戴鐸為人不堪之至，及朕將戴鐸解退，發與年羹堯軍前效力，年羹堯並不令其效力，且與寬大房屋居住，資助盤費，問年羹堯戴鐸在軍前用度出於何所，年羹堯奏云總督滿保曾與戴鐸銀三千兩，今朕命戴鐸來京，臨行時年羹堯又向戴鐸云，傅鼐奏你滿保給你銀一千兩之語係出戴鐸之口，朕藩邸屬下人可用者惟年羹堯、傅鼐二人，論才情年羹堯勝於傅鼐，論忠孝年羹堯不及傅鼐，伊二人素日不和，朕所悉知，昨年羹

〔註1〕《歷史檔案》第二十二期《雍正三年參劾年羹堯案史料》。

〔註2〕原註「本件原注，此本無清字」。

堯過保定向李維鈞言，皇上今日用傅鼐，則耳目雜矣，若人能雜朕之耳目，則百爾臣工皆可雜朕之耳目，傅鼐一人豈能雜朕之耳目乎，今據戴鐸［云］，此事年羹堯欲歸朕以傅鼐雜朕耳目之名乎，是何心也，朕實不解，爾等報復私怨，忍不顧朕用人行政之聲名耶，不然年羹堯之為此言者，欲加朕以聽信讒言，加罪與伊之名，而欲掩其悖謬負恩之過耶，昭昭在上，豈可存如是念乎，反復欺詐之處著年羹堯明明白［白］回奏，欽此。臣賦性愚昧，不能謹言慎行，罪戾日增，如沈竹、戴鐸其人之不可用者，久有睿鑒，乃臣請將沈竹帶赴軍前，謬誤之處實無可辭，戴鐸至陝西臣恐其誤事，原不曾派伊効力，亦并未資助盤費，總督滿保幫給銀兩乃戴鐸告臣，臣經奏聞是實，此次戴鐸起身之前據伊自云，前差往總督滿保那裏借銀之人原是傅鼐家人，早已逃了，必仍到他舊主傅鼐家去，傅鼐必將此事啟奏等語，臣此時實一言未答，不敢欺飾。至我皇上聖明天縱，日理萬機，悉秉於大公至正，斷不因傅鼐之言而加罪於臣，臣所深悉，今因臣兩人不和，於見李維鈞時臣所言昏謬如此，此即臣上負聖恩之處，惟俯首甘罪，更無可辯，謹遵旨明白回奏，伏祈皇上睿鑒施行等因。

又一件，為遵旨明白回奏本，雍正三年五月初七日准兵部遞到內閣封發上諭一道，內開雍正三年四月二十八日議政王、大臣、莊親王允祿等面奉上諭，年羹堯因皇考大事來叩謁時曾奏貝勒延信言，貝子允禵在保德州遇延信，聞皇考升遐並不悲痛，向延信說如今我之兄為皇帝指望我叩頭耶，我回京不過一覲梓宮，得見太后我之事即畢矣，延信回說，汝所言如此是誠何言，豈欲反耶，再三勸導，允禵方痛哭回意，朕聞此言頗訝之，及見允禵到京又舉止乖張，行事悖謬，朕在疑信之間，去冬年羹堯來京陛見，朕問及未見延信奏聞此事，年羹堯云可問延信，彼必實奏，朕言他若不應如何，年羹堯奏他當臣面言之事，不應如何使得，朕發諭旨問延信，延信奏稱並無此語，及延信至西安，朕又令年羹堯面問之，年羹堯回奏云延信如今不肯應承，臣亦無可如何等語，此事著岳鍾琪、石文焯二人面視延信、年羹堯對質，明白回奏，欽此。臣於五月十四日至總督衙門，與貝勒延信遵旨對質，除對質之詞聽署督臣岳鍾琪、撫臣石文焯奏聞外，切查當日在甘州時惟延信與臣兩人同在一處，言出於被［彼］之口，入於臣之耳，原無可以為質對之據，今延信既不應承，臣實無以自明。況數月以來，臣自知心志昏憒，行事乖謬，辜負天恩，非止一端，即罪干重大，亦惟有據實承認，以明臣之感悔，庶幾仰邀聖上之寬宥，若於此而猶敢以無為有，捏言欺飾，是負恩之中更添一層重罪，臣雖至愚至劣，斷斷不敢如此，此事如〔註 3〕求聖恩垂鑒而已，謹遵旨明白回奏，伏祈皇上睿鑒施行等因。

又一件，為遵旨明白回奏事，雍正三年五月初七日准兵部遞到內閣封發上諭一道，臣跪讀上諭，據戴鐸奏稱，奴才從前說年羹堯不好，是為主好，並非與他有仇，後又說年羹堯好者，是巴不得普天下人替主子出力，一時匆忙回書與奴才哥哥戴錦，回奏他好，今又說他不好者奴才先前原未與他久處，及奴才回書之後細看其行事僭妄無禮，驕縱自恃，錢糧不楚，舉劾自由，行文與督撫大人封皮上俱直書其人名字，用硃筆打直，即如將軍富寧安乃滿洲中之好大人，又係大學士，將相一體，而年羹堯於封皮上亦公然直書富寧安名字。去冬年羹堯進京陛見，大肆狂妄，聞得沿途墊道疊橋，張燈結彩，街衢盡鋪氈席，鋪面俱令關閉，坐落公館皆彩畫四爪龍，文職司道以下皆穿朝衣補褂，武職副都統提督總兵以下皆披掛帶刀，俱接出二百里外跪送請安，年羹堯微以鞭鞘指點，不顧而去，跟隨侍衛官兵數百千人。在西安同城大人俱不許打鑼放炮，每逢五逢十魏堂官嚴堂官洪堂官俱穿朝衣補服，轅門鼓廳皆畫四爪龍，吹手俱穿緞蟒袍，文武官員俱穿朝衣補服伺候，堂官與司道提鎮接見，雖在總督公署，俱坐在司道提鎮之上，司道提鎮俱呼堂官為總老爺。巡撫見年羹堯先行稟明然後傳見，見時年羹堯上坐，巡撫席地旁坐，並不迎送，以奴才待人。省城有會府，每逢五督撫司道將軍都統滿洲官員齊集會府，後堂設有龍牌，向來文武官員到府，俱文東武西兩旁列坐，今於正中添設木床一張，年羹堯在正中上坐，文武兩旁席地而坐。再年羹堯放參遊守備千把等俱在箭亭驗看，中設大床一張，凡驗看官員或五人一班，或六人一班，預先排列整齊大廳，手執綠頭牌伺候，年羹堯出箭亭之時，將綠頭牌呈上，侍衛將補放人員輪流帶領驗看補放，一人則撩綠頭牌一根。凡有得意之人賞賜動至千萬，官員饋送物件俱要云恭進某物，聞有楊提督見年羹堯進土產八種，年羹堯收訖不接見，賞藏香一把貂帽一頂，楊提督雙手捧持在轅門外叩頭謝賞。至於各項錢糧聞得不清楚甚多，即如趙之垣、趙連登等効力的銀子不下數十萬，都是用在何處，其中俱有侵蝕，其川陝蘭州三處各項錢糧皇上若使奴才到陝，前後詳細通查，其侵欺底裏約可得二三百萬兩。年羹堯曾向奴才說，河東鹽院我可以保舉你，你的摺子壞了官沒處繳，我替你繳了罷，他自從京裏回去十二月初九日到西安，奴才在路上接，奴才的母親是十三日回到西安，十五日上衙門見他，他說主子的意思還甚惱你，未必

〔註 3〕「如」應為「唯」之誤。

用你了等語，這種種僭妄驕縱侵蝕等情，俱著年羹堯明白回奏，欽此。

竊查司庫錢糧各有款項，陝甘四川三處藩司歷經交代清楚，即如趙之垣所完銀兩，已經戶部兌撥兵餉，張連登、王之樞等所交銀兩發給卜隆吉沙州與寧夏城工應用，尚未報銷，臣何敢有不清之處。惟是戴鐸曾將聖主在藩邸時所批摺子一扣面與臣看，臣恐其在外招搖，所以敬收臣處，今附摺恭繳。又聞大將軍與各路將軍公文，向來皆書名字，巡撫同城，以大將軍敕印在此，止於拜本時放炮，餘皆不放炮，臣不知謙退，聽其循照俗例而行。至臣陛見進京，所住店房鋪氈掛彩，誠有是事，皆非臣敢強使之然也，其餘諸事實所未有。戴鐸之言令人不敢聽聞，聖明自有洞鑒，但臣言語不謹，行事多謬，違理過分，不一而足，狂肆之罪臣追悔無及，亦自無可解免，惟冀聖恩始終矜宥而已，謹遵旨明白回奏，伏祈皇上睿鑒施行等因。

又一件，為聖主恩德弘深，微臣負罪重大，瀝陳下悃，仰冀睿慈事，竊臣自蒙聖主委任以來晉爵授階，寵榮無比，祖父貤封，子嗣蔭襲，且賜予稠疊，無所不有，此聖主施恩誠不啻天之高地之厚矣，乃臣以愚陋之資，器小易盈，又不能謹言慎行，處己昧於卑謙，辦事日多悖謬，是臣之罪責已無所逃，更沐天恩備施，教悔周詳明悉，至再至三，臣跪讀上諭之道，輾轉深思，汗流浹背，愧悔莫及，惟自知愧悔而感激益深，感激既深而恐懼彌甚，已具摺遵旨回奏，然臣之負罪如山，萬死莫贖，既不敢久羈陝省，亦不敢遽赴浙江，聞江南儀征縣地方為南北水陸分途，今將川陝總督衙門欽部案件，並臣任內皇上密交事務，面與署督臣岳鍾琪逐一交代明白，臣於雍正三年五月十七日起程，前至儀征縣靜候綸音，理合奏明，伏祈聖主大施再造之恩，曲賜生全之路，庶幾犬馬之微軀，猶圖矢報於將來，臣不勝惶悚待罪之至，謹繕摺泣奏以聞等因。奉旨，發與九卿公同閱看，欽此。

臣等公同閱看得，年羹堯回奏四摺，於奉旨詢問各款有直認不辭者，有支吾掩飾者，有竟不回奏者，竊思年羹堯受皇上莫大之弘恩，而乃狂妄悖逆至於此極，種種不法罪大彌天，至於會府龍牌前設床，正中高坐，箭亭放參遊等官用綠頭牌帶領驗看，凡官員饋送物件俱要云恭進某物，此等僭妄之事，實死有餘辜。及調任杭州將軍又奏稱江南儀征縣地方水陸分途，臣至此靜候綸音等語，更不知其何心。人臣如年羹堯者背義負恩，越分蔑法，為天地之所必誅，臣民之所共憤，請將年羹堯革職，及所有太保並世職一併革去，從前恩賞團龍補服、黃帶、雙眼孔雀翎、紫扯手等物悉行追繳，敕下法司將年羹堯鎖拿來京，嚴審正法，以為人臣負恩不忠之戒，為此合詞謹奏。

雍正三年六月初五日奏，本月初七日奉旨，據年羹堯奏稱伊為大將軍，所行之事俱循照俗例而行等語，昔年用兵有諸王掌大將軍印者，有大臣掌大將軍印者，惟允禵妄自尊大，種種不法，我朝大將軍如此行為者，從未之聞也，年羹堯不但踵而行之，且殺戮過焉，今乃云循照俗例，夫允禵所云，悉僭妄非制，豈可云例，假若云例，則係國家大將軍之定制，豈可云俗，此語狂悖已極，在年羹堯職分即當年諸王掌大將軍〔註4〕所行之例，伊尚且不應比擬，而乃效法允禵狂妄不法之舉，是誠何心，著年羹堯明白回奏。又據年羹堯奏稱，戴鐸將主子在藩邸時所批摺子一扣面與臣看，臣恐其在外招搖生事，所以敬收臣處，今附摺恭繳等語，戴鐸昔曾具稟摺，語甚妄亂，朕比時手批切責之，朕昔日之居心守正安守，即此所批數語可見，特將戴鐸原摺及朕手批發與九卿共同閱看，不知此所批之語，有何可招搖之處，而年羹堯奏摺中故意隱約其辭，以啟天下之疑，不知何心，朕藩邸門下之人向者，惟年羹堯與戴鐸二人肆無忌憚，曾在朕前敢作不法之語，昔日年羹堯啟摺有云，羹堯今日之不負皇上，即他日之不負王爺等語，此時朕手批切責有云，爾此話真亂臣賊子之言，看今日之負我，知他日必負皇父之諭，朕欲將其啟摺於皇考前參奏，年羹堯再三懇求而止，伊父年遐齡可憑，著年羹堯將伊啟與朕當日之批諭繳上，恐存伊處招搖。朕當日不即參奏此二人者，因思二人居心陰險叵測，各處結黨，狂妄悖逆。且年羹堯又係明珠之孫婿，或欲希此發露，以誣陷朕，朕豈肯墮其術中耶，況沽名邀譽之事又朕所不為，是以切責批發，直書朕之衷曲，即付本人收存，以為憑據。朕深知戴鐸行止妄亂，罪實當誅，而近日不將戴鐸置之于死者，實恐年羹堯等奸邪小人加朕以殺戴鐸滅口之名也，著問年羹堯，朕昔日所批伊之啟及朕所行之事，所說之言，或戴鐸向伊曾如何說，朕果有不可以對今日之臣庶者，俱著年羹堯據實具奏，庶使天下人共見之，年羹堯若一言一字隱飾，乃天誅地滅人也。又據年羹堯奏稱，既不敢久居陝省，亦不敢遽赴浙江，今於儀征縣水陸交通之地，至此靜候綸音等語，朕前降諭旨令速赴杭州新任，今逗遛中途，曠廢職守，遷延觀望，不知何心，亦著明白回奏，其回奏摺內凡支吾掩飾及未經回奏之處，俱著年羹堯一一分晰明白回奏，至九卿等所議，革去一切職銜，追回恩賜等物，鎖拿來京嚴審正法之處，俟年羹堯回奏到日再行請旨，將年羹堯繳上戴鐸之摺，仍發還與年羹堯去。

〔註 4〕此處原文作「大將」，輯者改為「大將軍」。

〔2〕河南巡撫田文鏡備陳年羹堯破壞鹽法茶政事題本（雍正三年六月十九日）

巡撫河南等處地方提督軍務兼理河道都察院右副都御史加五級臣田文鏡謹題，為備陳私鹽私茶之積弊等事。

竊照鹽法茶政均以官引為憑，凡起運官鹽每引二百斤為一袋，帶耗五斤，又商人販茶每引照茶一百斤，茶不及引者，謂之畸零，別置由帖付之，若引貨相離及夾帶餘鹽餘茶，並將舊引影射者俱以私論，經由之地方官失察故縱者，各有處分，律例何等森嚴，自當恪謹遵守，乃自年羹堯為川陝總督而茶政壞，及管理河東鹽務而鹽法亦壞，臣蒙皇上天恩，簡畀巡撫重任，凡於地方事務留心體察，豫省地處中州，為四方咽喉，商賈往來雜遝，鹽茶兩項不但私販充斥，抑且夾帶橫行，殊干法紀，故於抵任之始即飭各地方官，如有鹽茶經過驗引放行，以絕諸弊，無如〔註5〕山陝商客皆年羹堯私人，倚勢藐官，甚多掣肋［肘］，臣職任封疆，凡有關礙國計民生者不敢避忌嫌怨，隱忍不言，今年羹堯在陝時所作所為，恐日久相沿遂成積弊，而私鹽私茶充塞載道，上虧朝廷商課，下累州縣考成，若不畫一定例，永遠欽遵，移［貽］患不淺，臣為日後地方起見不勝籌慮再三，縷晰上陳，伏乞皇上睿鑒，敕部議復施行，謹題請旨。

雍正三年六月十九日題，七月初七日奉旨，這所參李世倬、嚴士俊、楊廷相等肆行無忌等情，並有名人犯俱交與史宜直、高其佩一併嚴審定擬具奏，年羹堯恃勢將盤獲私鹽擅自銷案，印票運茶，各疑［擬］該部嚴察議奏，其鹽法茶政應如何定例之處，該部速議具奏。

〔3〕吏部尚書隆科多等為遵旨回奏范時捷所參年羹堯罪情題本（雍正三年六月十九日）

太保吏部尚書兼管理藩院事公舅舅臣隆科多等謹題，為遵旨明白回奏事。

該臣等議得，都統［范］時捷參奏年羹堯婪贓侵帑，越分犯法等事證據確鑿，奉旨令其明白回奏，年羹堯於被參情罪，既已種種敗露，猶復含糊支飾，不肯盡吐實情，年羹堯回奏各款內，侵冒軍需，勒收捐納，私用俸工三款，年羹堯已認銀三十五萬餘兩，情願賠補等語，但查范時捷原參，軍前運米腳價侵蝕銀四十餘萬兩，年羹堯止認得銀十二萬兩，西安捐駝事例多收銀三十餘萬兩，年羹堯只認得銀十八萬兩，至俸公銀五萬兩乃雍正二年公捐，年羹堯狡稱

〔註5〕原文作「如無」，輯者改為「無如」。

數年以來動用，明係侵收入己，牽混遮飾。至行文與將軍督撫擅用令諭書官書名一款，年羹堯不遵從前大將軍定例，肆行僭妄狂悖已極，已經自認不諱。其保題各官廣納貨賄一款，用伊家人過付經收，形跡詭秘，該都統原不能悉其細數，今據年羹堯回奏全不供吐，以上各款情罪重大，其貪婪之處必將案內經手過付之人提拿質審，方無遁情，應將年羹堯革職拿問，並案內有名之桑成鼎、金啟勳、胡期恆、魏之耀、年［嚴］大等一併交與法司嚴行質審，定擬追贓，以彰國法，恭候命下臣部遵奉施行，謹題請旨。

雍正三年六月十九日題，本月二十七日奉旨，年羹堯著暫停革職拿問，從前胡期恆與羹堯無甚干連惡亂事件，曾發往河南河工効力，今年羹堯案內通同串合行為之處甚多，胡期恆、桑成鼎、金啟勳、魏之耀、嚴大等俱著提解訊審，胡期恆湖廣原籍與做官之處並蘇州揚州所有一切家產，交與該督撫逐一嚴加查明封固看守具奏，朕另降諭旨。

〔4〕四川提督岳鍾琪為參年羹堯擅發兵丁等項銀兩事題本（雍正三年六月二十三日）

太子少傅世襲三等公署理四川陝西總督〔註 6〕印務四川提督拜他喇布勒哈番臣岳鍾琪謹題，為題參事。

竊臣接准前督臣年羹堯交代一件內開，奏請於郃陽縣夏陽川坊鎮設兵，奉旨俞允建築城堡，陞任糧道張适願捐銀二萬兩，委捐陞同知臨潼縣知縣今調咸寧縣知縣朱炯〔註 7〕，會同郃陽縣丁憂知縣周文澤建造工竣，共用銀一萬五千九百四十五兩八錢零，造冊呈賫等因，交待到臣。臣密加察訪，所造衙署悉係舊料，查係朱炯等將郃陽縣廟宇數座拆毀，木植磚瓦以作修蓋衙署之用，而於所賫〔註 8〕冊內，將拆毀材料作為備買浮開報銷，明係侵蝕，理合題參，請旨查究，以昭功令。

又據署中軍副將洪天祚報稱，奉太保公督部院發銀製造新設援勦營兵旗幟號衣等項，並賞給兵丁搬送家口車腳，共用銀四千五十四兩一錢零等情。查綠旗兵丁旗幟號衣等項從前並未動用正項錢糧，今年羹堯不將修建城堡下剩銀兩歸於司庫作正報貯，輒將一千六百五十四兩一錢零製備軍裝，又以兩千四百兩發給各兵搬送家口車腳家俱，並不題請，擅行發給，甚屬不合，應將此項

〔註 6〕「總督」二字輯者補。

〔註 7〕本文檔「朱炯」，為「朱炯」之誤。

〔註 8〕原文作「賫」，輯者改為「賫」。

銀兩仍於年羹堯名下追賠還項，合併聲明，以聽部議，伏祈睿鑒敕部施行，為此謹題請旨。

雍正三年六月二十三日題，七月初八日奉旨，這所參朱炯、周文澤拆毀廟宇修蓋衙署並開報銷侵蝕銀兩情由，該撫嚴審究擬具奏，年羹堯不行題請擅發銀兩之處，該部嚴察議奏。

〔5〕都察院左都御史能泰等為趙之垣稟訴歷受年羹堯冤抑事奏本（雍正三年七月十六日）〔註9〕

都察院左都御史臣能泰等謹奏，為奏聞事。

雍正三年七月初十日據原任署直隸巡撫事趙之垣呈稱，竊之垣祖孫父子叔侄世受國恩，涓埃未報，垣以愚陋無知，負恩愈甚，荷蒙我皇上弘慈寬宥，曲賜矜全，雖粉骨碎身難圖報答，今以垣叔趙弘煒首告一案，謹將歷受冤抑之處據實備陳，仰希聖鑒。垣於雍正元年四月奉旨回籍，清理垣叔原任直隸總督趙弘燮未完。垣回至寧夏，有地方官將叔弘燮家中男婦嚴行追究，供出家貲數目內有箱子八十三隻收貯金珠古玩等物，係趙弘燮身故之後被叔趙弘煒搶去，地方官據供查追，趙弘煒只還一半，其餘藏匿不發，止將所有房屋並戲箱舊衣等物求庶嬸算抵，因抵算不值，趙弘煒又寫欠約一紙，垣止向庶嬸處收取銀兩，報明原任川陝總督年羹堯交收藩庫，其金珠緞疋貂皮以及古玩人參房產什屋等項，亦皆開冊報明，候變賣銀兩陸續交庫。年羹堯將冊內所開物件要去十之八九，約估價值二十餘萬，說明照價交代藩庫，其住房市屋並零星物件交還承繼趙弘燮為子世襲一等精奇尼哈番趙之璧收回，年羹堯猶以為數太少難以奏完，著將現銀湊足二十萬兩方肯代奏，垣再四籌畫，無力湊辦，因向胞弟趙之坊處那借銀一萬一千兩，趙之城處那借銀三萬兩，湊足了二十萬兩之數，及至後來催他完庫，他說這些好的物件將來都要歸在大內去的，其餘的我自替你奏明罷了，此是垣奉旨清理垣叔趙弘燮未完情節，實交金珠首飾古玩以及細緞貂皮人參等物，共值價銀二十萬兩，又交現銀二十萬兩，此外並沒有了，趙弘燮所有家貲業經地方官嚴刑追比，連金珠古董以及房屋等項共計貲產約有五十萬兩，除交過年羹堯之外，其餘仍歸趙之璧處，皆有簿冊可驗，垣並無侵佔分毫，今趙弘煒首告吞產，實為冤抑，不得不據實呈請奏聞。之垣與年羹堯向未認識，於雍正元年二月署直隸巡撫之時率同守道李維鈞前赴大名府等處賑饑，

〔註9〕原註「本件原注，無批摺子一件，亦無清字」。

適值年羹堯由陝西進京，李維鈞向垣說，年制台來須要出境迎接，垣對李維鈞說我們奉旨賑饑，乃是地方大事，豈可以私廢公，況彼不過總督，便要出境遠迎，若聖駕巡幸，該隔兩省迎接了，供應亦只須照常，勞民傷財趨炎附勢之事斷不可為，過了一日李維鈞又再三苦求要去，垣說你是錢穀［糧］衙門，賑饑是你專責，豈可遠離，李維鈞說本道並無一毫私念，不過接著了就回到賑饑處來，只得聽他前去，豈知年羹堯即以垣不肯去接他，便將垣百般撥弄，後來垣以奉旨料理叔父未完，年羹堯見垣在保定，離京最近，又係陝西人，恐怕將他事蹟張揚開來，勒令垣具呈，囑李維鈞代奏，請回籍料理，此不過要垣隨定了他，屬他管束，不得向別處張揚之意，即如去冬來京引見之時，年羹堯先向垣說，我已奏明皇上不加罪於你，你到皇上面前切不可多說話，垣問他到底我交的銀兩物件共算奏完了多少數目，年羹堯說我已替你奏完了，我與萬歲爺辦了多少事，不曾疑我，你倒信不過我麼，及引見之後垣要謝恩並求留京效用，年羹堯再三攔阻說，已有旨意叫你跟隨我去，題你總兵，垣以雖生將門，但做文官已久，弓馬失習，做不得武官，必要奏辭，年羹堯說你四品僉都御史換二品的總兵，你還不稱意麼，我與［於］十六日就要起身，你跟我不上，明日十三先起身回去，我的話就是旨意，違了是你自己吃苦，及至到陝西半年中不得一見，再四思維，恐回陝西放總兵的話未必出於聖意，心下疑惑，必要問他一個下落，所以他起身往杭州之時必要見他，他妝［裝］了病必不肯見，只得候他出門，拉住轎子問他，他只說了你且靜候四字，再不說一句了，此垣與年羹堯前後情節，冤抑難伸，幸遇我皇上仁同天地，明並日月，若不據實呈明，是始終受人愚弄，伏祈奏明聖主，鑒彼奸貪，憫垣愚昧，俾種種冤抑得伸於君父之前，不惟犬馬微臣感戴高厚，即垣祖父於九泉之下，亦皆感激聖恩於無既矣等語。

又於本月十二日據趙之垣呈稱，為愚昧受誣再陳冤抑事，竊垣賦性至愚，罔識事體，因雍正元年三月內具摺進銀三十萬兩，悖理妄瀆，蒙皇上仁慈寬宥，念垣祖父微勞，不忍誅戮，至今每念殊恩，未嘗不顏汗涕零，愧悔交集，但當日進銀實出一時愚昧，墮人奸計之中，自垣叔原任直隸總督臣趙弘燮身故之後，垣即署理直隸巡撫事務，前任守道李維鈞曾向〔註10〕垣說，制台在任最久，身後豈無蓄積，皇上初登寶位，理應將家貲進上，以免旁人議論，垣說此舉不可輕易，家貲俱我兩個庶孀及狡猾家人手內，萬一隱瞞起來，如何措辦，

〔註10〕原文作「問」，輯者改為「向」。

李維鈞云若捐助軍需，誰敢隱匿，垣亦猶豫未決，及年羹堯來京之時李維鈞又特向〔註 11〕垣說，目下局面不好，若不作速進銀，只怕還有後患，少也不好，多也不必，只進三十萬足矣，垣說三十萬恐湊不起，進二十萬罷，李維鈞云非三十萬斷去不得，再遲恐有後悔，垣是時愚昧已極，不及再思，具摺竟奏，豈知後來紛紛傳說，乃是年羹堯欲酬李維鈞之饋送，薦為巡撫，要騰那此缺，暗與李維鈞計較，捏稱皇上令垣捐銀三十萬兩，勒令屬官幫助，年羹堯在京李維鈞在外彼此相照，布散浮言，而垣不覺墮其計中矣，伏念我皇上聖德同天，大公至正，凡有沉冤皆許辯雪，若不及時泣訴，不惟心跡難剖，亦且上負君恩，下慚祖訓，用敢備述情由，仰希聖鑒，至垣蒙皇上天高地厚之恩，曲賜矜全，寸長未效，兩年以來惟有日夜羞慚，冀為犬馬，以贖全愆，以答慈恩於萬一等語。查趙之垣既將始終情由呈明，臣等理合代奏，謹具奏聞，雍正三年七月十六日具奏。

奉旨，康熙六十一年冬朕即位後趙之垣、李維鈞同來陛見，朕於自鳴鐘直房守孝之處召見二人，含淚謂趙之垣曰，皇考念爾祖舊功勛，加恩後人，故爾父爾叔皆任以節鉞，爾叔在直隸聲名甚屬平常，且未完公項累累，皇考特欲保全功臣之後，恐爾叔身後諸事敗露，故命爾署理直隸巡撫印務，以完爾叔未了案件，乃爾蒞任以來未能改易前轍，朕仰體皇考優待功臣後裔之意，諄諄誡訓爾當竭誠黽勉，以蓋前愆。又諭李維鈞曰，爾係趙弘燮屬官，在直隸居官年久，諸事熟練，爾於趙之垣不可拘上司屬員之分，當如骨肉相待，諸事竭力規正，使彼不致隕越，以上成皇考保全功臣之意，並副朕仰體皇考保全功臣之心，比時李維鈞回奏云臣惟有盡心竭力以幫助趙之垣，於是二人皆痛哭叩首而出。次年二月年羹堯進京面奏曰，趙之垣庸劣紈袴，不可以膺巡撫重任，朕謂之曰趙之垣為人朕亦素知，但伊之署理巡撫乃皇上保全功臣後裔之盛心，去冬伊等來京朕已諄切訓誡之矣，年羹堯見朕意不為搖動，一月之後復奏云，趙之垣斷不可令為巡撫矣，伊從前居官不過庸劣，今自皇上訓誨之後不惟不凜遵明旨，反大肆貪婪，以進上為名，向各屬私派銀三十萬並勒索從前未收之規禮，朕聞之以為寧有是理，此言未可深信，乃越七八日趙之垣果具摺進銀三十萬兩，朕心甚怒，以年羹堯之言為實，因將趙之垣解退，令年羹堯帶往陝西以清理趙弘燮之事，及至去年冬年羹堯又將趙之垣帶至京師，再四懇求引見，力保其可用，種種顛倒，殊不可解，今年趙弘煒首告，朕即知必有緣故，今覽都察院所奏趙

〔註 11〕原文作「問」，輯者改為「向」。

之垣控訴原委，年羹堯欺罔奸險，設局誘陷情弊顯然，著將此摺抄錄發與年羹堯、李維鈞，令其明白回奏。

〔6〕內閣等衙門請誅年羹堯事奏本（雍正三年七月十八日）〔註 12〕

內閣等衙門謹奏，為請誅奸惡悖亂之逆臣，以正國法事。

竊查原任川陝總督今調杭州將軍年羹堯行止猖狂，居心奸宄，伏聖主之天威，倖立微勳，受格外之殊恩，不思報効，驕橫性成，放肆無忌，凡諸僭妄之形，無復人臣之禮，而且貪婪詭詐，植黨營私，網利則無微不至，肆毒則無所不為，顛倒官常，草菅民命，冒濫軍功，擾亂〔註 13〕國是，種種奸逆罄竹難書，幸蒙聖明洞照之下，勢難遮掩，終於敗露，聖恩不即加誅，逐一令其明白回奏，乃年羹堯全不悔懼，更肆欺罔，怙惡不悛，負恩已極，斷難頃刻姑容者也，欽惟我皇上恩待臣下，天覆地載之量無不包容，即如廉親王允禩之居心行事，臣等亦所共知，皇上屢諭旨曲為保全，但年羹堯與廉親王事體不同，況其彌天大罪，耳目昭彰，再三保全之恩命可施於廉親王，而斷不可以施於年羹堯，臣等生當聖世，仰承皇上教訓，皆思砥礪臣節，以圖稍報天恩，如年羹堯之負恩喪心狂悖惡逆，臣等恥與共列衣冠之內，亦不屑與同居覆載之中，若不明正典刑，以彰國法而懲奸宄，伏乞皇［上］乾威獨斷，將年羹堯立賜罷斥，鎖拿來京，交與三法司嚴審正法，婪贓各款將家產追賠，黨惡諸人照定例問罪，以為人臣不忠不法之戒，為此謹奏。

雍正三年七月十八日奏，十九日奉旨，覽，內閣九卿詹事科道參劾年羹堯奏章已悉，年羹堯為川陝總督，貪婪放縱，網利營私，本應即加處分，因伊立有青海之功，朕意欲委曲保全，故罷其總督之任，授為杭州將軍，令其効力，以贖前愆，乃今事事敗露，不料其欺罔悖逆之罪至於此極，實為國法之所不宥，如當日鼇拜以開國元勳輔政，犯罪三十條，遂致不可保全，年羹堯今日之功豈能及鰲拜之大，而所犯之情罪則甚於鰲拜，朕輾轉思維，自古帝王之不能保全功臣者，多有鳥盡弓藏之譏，然使委曲寬宥，則廢典常而虧國法，將來何以示懲，卿等合詞參奏乃在庭公論，若此而國家賞罰大事，必咨詢內外大臣僉謀劃一，可降旨訊問各省將軍督撫提鎮，各秉公心，各抒已見，平情酌議，應否作何處分，即速具奏。

〔註 12〕原註「本件原注，此件無清字」。

〔註 13〕原文作「撓亂」，輯者改為「擾亂」。

〔7〕吏部尚書隆科多為年羹堯紊亂鹽法茶政照例降爵事題本（雍正三年七月二十一日）

吏部尚書公舅舅臣隆科多等謹題，為備陳私鹽私茶之積弊，請祈敕部定例，以杜奸商、以裕國課事。

該臣等議得，河南巡撫田文鏡疏稱，原任川陝總督年羹堯倚勢黷貨，利盡錙銖，紊亂國家定制，捏情條奏，便適己私，又於鹽場遍置私人，神木道李世倬、咸寧縣知縣嚴士俊俱係黨羽，坦護奸商，肆行無忌，以致私鹽充斥，官引難銷，流毒豫省，沿為積弊，貪利無厭，以印票運茶，又不開明包斤數目，止令心腹楊廷相盤驗，不許經由州縣過目〔註14〕，違廢茶引相隨之成例，止圖小票行私之便宜，以致私茶充斥，茶政廢弛，年羹堯已蒙皇上乾剛獨斷，調任杭州將軍，而伊在陝時所作所為臣恐一時難以盡改，日久相沿遂成積弊，而私鹽私茶充塞載道，上虧朝廷商課，下累州縣考成，若不劃一定例，永遠欽遵，貽患不淺等因前來。除李世倬、嚴士俊、楊廷相等並有名人犯臣部已行文欽差侍郎史宜直、高其佩嚴審定擬具奏，其鹽法茶政作何定例永遠遵行之處，應聽戶部議覆外，查鹽茶興販，律法同科，偽引私商均干重典，年羹堯任用李世倬等網利行私，已經發覺，乃敢倚勢袒護，擅自銷案，至茶商出口全以官引為憑，年羹堯混行給稟，一任楊廷相等倚勢販運，不服盤查，甚屬不合，查定例官失察興販私鹽，該督撫徇庇不參，降三級調用，應將年羹堯照例降三級調用，查年羹堯身有二等公爵，無級可降，應將所有二等公降為三等公，至私茶私鹽年羹務必有入己贓款，其經手各員現在提拿赴晉質審，應俟侍郎史宜直、高其佩審明到日嚴加議罪，恭候命下，臣部遵奉施行，謹題請旨。

雍正三年七月二十一日題，本月二十八日奉旨，年羹堯所有二等公著降為三等公，餘依議。

〔8〕署川陝總督岳鍾琪請誅年羹堯事題本（雍正三年八月初四日）

太子少傅署理四川陝西總督印務四川提督拜他喇布勒哈番臣岳鍾琪謹題，為請誅奸惡等事。

該臣議得，原任川陝總督調陞杭州將軍年羹堯殘刻居心，貪婪成性，臣身在行間親歷其事，方知我皇上料敵如神，聖躬雖處九重而萬里之外燎［了］如指掌，是青海蕩平悉由睿算，年羹堯並無勞績，荷蒙特晉上公，寵賚頻繁，

〔註14〕原文作「過門」，輯者改為「過目」。

爵賞稠疊，乃不思功微賞厚，惕勵臣節，反敢縱肆不道，敗露壞官常，蒙聖恩不即加誅，詎仍罔知悔懼，致舉朝憤激，公疏糾參，又蒙聖慈特命各省將軍督撫提鎮平情酌議，應否作何處分，必咨內外合一，乃定天裁，凡屬臣民咸為感泣，臣思年羹堯位極人臣，寵榮至極，今其欺罔彰明，自當亟正典刑，籍沒贓私，伏祈聖明乾斷，用泄內外之憤，以為不忠不法之戒，謹題請旨。

雍正三年八月初四日題，本月十八日奉旨，該部知道。

〔9〕戶部右侍郎托時等請誅年羹堯事題本（雍正三年八月初六日）

總督倉場戶部右侍郎臣托時等謹題，為請誅奸惡悖亂之逆臣，以正國法事。

雍正三年七月二十日吏部等衙門移咨內稱，內閣抄出大學士九卿詹事科道會同參奏年羹堯奏摺，奉旨，覽，內閣九卿詹事科道參劾年羹堯奏章已悉，年羹堯為川陝總督，貪婪放縱，網利營私，本應即加處分，伊因立有青海之功，朕意欲委曲保全，故罷總督之任，授為杭州將軍，令其効力，以贖前愆，乃今事事敗露，不料其欺罔悖逆之罪至於此極，實為國法之所不宥，如當日鰲拜以開國元勳輔政，犯罪三十條，遂致不可保全，年羹堯今日之功豈能及鰲拜之大，而所犯之情罪則甚於鰲拜，朕輾轉思維，自古帝王之不能保全功臣者，多有鳥盡弓藏之譏，然使委曲寬宥，則廢典常而虧國法，將來何以示懲，卿等合詞參奏乃在廷公論，若此而國家賞罰大事，必咨詢內外大臣僉謀劃一，可降旨訊問各省將軍督撫提鎮，各秉公心，各抒己見，平情［酌］議，應否作何處分，即速具奏，欽此，等因到臣。臣切思年羹堯身受皇上格外殊恩，乃不思敬謹供職，而倚妄狡詐，樹黨營私，婪莊［贓］虐民，誠難一日姑容者也，今蒙皇上頒旨，下詢臣等平情［酌］議，年羹堯居心鬼蜮，行事悖亂，屢蒙矜宥，全無改悔，罪大惡亟［極］，臣等遭遇聖明，思勵臣節，似此負國忘恩之人，恥與共居覆載之內，伏乞皇上將年羹堯即行正法，按款追莊［贓］，其黨惡諸人照例治罪，庶國法彰而臣紀肅矣，謹題。

雍正三年八月初六日題，十一日奉旨，該部知道。

〔10〕兵部尚書孫柱等為拔那謀叛案請降調年羹堯等職事題本（雍正三年八月十六日）

吏部等部經筵講官署理吏部尚書事兵部尚書臣孫柱等謹題，為欽奉上諭事。

該臣等會議得，刑部咨稱，本部左侍郎黃炳以番人拔那等謀叛一案奏稱，此案皆由任用非人，以致憤激生事，乃原任總督年羹堯、巡撫王景灝、署事提督納欽，署松潘總兵張瑛均係封疆大吏，不能防察於未事之先，復隱匿徇庇於已事之後，俱屬不合，應請嚴加議處等語。九卿議以年羹堯等四人係封疆大吏，自應仰體皇仁，撫綏邊陲，寧謐地方，乃委用非人，激變番眾，似此啟釁生事之員，均應交部嚴加議處等因，奉旨拔那著即處斬梟示，甘藏孝、林畔、甲易、官保、喇嘛阿蕩俱著即處斬。孟繼先〔註15〕、革那、更破俱依擬應斬，著監候，秋後處決，欽此，移咨前來。查南坪築城，係年羹堯奏請興工之案，知州邊鴻烈係年［羹堯］保題補授之員，縱容私人，恣行擾□□累，致番民生事，又不將激變情由參奏，王景灝、張瑛以邊陲要務並不遴員實心料理，乃委邊鴻烈、孟繼先妄行啟釁，均屬不合，應將年羹堯、王景灝、張瑛均照濫舉匪人例各降二級調用，雖有加級紀錄不准抵肖［銷］，查年羹堯身有一等精奇呢哈番，無級可降，降為一等阿思哈尼哈番，其原川提納欽節制全省，責任綦重，事前不察，事後不參，明屬徇庇，應照例革職，但已奉旨革職，毋庸議，謹題請旨。

雍正三年八月十六日題，二十四日奉旨，年羹堯所有一等精奇尼哈番著降為一等阿思哈尼哈番，王景灝、張瑛著降二級，從寬留任，餘依議。

〔11〕吏部等議奏年羹堯等應嚴加治罪事奏本（雍正三年八月十八日）〔註16〕

吏部等衙門謹奏。

雍正三年八月初九日內閣交出年羹堯回奏摺五件，奉旨著交九卿，欽此。臣等查年羹堯罪大惡極，理宜即行正法，猶蒙我皇上格外寬仁，屢次令其明白回奏，年羹堯罔知感激，終不盡吐實情回奏，董玉祥、高大魁參奏並高之傅冒濫軍功議［敘］各款，年羹［堯］皆狡辨不承［認］，含糊支飾，既稱董玉祥填注軍功無從面囑，而甘肅中往回中途遇見則邂逅囑託，情形如見矣。既稱並無多餘私馬分發各鎮，而拴馬變價通行購買，則假名濟私，情弊顯然矣。軍功議敘既稱高之傅實係軍前奔走之人，又稱効力事蹟不能記憶，則造冊之時任意填注，毫無確實又可知矣。其於西安起程赴任時矯示廉潔，欺人耳目，及至聖明洞察乃巧為安分之辭，詐偽尤甚，深可痛恨。至於揑奏五格〔註17〕等鎮海堡失律一款，先既誣以致敗，繼又請賜優容，威福自專，功罪顛倒，今經常明在軍前目睹奏明，年羹堯已百喙莫辨，自認所奏不實，願甘處分，五格等鎮海堡

〔註15〕原文作「孟繼、先」，輯者改為「孟繼先」。

〔註16〕原註「本件原注，此件無清字」。

〔註17〕《欽定八旗通志》卷三百二十四作蒙古正白旗都統五格。

率領官兵奮力殺賊，既經常明奏明，年羹堯又自認誣參，應將五格等及在事官兵交與該部議敘優恤。其有應行查明及應調取問明之處，該部即行文調取，查明議奏，年羹堯種種惡跡罪不容誅，應俟各省將軍督撫提鎮議奏到齊之日一併嚴加治罪，以正國法，至李維鈞所參十款，年羹堯全不供認，或係年羹堯巧脫以飾其奸，或係李維鈞借虛以掩其實，應行文內大臣馬爾賽、尚書蔡珽，將李維鈞回奏之處一併嚴行究審具奏，其董玉祥所奏摺內有顏管家吩咐提塘勒買馬等語，顏管家即年泰，係年羹堯信用家人，刑部已經提拿，俟到日一併嚴加審擬，為此臣等合詞謹奏。

雍正三年八月十八日奏，八月十九日奉旨，李維鈞著革職，免其拿問，令馬爾賽帶領來京與趙之瑄質審，已有旨了，餘照九卿所請行。

〔12〕兵部尚書孫柱等為遵旨回奏李維鈞參劾年羹堯三罪事題本（雍正三年八月二十四日）

吏部等衙門署理吏部尚書事兵部尚書臣孫柱等謹題，為遵旨明白回奏事。

該臣等會議得，先經直督李維鈞參奏年羹堯三款，年羹堯俱不承認，經內閣等奏請，令李維鈞明白回奏，奉旨依議，行文去後，今據李維鈞回奏前來，臣等公同查看所奏情節，年羹堯狂悖貪婪之罪實無所逃，而李維鈞朋比黨獲［護］之情亦難復辨，李維鈞奏稱大將軍印交不出之語，羹堯親向〔註18〕臣言恍猶在耳，西寧寺誅戳喇嘛奪獲輜重，雖非親睹傳聞甚確等語。李維鈞與年羹堯交結往來，羹堯之陰謀惡跡自必深知，乃朦混參奏，預留地步，以待辨訴，情殊可惡，應交與刑部將李維鈞嚴行究擬具奏，至年羹堯賤售王之樞定州房屋，王企靖軍前銀餉，據李維鈞奏稱，之樞之子王歷等供吐明白，年羹堯又奏，王企靖現在直隸可問，應行文署督蔡珽，將案內有名人犯逐一質審明白，方無遁情，為此合詞謹題請旨。

雍正三年八月二十四日題，二十六日奉旨依議。

〔註18〕原文作「問」，輯者改為「向」。

附錄二　單疇書參劾年羹堯疏一篇〔註1〕

秋七月〔註2〕丙申朔，鴻臚寺少卿前岷洮道單疇書劾年羹堯任用私人，濫竊名器諸罪，飭年羹堯明白回奏。

疏言，寧夏僚屬或倚勢殃民，或假權市恩，臣所目覩，請為我皇上陳之。一、駐劄中衛西路同知常璽係年羹堯題補之員，六十一年委令在中衛買米三千石，運至甘肅，每石原價三兩，璽止發銀二兩五錢，撥民車短給腳價等事，臣據實詳揭，年羹堯只批記過一次。一、惠安堡鹽捕通判閻甫世，循分供職，羹堯忽調赴西安，而委其表姪周仲舉署理，半載有餘忽又將甫世嚴押解回，仍不令其理事，置之局外而假手他人。一、寧夏署任監收同知郎廷槐原任四川通判〔註3〕，緣事解任，發往軍前，羹堯委署同知並中路同知印務，漁利夤緣，旋題遵義通判，恣睢暴戾，為所欲為。一、寧夏監收同知趙健，其父為羹堯幕賓，由知縣捐陞，逗留西安，羹堯遂令補寧夏監收同知，亦令兼攝中路同知印務，漁利剝民，以飽欲壑。此四官者寧夏屬員，俱用私人冒濫名器，貽害地方，竟置功令於不問。

〔註 1〕《永憲錄》頁二一四。

〔註 2〕雍正三年秋七月。

〔註 3〕原文作「通州」，輯者改為「通判」。

附錄三　刑部審訊鄒魯奏摺一篇〔註1〕

冬十有二月〔註2〕甲子朔

癸酉〔註3〕，議政大臣等奏審術士鄒魯與年羹堯謀逆情實擬罪，刑部等衙門審占象人鄒魯與年羹堯謀為不軌。據魯供，雍正元年七月有年羹堯門生四川舉人（年乙酉典試四川〔註4〕）王維時自陝西回四川，對小的說，我把你學問對我老師說過，教我帶你去看看，就同小的到陝西，時已九月盡了，年羹堯卻在西寧，小的又同王維時往西寧，十一月二十邊到了西寧，就進衙門居住，常在他內書房談論占卜事。二年六月初十同回西安，亦在衙門內書房居住，月半間他將所有圖讖碑記對小的說，玄象賦上云，赤雲飛上隴頭山，此日江分九鼎逢，紀歲木火，畢當承運，早前靜一道人對我說，紀歲兩字是箇年，木火是乙丙兩字，分九鼎者分九處也，此理甚通，此解甚是。他先將替我看了墳塋說後當出大貴。小的對年羹堯說位至三公，掌天下兵權，大貴極矣，或者還要封王。年羹堯說封王還不止，只看五六年後我又是一個光景，到分九鼎之時我已有川陝兩省，據天下上流，更兼兵馬強壯，誰人敢當，我只有老父子孫在京，甚是掛念，靜一道人對我說，丙午年三月初一日正宜起手，你看這個日子何如，小的對他說，以奇門上論起來是好的。到了二十二日，他又下書房講起靜一道人，稱羨不已，又說你若把我老父子孫看一日子接到西安，纔算你的功勞，又講起他二十年前做夢的好處，說未完小的對他說，此事何必這樣憂愁，成捕風捉影

〔註 1〕《永憲錄》頁二四四。

〔註 2〕即雍正三年十二月。

〔註 3〕雍正三年十二月初十日。

〔註 4〕「年乙酉典試四川」七字意為年羹堯於乙酉年，即康熙四十四年典試四川。

的勾當，若果有此事，何怕有甚父母妻子。年羹堯又對小的說，你看我的數如何，小的說公爺到後來儘有無窮好處。六月盡辭他往湖廣搬家眷，年羹堯在西寧時替小的在四川成都府郫縣籍貫捐一監生，在議敘冊上送部。又向小的說，你在西寧實在勤勞，回西替你捐一知府。小的從西安起身時他又說，我打發人替你買房屋在郫縣，小的就辭他起身回湖廣。至十一月到家，今年正月起身，於四月到郫縣，看時房屋俱未曾有，小的只得從四川又到陝西。五月十一日到西安，此時年羹堯已離總督任，在公館，小的去見他，一連三次不許見，小的從門上發了幾句言語，他就說即刻有人來請小的進去見他。他說我有病，不知你來了。小的抱怨他，把郫縣房屋提起，說公爺到弄得我上下兩難，將老母寄居人家。年羹堯說我已經打發人帶了四百兩銀子到四川替你買房屋，或者此人不着實，悮了你的事，此時捐納例已停止了，非是我不替你捐，我給你八百兩銀子，你回去罷。小的就對他說了兩句着氣的話，在去年相待何等的好，今年到此連門上人打起我來了，非公爺吩咐，他們也不敢打我，總之我有兩句直話，公爺莫怪，人在時旺中雖有毛病，人畏其勢，誰敢向前，到事敗時硬話也有些難說。年羹堯說，我怕你怎的，隨又回嗔作喜說，我給你一千五百兩銀子。此時小的就起身向外，不辭而去。他知小的進京來，打發一個姓秦的在路上趕回小的，小的不肯回去。至六月間小的到京師，年富接進家去，小的把告狀的話略提幾句，年富即着忙了。他說我父親有慢你，有書來教我盡力看承你，我家的金銀儘有，你拿幾萬兩速去，不要在京居住，以上所供皆是實情等語。又問鄒魯，你說年羹堯要做皇帝，為甚麼只說要封王，再你說年羹堯家有白氣，怎麼不寫入口供。據鄒魯供，做皇帝的話原是年羹堯想做皇帝，把讖語與靜一道人的說話講過，即問小的，你看我數如何。小的對他說，果然要做皇帝。再去年六月內年羹堯半夜起來，叫小的同看他住房上的白氣，他說是王氣，小的問他如何是王氣，他說大凡白氣皆是王氣。又說他生時金光滿室，也是一件奇事。又說依各種道理看來，明年三四月京師定然有事，隨即南邊亦有事，後來西安亦難平定，我有川陝之權，牢不可破，誰人敢當。又說靜一道人說我丙午年三月初一的日子，你看利在那一方。小的說起這個日子萬方俱利。又說在陝西有大礮三千，甲冑槍箭俱是現成的話。

據年富供，鄒魯來京，我給與他銀子緣由，因我父親有信到，教我儘力接濟他，他來時是好好的話，我給了他一二萬兩銀子，後來話有些硬了，我心裏怕事，又給他萬金。到第三次話越說大了，他說我父親謀反，他要告狀。我心中愈怕，若寫字問我父親，又恐遲了。只得湊與銀兩，原教他早些出京，不料事情敗露。至謀反的事情，只問我父親就明白了。

據年羹堯供，我兒子所說浙江姓曹的，不知是靜一道人不是，我父親曾差他到那裏。這個姓曹的有六七十歲了，有妻子，家住嘉興南門外。再去年十月我到京，曾勸阻聖駕今年二月不必前往皇陵，四月間或者四方有些事情。又口稱奴才因天旱求雨下雨之時見有白氣，都是奴才的話，奴才彼時口奏，不知是病是瘋，及至今日回想這些信口胡言，竟是痰迷心竅，或是邪祟所愚〔註5〕，迄今一載以來疾病纏綿，心神恍惚，肢體殘廢，身犯重罪，稍知醒悟，追悔無及等語。據此年羹堯與鄒魯謀為不軌之處俱已自認，查律內，謀反不分首從皆凌遲處死，祖父子孫兄弟同居之人不分異姓，伯叔兄弟之子不限籍貫之同異，年十六以上者不論篤疾廢疾皆斬，其十五歲以下及正犯之母女姊妹若子之妻妾付給功臣之家為奴，財產入官。鄒魯照律應凌遲處死，行令湖廣四川巡撫查其家口解部，分別立斬，給發財產入官。靜一道人行令浙江直隸各省督撫將軍提鎮嚴緝務獲，解部另結。

〔註5〕原文作「憑」，輯者改為「愚」。

附錄四　戴鐸上雍親王啟十篇〔註1〕

〔1〕康熙五十二年

奴才戴鐸謹啟主子萬福萬安。

奴才每思人生在世，百歲無多，上之不能從赤松子遊得達摩祖髓，作古今來第一流人物，次之又不能苟全性命不求聞達，甘隱逸於林泉下，而隨波逐流，碌碌一世，醉生夢去，與草木同腐朽，良可悲也。幸逢我主子有堯舜之德，而奴才受格外之知，惟因身居外吏，不能日近天顏，雖有微衷無由上達，即或偶言亦難盡備，此奴才之日夜抑鬱而不能自安，終身隱恨，而時為愧赧者也。然當此君臣利害之關，終身榮辱之際，奴才雖一言而死，亦可少報知遇於萬一也，謹據蒭蕘之見，為我主子陳之。皇上有天縱之資，誠為不世出之主，諸王當未定之日，各有不並立之心，論者謂處庸眾之父子易，處英明之父子難，處孤寡之手足易，處眾多之手足難，何也，處英明之父子也，不露其長，恐其見棄，過露其長，恐其見疑，此其所以為難。處眾多之手足也，此有好竽，彼有好瑟，此有所爭，彼有所勝，此其所以為難，而不知孝以事之，誠以格之，和以結之，忍以容之，而父子兄弟之間，無不相得者。我主子天性仁孝，皇上前毫無所疵，其諸王阿哥之中，俱當以大度包容，使有才者不為忌，無才者以為靠，昔者東宮未事之秋，側目者有云，此人為君，皇族無噍類矣，此雖草野之諺，未必不受此二語之大害也，奈何以一時之小忿而忘終身之大害乎。

至於左右近御之人，俱求主子破格優禮也，一言之譽，未必得福之速，一

〔註 1〕《文獻叢編》頁一〇一《戴鐸奏摺》。

言之讒，即可伏禍之根，主子敬老尊賢，聲名實所久著，更求刻刻留心，逢人加意。素為皇上之親信者不必論，即漢官宦侍之流，主子似應於見面之際，俱加溫語數句，獎語數言，在主子不用金帛之賜，而彼已感激無地矣，賢聲日久日盛，日盛日彰，臣民之公論誰得而逾之，至於各部各處之閑事，似不必多於與聞也。

本門之人受主子隆恩相待，自難報答，尋事出力者甚多，興言及此，奴才亦覺自愧，不知天下事，有一利必有一害，有一益必有一損，受利受益者未必以為恩，受害受損者則以為怨矣。古人云，不貪子女玉帛，天下可反掌而定，況主子以四海為家，豈在些須之為利乎。至於本門之人，豈無一二才智之士，但玉在櫝中，珠沉海底，即有微長，何由表見。頃聞奉主子金諭，許令本門人借銀捐納，仰見主子提拔人才之至意，更求主子加意作養，終始栽培，於未知者時為親試，於已知者恩上加恩，使本門人由微而顯，由小而大，俾在外者為督撫提鎮，在內者為閣部九卿，仰藉天顏，愈當奮勉，雖未必人人得效，而或得二三人才，未嘗非東南之半臂也。

以上數條，萬祈主子採納，奴才身受深恩，日夜焚祝，我主子宿根深重，學問淵宏，何事不知，何事不徹，豈容奴才犬馬之人芻蕘之見。奴才今奉差往湖廣，來往似需數月，當此緊要之時，誠不容一刻放鬆也，否則稍為怠懈，倘高才捷足者先主子而得之，我主子之才智德學素俱，高人萬倍，人之妒念一起，毒念即生，至勢難中立之秋，悔無及矣，冒死上陳之罪，實出中心感激之誠，萬求主子恕其無知，憐其向上，俯賜詳閱納行，則奴才幸甚，天下臣民幸甚。

蒙批語：言雖則金石，與我分中無用，我若有此心，斷不如此行履也，況亦大苦之事，避之不能，尚有希圖之舉乎，至於君臣利害之關，終身榮辱之際，全不在此，無禍無福，至終保任，汝但為我放心，凡此等居心語言，切不可動，慎之慎之。

〔2〕康熙五十四年

奴才戴鐸謹啟主子萬福萬安。

奴才叩辭主子後於六月內到杭州，主子所交給總督滿保東西奴才一路小心收藏，並無損壞，俟到福建時，再交給錢老哥、圖巴禮也，所有奴才覓得杭州金花土產等物數種進上，求主子哂留賞人，則奴才感沐無既矣，特此啟聞。

蒙主子批：知道了，又賞家人緞子一匹。

〔3〕康熙五十五年

奴才戴鐸謹啟主子萬福萬安。

奴才於七月中自杭州起身，於九月到福建任，所有主子給滿保的東西奴才已密密交給錢老哥、圖巴禮等，令其轉與滿保，俟他給銀子時再行啟知。奴才路過武彝山，見一道人行蹤甚怪，與之談論，語言甚奇，奴才另行細細啟知。奴才自問愚昧，功名之志甚淡，兼之福建水土不服，染病至今，特啟主子，意欲將來告病以圖回京也，謹啟。

蒙批：我身子好，你好麼，接你來字甚不喜歡，為何說這告病沒志氣的話，將來位至督撫方可揚眉吐氣，若在人宇下，豈能如意乎，天下皆然，不獨福建為然也，所遇道人所說之話，你可細細寫來，做閑中往來游戲，功名甚淡，尚非其時，古人云，爐中若無真種子，總遇神仙亦枉然，等諭。

〔4〕康熙五十五年

奴才戴鐸謹啟主子萬福萬安。

奴才在福建衙門甚苦，恰逢巡撫陳瑸到任，一切陋規盡行裁割，兼之奴才身體疾病纏綿，屢次告病不准，只得進兵餉二千兩，求往軍前效力，希圖進京叩見主子金面，細回一切。至所遇道人，奴才暗暗默祝，將主子問他以卜主子，他說乃是一個萬字，奴才聞知，不勝欣悅。其餘一切另容回京見主子時，再為細啟知也。福建到京甚遠，代字甚覺干係，所以奴才進土產微物數種，內有田石圖書一匣，匣子是雙層夾底，將啟放於其內，以便主子拆看，謹啟。

蒙批：你如此作事，方是具見謹慎，所遇道人所說之話不妨細細寫來，你得遇如此等人，你好造化。但你身子甚病，必須加意調理，古人云，節飲食省嗜欲，自可卻病延年，萬不可令庸醫用藥也。至西邊效力之舉，甚覺孟浪，皇上前不是當要的等諭。

〔5〕康熙五十六年

奴才戴鐸謹啟主子萬福萬安。

奴才哥哥戴錦蒙主子天恩，差大人向吏部說，得補河南開歸道，此乃主子特恩，奴才弟兄受恩天高地厚，將來不知作何効力，方可仰報於萬一也，特行具啟叩謝，謹啟。

蒙批：你哥哥大不如你，不過是一員俗宦罷了，目前有你哥哥効力，你寬心保養，身子要緊等諭。

〔6〕康熙五十六年

奴才戴鐸謹啟主子萬福萬安。

奴才在福建衙門實在狠苦，恭逢主子千秋在即，愧無叩進，謹具不堪微物數種，求主子哂留賞人，則叨沐恩慈不朽矣，謹啟

蒙諭：以後有呢進些，沒有就罷了，不必告水災的一樣等諭。

〔7〕康熙五十六年

奴才戴鐸謹啟主子萬福萬安。

奴才數年來受主子高厚之恩，惟有日夜焚祝，時為默禱，靜聽好音，不意近聞都門頗有傳言，奴才查臺灣一處，遠處海洋之外，另各一方，沃野千里，臺灣道一缺兼管兵馬錢糧，若將奴才調補彼處，替主子屯聚訓練，亦可為將來之退計，即奴才受主子國士之知，亦誓不再事他人也，謹啟。

蒙批：你在京若如此作人，我斷不如此待你也，你這樣人，我以國士待你，你比罵我的還利害，你若如此存心，不有非災，必遭天譴，我勸你好好做你的道罷等諭。

〔8〕康熙五十七年

奴才戴鐸謹啟主子萬福萬安。

奴才自到福建以來，甚是窮苦，屢次告病不准，詳請軍前効力，又奉部駁，奴才萬分無奈，尋思無策，所有主子天恩愧無仰報，謹備微物數種，伏祈主子哂留，奴才自覺不堪，不勝菲愧之至，謹啟。

蒙批：天下無情無理除令兄戴錦只怕就算你了，一年差一兩次來訴窮苦，要兩罈荔枝酒，草率搪塞可謂不敬之至，等諭。

〔9〕康熙五十七年

奴才戴鐸謹啟主子萬福萬安。

奴才素受隆恩，合家時時焚禱，日夜思維，愧無仰報，近因大學士李光地告假回閩，今又奉特旨帶病進京，聞係為立儲之事詔彼密議，奴才聞知驚心，特於彼處相探，彼云目下諸王八王最賢等語。奴才密向彼云，八王柔懦無為，不及我四王爺聰明天縱，才德兼全，且恩威並濟，大有作為，大人如肯相為，將來富貴共之，彼亦首肯。但奴才看目下諸王各各生心，前奴才路過江南時，曾為密訪，聞常州府武進縣一人名楊道昇者，此人頗有才學，兼通天文，此乃

從前耿王之人也，被三王爺差人請去，養在府中，其意何為。又聞十四王爺虛賢下士，頗有所圖，即如李光地之門人程萬策者，聞十四王爺見彼，待以高座，呼以先生，諸王如此，則奴才受恩之人，愈覺代主子畏懼矣，求主子刻刻留心，此要緊之時，誠難容懈怠也，謹啟。

蒙批：楊道昇在三府已有數年，此乃人人皆知。

又蒙批：程萬策之傍，我輩豈有把屁當香聞之理。

又蒙批：你在京時如此等言語，我何曾向你說過一句，你在外如此小任，驟敢如此大膽，你之死生輕若鴻毛，我之名節關乎千古，我作你的主子正正是前世了等論。

〔10〕康熙五十八年

奴才戴鐸謹啟主子萬福萬安。

今有富鼐〔註2〕來蘇，云奉主子差事，令奴才幫其辦理，奴才惟有諸事相商，竭盡駘駑以期仰報主命也，茲遣家人具啟請安，特具蘇州新樣扇子數種進上，奴才看其樣式頗覺雅致，伏祈主子哂留，則叨沐不朽矣，謹啟。

蒙批：你自家看看你的扇子同你的啟帖，你是什麼不知道我的，放着你，你以後四次具折請安等論。

後於六十年在湯山叩送，蒙諭，你此去當時時勉勵，惟以治心為要，心一正則天地神明自必加佑等論。

〔註2〕常寫作傅鼐，雍親王之門下人。

附錄五　戴鐸口供二篇〔註1〕

〔1〕戴鐸口供一

十三王爺〔註2〕同大人問奴才，說他僭妄無禮驕縱自恃，錢糧不楚，舉劾自由之處有何實據。奴才回，他行文與督撫大人封皮上俱直書名字，用硃筆打直，已經僭妄，即如將軍傅寧安〔註3〕乃滿洲中之好大人，又加大學士，將相一體，而封皮上公然直書名字，此即其僭妄無禮之處也。他在西安同城大人俱不許打鑼放砲。奴才進見俱令在地下坐，奴才年近四旬，除了我主子跟前從未在地下坐，他公然在炕上坐，以奴隸待人，不但奴才壞了的，布政司即現任一切屬官俱是如此，此即其驕縱自恃也。至於各項錢粮聞得不清楚之處甚多，奴才因非現任，又未經手辦事，其細數不知，即如趙之垣張連登等効力的銀子不下數千萬，都使用在何處，其中俱大有侵蝕，若我主子令奴才將川陝蘭州三處各項錢糧前後詳細通查，約可得二三百萬，其侵欺底裏盡露矣。至於舉劾自由前已蒙主子洞鑒，三省官民俱服頌主子聖明，亦無庸奴才再贅也。

問你在陝西與他在一處多少時。回奴才於元年八月二十九到西安，於九月中年羹堯即往軍前去了，年羹堯於雍正二年六月回西安，奴才七月初頭接着主子問奴才的旨意，奴才就回了奴才哥哥的書字，覆旨來了，書字稿奴才曾拿與他看過。

問你回了書字之後他九月中進京，這兩個月內你向着他說過什麼，他向着

〔註1〕《文獻叢編》頁一一〇《戴鐸口供》。

〔註2〕清聖祖第十三子怡親王胤祥（允祥）。

〔註3〕常寫作富寧安，胤禎率軍統一西藏時任靖逆將軍，駐巴里坤。

你說過什麼。回他的屬官都是每日兩三次早晚刻刻去見，奴才是効力的人，不過隔十來日上一上衙門，奴才又沒辦的什麼事，也不願意常去見他，奴才也讀過書，也喜歡學學畫。奴才初到陝西曾送過他些文章詩畫，後到八月中會送過他一本《照心錄》，是奴才閒住在寓將古人的君臣父子夫婦昆弟朋友家常俗事集成，寫一部書，內中俱係古人的格言成語，集成寫了一部書，名曰《照心錄》，書前面作了一篇序，序中間有人生在世所共仰望者天與日，天豈雲之所能掩耶，日豈霧之所能障耶幾句，年羹堯曾說奴才主子賜我的匾乃青天白日，你為何這序上用天日的話呢。奴才回主子賜的匾青天白日乃係教公爺高懸在上，時時如仰對青天白日，非以公爺為天日也，他這一次見奴才甚惱。平素見過兩次，他教奴才看看字畫，奴才雖不認得什麼東西，也不會奉承瞎贊，後來聞得司道們說，他說奴才夯還這們大樣，奴才雖聽見人說，憑他罷了。及他臨進京時奴才去見他，再三求他，說我的主子在京裏，我的母親在京裏，求公爺帶我往京裏走走，他執意不肯，奴才係奉旨交與他的人，奴才也沒奈何。後他從京裏回去，是十二月初九到西安，奴才在路上接奴才的母親，是十三回到西安，奴才十五上衙門見他，奴才原問他主子身子可好，臉面比先怎麼樣。他說主子比先胖了。奴才又問不知可曾題起奴才沒有，奴才幾時可以得回京呢。他說主子意思還甚惱你，未必用你了。奴才原哭了，說主子用不用憑主子的恩典，主子還甚惱我，我如何當得起，求公爺便中將我的苦情上達。他說你的母親來了，你且侍奉你母親去罷。奴才因母親路上着些寒，十九日差家人又告了假，不上衙門去了。

問年羹堯從前說你好，後又說你不好，後來又說你好，這是什麼緣故。回求主子問年羹堯本人，他為什麼從前說奴才好，又說奴才不好，後來又說奴才好，他說的話奴才如何知道，奴才只知道他先前說奴才好，念奴才做官做苦了，他說河東鹽院我可以保舉你，你的摺子壞了，官沒處繳，我替你繳了罷，所以奴才見他不記奴才說他之私怨，而為主子惜人，奴才先甚服他有良心，後來說奴才好不好之處，奴才不知道。

又問朝中他相好的是誰。回主子待他好的時候想來誰不相與他，聞得旗下人中高其佩盧詢等俱是他提拔的人。

又問盧詢如何。回聞得盧詢人狂妄，操守還好。

又問高其佩如何。回高其佩甚平常，不過畫兒字兒好，做官操守不好，性氣不好。

又問巡撫石文焯如何。回石文焯人老成歷練。

又問范時捷人如何。回范時捷人安靜老成。

又問胡期恒如何。回期恒有些才情，也識幾個字，人可是個小人。

又問糧道張适如何。回人還直爽。

又問他可奉承年羹堯麼。回在下位不獲乎上，民不可得而治，他做他的屬官豈有不敬上司之理。

又問巡撫王景灝如何。回王景灝漢仗好，聞得文墨不通，做得武大人，難作巡撫。

又問武官中誰與他相好。回他做主子的大將軍，屬下的武官誰不敬上司，連岳鍾琪四川人傳聞都說是年羹堯的乾兒子呢，武官中誰與他好奴才不知道，即如守道桑成鼎人人都說是年羹堯家裏人，奴才從前在主子前亦曾說過，尚受過主子數落，想來主子也還記得他。

陝西文官屬員中最待的好的是誰。回文官他屬員中最待的好的是先前布政司胡期恒，先前做知府的金啟勳。

〔2〕戴鐸口供二

十三王爺同大人所問之話甚多，奴才戴鐸之所回亦甚長，令奴才將到陝西以後情節並將四川任上總督年羹堯奏奴才眼裏沒有主子，到陝西又奏奴才眼裏沒有主子，在陝西將近三年奴才戴鐸有無說主子的話，為何奴才先說他不好，又說他好，如今又說他不好，為何他先說奴才好，後又說奴才不好，復又說奴才好，是何緣故大概寫一單來等語。奴才自湯山叩送，蒙主子天恩教誨，至今四五年來刻刻以心自勉，雖不敢謂希賢二字，而天地神明可鑒，各處官民可訪，在任時幾十萬錢糧不清，奴才始終不避嫌怨，為主子出力。及聞主子龍飛九五，奴才曾向巡撫蔡珽說，恐怕西邊十四爺與總督年羹堯等有事，奴才等當以死自誓，倒借給兵丁錢糧，冀用其力，此奴才之愚衷也。天下豈有作好官想替主子出力之人而敢眼裏沒有主子之理，主子聖明靜思。至奴才到陝西以後，鎖門至今，兢兢自惕，前年羹堯令同司道行走，後告假不去行走，亦無非小心自守，豈有小心自守之人而敢眼裏沒有主子之理，主子聖明靜思。況我的主子是何等主子，奴才雖不堪，自幼蒙主子恩養訓勵，奴才豈不略知主子本事甚大、心腸甚好二語，奴才曾向彼說過，現有年羹堯可問。但奴才從前說他不好，並非與他有仇，為的是我的主子，後又說他好，因仰讀主子的旨意，是誇他羞奴才，奴才也巴不得普天下人替我主子出力，故一時匆忙，回書與奴才哥哥戴錦回奏，今又說他不好者，奴才先前原未與他久處，及他西寧回來，奴才回書之後，奴才細看他行事實不如從前，主子所說，兼之僭妄無禮，驕縱自恃，錢糧不楚，舉劾自由，種種實跡咋已口回。況又威權太重，奴才實不敢藉權勢以立功名，故屢次求他轉懇主子天恩，不拘院子裏人的差使，賞奴才一碗飯吃，並不求他保舉作大人，此奴才之愚衷也。至他說奴才好，又說奴才不好，又說奴才好之處，主子聖明，求主子問年羹堯本人。至他恃己能小覷奴才等藩邸舊人，不止一語，咋已口回。主子聖明，奴才撫心自問，人是遵主子聖誨，有志作好官之人，心係遵主子聖誨，始終為主子之心，今被其所愚，欲置奴才於死，主子不聽年羹堯之言，則奴才此身係主子再生之身。奴才年近四旬，未必活至六十，願竭十餘年之殘軀，一任主子差使，仰仗天恩，與奴才祖宗父母增光，奴才稍有二心，到陜後告假往川，早被其唬走矣，在陜閒住，年羹堯並無防範，亦早被其唬走矣。欣逢萬方一家，飛亦難飛，隱而有樂境可享，何處能容隱，而受苦又不如本鄉之受苦矣。奴才雖愚，戀主子之恩，不敢同巴海也。倘主子始終聽其言，求主子念奴才自幼向上一場，賜奴才七八日之間從容自絕，以表奴才微心，奴才雖不才，畏主子之法，不敢同沈竹也。惟求奴才表心之後，主子憐憫奴才之母老兄，則聖恩感激於不朽矣，天恩出自主子，祈王爺大人轉奏。

附錄六　穆景遠口供一篇〔註1〕

穆景遠口供

多羅果郡王臣允禮等謹奏，為審奏事。

臣等恭承諭旨，將穆景遠公同審鞫。問穆景遠你在允禟處行走多年，與允禟最相親密，是人所皆知的，如今允禟的情罪更是天下人皆知的了，你可把你與允禟一切所行所說逐件據實供出，免得動刑審你。

據供我在允禟處行走，又跟隨他在西大同〔註2〕，前後有七八年了，允禟待我好也是人所皆知的，如今奉旨審問，我一件不敢隱瞞，當年太后欠安時節，我聽得允禟眼皮往上動，說是得了痰火病了，我去看時我說這未必是真病，他說外面的人都說我合八爺十四爺三個人裡頭有一個立皇太子，大約在我的身上居多些，我不願坐天下，所以我粧了病，成了廢人就罷了，到後來十四爺出兵的時節他又說十四爺現今出兵，皇上看的也很重，將來這皇太子一定是他，這都是實在允禟說過的話。

又供我原與年羹堯的哥哥年希堯相與，因此在年希堯家會過年羹堯，到康熙五十九年內，年羹堯在口外時我去望過他，到後來允禟寫了一個官員何圖的名字叫我拿去到年羹堯處，托他照看，我問他可要甚麼西洋物件嗎，年羹堯說我別的東西都不要，我只愛小荷包，我就向允禟說了，允禟隨即叫我拿了一匣子小荷包，有三四十個給年羹堯，年羹堯都留下了，我因向年羹堯說，允禟像貌大有福氣，將來必定要做皇太子的，皇上看他也很重，我原是贊揚他的

〔註 1〕《文獻叢編》頁一《穆景遠口供》。
〔註 2〕「西大同」為「西大通」之誤，今青海省門源縣。

好處，要年羹堯為他的意思，過了兩三天年羹堯向我說皇上把九貝子很罵了一頓，我聽見這話心上很不舒伏〔註3〕，我說皇上罵九貝子這正是皇上的作用，不足為憑的，我心上怕年羹堯不信我從前的話，因此向他說這話的，如今一字也不敢隱瞞。

又供允禟將到西寧時，我因身上有病，向他說我們到了西寧皇上若再叫我們出口如何受得，允禟說你不知道越遠越好。問穆景遠，允禟說越遠越好的話是什麼意思呢。供在先我還不懂他這話是什麼意思，如今看來他的意思不過是越遠了就由他做甚麼了。

又供允禟在先與阿其那、允禵很相好的，自皇上登極後他心上很不如意，他口裏雖不說，但我在傍邊也看得出來，他到西寧的後頭有個騾夫張五往來寄信，我也知道。又供他兒子五阿哥到西大同來的時節，允禟向我抱怨說，與其這樣揉搓我，比拿刀子殺了我還厲害。又供允禟的五阿哥到西寧時告訴允禟說，他家的太監把允禵當日出兵時曾囑咐允禟，若聖祖皇帝但有欠安就早早帶一個信給允禵的話都供出來了，允禟也向我說這話原都是有的。

又供，允禟在西寧時節聽見十爺處抄出允禟的一個帖子來，允禟向我說，我從前在家時同十四爺說定了，彼此往來的帖子必定都要燒掉，我帶給十爺的帖子我也原叫他看了就燒了，不知道他把這個帖子怎麼就留下不曾燒。允禟為這件事很抱怨十爺，我如今想來他們往來的帖子都要燒了，這斷斷說的不是好話，圖謀的不是好事了。

又供允禟在西寧時常常向他跟隨的〔註4〕人抱怨說，倒是把我一個人怎麼樣也罷了，把我這些跟隨的都帶累在這里，我心上很過不去，要是把他們都叫回去過一日平安日子，我就死也是甘心的。那時候他底下的人聽了這話都感激他，我心上也說他是個好心人。他後來他各樣變法兒造出字來寫信，叫他的人帶給他的兒子，他口裏說不願帶累他的人，究竟跟他的人還是他帶累了，他那樣邀買人心的話中甚麼用。

問允禟寄信給他兒子都是西洋字，據他管事人佟保已經供明是你教他的西洋字，他跟前只得你一個西洋人，這是不用再問的了。供我有薄格物窮理的書，他看了說這字倒有些像俄羅素的字，我說果然有些像俄羅素的字，他說他得過俄羅素的字頭兒，況這字也有阿額衣，竟可以添改用得，我也說可以添改

〔註3〕「舒伏」應為「舒服」之誤。
〔註4〕原文作「時」，輯者改為「的」。

用得，不想他後來怎麼樣添改了寫家信，我實不得知道，委實我不曾教他寫這樣添改的字，我是甚麼話都說出來了，若這一件果然有我教他的字，就殺我就是了。

問穆景遠，你在西寧住處合〔註 5〕允禟住處相連，可是將墻挖了洞，時常往來的嗎。供我住的去處與允禟住的房子只隔着一個馬圈，是他到了的後頭將一堵墻開了一個窗戶，離地不多高，他時常着老公們來叫我，都是從這窗戶來往。因我病了，他自己時常從這窗戶到我的住處來是實。他時常有抱怨的話，也很多，我也時常勸他，叫他怎麼求求皇上纔好，他說還不是時候，要等三年孝滿了的後頭纔可以求得。問穆景遠為甚麼要等三年孝滿之後纔可求得，這是什麼緣故呢。供他是這樣說，我實不知他是為什麼緣故。

又供允禟在西寧同我商量，說京中家已抄了，這里家定不得也要抄，我要將這里的盤纏銀子拿一二千兩放在你處，我慢慢的向你取用，他說這話時我已經知道他的事情敗露了，我心上害怕萬歲爺知道，越發當不起，我因此不曾領他的這銀子。

又供允禟聽見涇縣要蓋房子，叫他去那里去住，他向我商量說，我那里沒有一個人，你悄悄尋一個妥當人，我給他銀子開鋪子做買賣，我京中帶來的東西與寄來的信息都先放在那里，再慢慢的拿到我家里來纔好。我說這里沒有個妥當的人，也怕萬歲爺知道，我的罪更了不得了，我也沒有敢替他找尋人。

又供上年冬天我病了，到允禟那裏，他向我說這兩日前有件怪事，外邊有個人粧成做買賣的，說有很要緊的話，斷要見我，我因總沒有見人，不曾見他，他封了一個字兒，叫老公送進來，上面寫的是山陝百姓說我好，又聽見我很苦的話，我看了帖子隨着人送還了，向那人說，我們弟兄沒有爭天下的道理，此後若再說這話，我就要叫人拿了。我向允禟說這樣人一定就該拿了，交與楚仲纔是，若不拿就大錯了，允禟說若拿了這人就要吃大虧了。

問穆景遠那帖子上寫兩省的百姓說允禟好，又說他苦，怎麼允禟就說到沒有爭天下的話回覆那人呢，你把其中詳細盡數說來。供那帖子上的話我原沒有看見，允禟也沒有全告訴我，我看允禟說話的神情，那帖子中明有很不好的事情，萬歲爺聖明，像這樣的不好心不好事萬歲爺一聽見就明白了，這是我盡數供出來的實事，若再有隱瞞的話就把我立刻殺了。我當日原看他是個好人，不想後來知道聖祖皇帝賓天的時節他連一點眼淚也沒有，又聽得他給十阿哥

〔註 5〕原文如此，「合」疑為「和」之誤。

寄書子的事情，纔知道我被他哄了半輩子了，我是個外國人，我逢人贊揚他的好處，這是我該死，我還有甚麼說得。

問穆景遠，你由西寧起解的時節你向着允禟的住處磕頭大哭，這是眾耳眾目的事，可見你的心腸是始終依戀允禟的了，你還說你被他哄了你半輩子，你這樣欺心的話還說得去嗎。供楚仲把我拿了，上了鎖起解，出了城我原望着天，給天主磕頭的。又問你曾向人說明是給天主磕頭的嗎。供我心上是給天主磕頭，不曾望着人說是實。又問你在路上曾望着人說什麼來嗎。供我曾望着差官說，如今萬歲爺就把我殺了我也不抱怨，料想天主必定憐我，我必定得升天，我說過這話，原是有的等語。所有臣等會同審得穆景遠之確供先行繕摺恭呈御覽。

雍正四年五月初二日

附錄七　程如絲案奏摺

〔1〕西安巡撫石文焯奏審理參革知府程如絲案情形暨百姓保留不容摘印實情摺（雍正三年五月初四日）[2]-[4]-720

西安巡撫臣石文焯跪奏，為據實陳明仰祈睿鑒事。

竊照夔州府參革知府程如絲一案奉旨交與臣秉公審理具奏，欽此。臣遵即提到官犯人等親加研訊，如絲因楚販入川買鹽以致鹽價頓長，民苦淡食，稟明前撫臣蔡珽封廠收買轉發各邑平賣以濟民食，又因私販甚多，亦稟明前撫臣蔡珽差役會同營兵巡查，遇有大鹽船壹隻拒捕傷人，彼此格鬬以致船被撞壞，人各奔逃，僅追獲杜爾吉等肆名，其餘鹽販皆無下落，存亡亦無確據，此當日之真情實事也。按年羹堯原參疏內既無被害姓名證據，又無貪贓數目，其情事之不實已可概見，我皇上明同日月，至仁如天，早在聖鑒之中，特沛矜憫之諭，臣遵旨秉公確審，不敢少有偏倚，供情俱載入疏內，不敢繁敘。惟程如絲將私鹽拒捕重案並不通報究擬，咎亦難辭，已於本案革職，應毋庸議，但如絲平日居官聲名頗好，合併奏聞，伏候聖裁。再百姓保留不容摘印一案，蓋緣程如絲到任以來頗得民心，愛戴攀留出於輿情迫切，奉委摘印之周天祜不善開導息事，庸懦無能，已經參革，亦無庸議。特是署夔州協副將事永寧協右營游擊呂尚儒，夔州府通判謝昊，奉節縣知縣袁大偉叁員於此案牽連革職，查百姓哀求保留，此實小民愚衷，原非抗糧拒捕，因事逞刁之可比，且通判謝昊，知縣袁大偉俱奉委拏人，與署副將事游擊呂尚儒皆係後至，斯時並未見百姓有毆辱之事，以上叁員可否原情寬宥，出自聖恩，臣亦不敢於疏內聲明也，至百姓公籲保留，一時聚有多人，雖與刁惡衿民借端生事有間，但此風亦不可長，除為首鳴鑼之張世輝已伏冥誅外，其餘各犯分別枷責以示懲創，理合據實陳明，伏乞聖鑒，謹奏。

雍正叁年伍月初肆日具。

硃批：甚公當，知道了。

〔2〕四川布政使佛喜奏覆與按察使程如絲會議坵形號數摺（雍正四年八月初六日）[2]-[7]-607

四川布政使奴才佛喜謹奏。

雍正肆年陸月拾玖日撫臣法敏傳奴才暨按察使程如絲密看皇上硃批，伊所奏摺子邊情坵形貳事，奴才跪讀之下仰見我皇上睿慮周詳，無微不悉，茲坵形號數壹事奴才會同程如絲現在確議，務期允協，俟稍有成見將各應行事宜遵旨詳議具奏，奉有硃批諭旨，令奴才與程如絲宜加詳議具奏之旨，為此繕摺覆奏，伏乞皇上睿鑒施行，謹奏。

雍正肆年捌月初陸日

硃批：知道了，程如絲若肯秉公報朕，不世出之才，可成大器，倘若稍徇私，則亦甚險，若少年少孟浪，過於從事不妨，若恃才懷詐則可慮矣，朕料其不忍負朕也，但未知立意若何，可據實奏聞，密之。

〔3〕川陝總督岳鍾琪奏遵旨密陳程如絲買鹽私運妄行傷人情形摺（雍正四年十一月二十一日）[2]-[8]-362

陝西總督臣岳鍾琪謹奏，為遵旨密奏事。

竊臣欽奉諭旨命臣將程如絲私塩傷人一案始末真情據實密奏，欽此。竊查程如絲私塩一案係雍正元年之事，彼時臣領兵在外其始末情由實不能悉知，後臣至西安聞得此案因夔府所屬雲陽縣塩灶甚多，出塩亦廣，蔡珽密令程如絲賤買灶塩，私運赴楚，凡商船販運者一概嚴禁，復在雲陽縣下關城地方差人盤查，適有商船數十隻下楚，不遵盤查，程如絲令家人裴二帶領捕快用鳥鎗打死商船橈夫二三十人，奪得船五隻，其船中所載商貨私塩盡行入官，彼時眾商見前船之人被害，不敢傍岸行船，皆移船於中流急浪之中，水勢洶湧，商船損壞者有之，故有傷人甚多之語。後程如絲聞輿論不好，即將賤買之塩俱照原價在各州縣發賣，並未下楚，至周天祜奉委摘印，未到夔府之前數日程如絲被參之信已遍處鬨傳矣，周天祜到夔之日適逢程如絲開倉平糶之期，城鄉百姓約數百人齊集府衙買米，周天祜一到府衙即封門拏人，以致有不許摘印喧鬧之事，至程如絲有無預為賄買兵民及蔡珽果否先為送信之處俱無確據，不敢妄奏，就臣所聞輿論如此，理合據實密奏，伏乞睿鑒，謹奏。

雍正四年十一月二十一日具。

硃批：到川再密訪奏聞，如不能的確可傳密旨交與馬會伯，務得此事真情，徐徐密訪實據，密奏以聞，將原錄仍發來以備付馬會伯。

附錄硃諭一紙

此係正法之汪日期《西征隨筆錄》內一段議論，朕寢而未發，與蔡珽曾與此看過，他還求朕發去，朕未允此事，朕以為程如絲大冤枉事，今見蔡珽如此居心，朕甚疑此事，即程如絲曾在朕前多言你公私兩為之說，朕曾叱諭過，朕見程如絲少年敢勇，聰明超卓，朕甚器之，聞他四川按察聲名甚好，朕屢諭法敏一切事聽程如絲之言，他非負朕之人，非止一次，如果此論若有實據，甚關朕用人行政之名，可將此事始末真情據實密奏，朕再定奪，密之密之。

附錄修訂摺一件

世襲三等公川陝總督臣岳鍾琪謹奏，為遵旨密奏事。

竊臣欽遵諭旨命臣將程如絲私塩傷人一案始末真情據實密奏，欽此。竊查程如絲私塩一案係雍正元年之事，彼時臣領兵在外其始末情由實不能悉知，後臣至西安聞得此案因夔府所屬雲陽縣塩灶甚多，出塩亦廣，蔡珽密令程如絲賤買灶塩，私運赴楚，凡商船販運者一概嚴禁，復在雲陽縣下關城地方差人盤查，適有商船數十隻下楚，不遵盤查，程如絲令家人裴二帶領捕快用鳥銃打死商船橈夫二三十人，奪得船五隻，其船中所載商貨私塩盡行入官，彼時眾商見前船之人被害不敢傍岸行船，皆移船于中流急浪之中，水勢洶湧商船損壞者有之，故有傷人甚多之語。後程如絲聞輿論不好，即將賤買之塩俱照原價在各州縣發賣，並未下楚。至周天祜奏委摘印未到夔府之前數日程如絲被參之信已遍處開傳矣，周天祜到夔之日適逢程如絲開倉平糶之期，城鄉百姓約數百人齊集府衙買米，周天祜一到府衙即封門拏人，以致有不許摘印喧鬧之事。至程如絲有無預為賄買兵民及蔡珽果否先為送信之處俱無確據，不敢妄奏，就臣所聞輿論如此，理合據實密奏，伏乞睿鑒，謹奏。

硃批：到川之後再加密訪奏聞，如仍不得確據，更傳旨與馬會伯，務令將此事真情徐徐訪實密奏以聞。

附錄修訂硃諭一紙

諭總督岳鍾琪知悉，已正法之汪日祺《西征隨筆錄》內有程如絲私塩傷人一段議論，朕寢其事未經發出，後與蔡珽看，據蔡珽奏請飭發以驗虛實，朕不允所請，以為程如絲負冤必無其事，今見蔡珽如是居心，朕于前事不能無疑，且叱其妄謬，朕見程如絲少年果敢，聰明異常，因深器之，兼聞其任四川臬司以來聲名甚好，所以屬諭法敏諸事聽伊言論而行，伊斷不負朕，如此非止一次，若私塩一案果有實據，則與朕用人行政處甚有關係，此事不可不明，卿務將始末情節備細查奏，以便另為裁奪，密之密之。

〔4〕四川布政使佛喜奏覆按察使程如絲居官行事操守摺（雍正四年十一月二十六日）[2]-[8]-388

四川布政使奴才佛喜謹奏，為據實密奏事。

奴才於本年拾月拾叁日恭領硃批諭旨，知道了，程如絲若肯秉公報朕，不世出之才，可成大器，倘若稍徇私則亦甚險，若少年少孟浪過於從事不妨，若恃才懷詐則可慮矣，朕料其不忍負朕也，但未知立意若何，可據實奏聞，密之，欽此。奴才伏思臣子事君固需辦事之才，首嚴心術之辨，如立心險詐則所行之事無非假公以濟私，是才情適以恣其險詐，故心術之邪正不可不辨，而聖主在上明同日月，照臨之下實無所遁其險詐也。奴才本年正月貳拾貳日圓明園奏請聖訓時面聆聖諭，程如絲如果替朕實心出力，爾可與他同心協力替朕辦理，欽此欽遵。奴才到任後看程如絲辦事之處實屬才能，彼時亦恐其立心未必內外如一，隨留心試驗，自奴才到任至今公同辦理歷歷試看，奴才並未見程如絲有恃才懷詐破綻，辦事之餘程如絲自敘原係不想復活之身，荷蒙皇上鑒察不惟復生，且蒙特授按察使之職，有生之年皆我主子阿媽再造之德，但受恩深重無以仰報等語，時言及此有至於涕零不安，無以報荅聖恩為愧等語，奴才實見其有感激圖報之狀，並非甘於自棄之人。至有不無孟浪之處實屬少年所致，奴才實信其無他，近來審理案件奴才亦喜其虛公詳察，此係奴才所見程如絲之行事立意如此，理合據實密奏，奉有硃批合併恭繳，伏乞皇上睿鑒施行，謹奏。

雍正肆年拾壹月貳拾陸日

硃批：此奏甚公，朕欣悅覽之，程如絲朕甚貴見他，況他的冤之雪蔡綎未到京之先蔡綎總未在朕前言及，其才品朕一見即便大奬賞，而問蔡綎這樣人如何不薦奏，他言雖係屬員只見面兩次亦未深談云云，而蔡綎貪天功為己利，市恩作福，云皆伊薦舉之力，如蔡珽不負朕尚無可說，便伊所薦同心一德協力為國何妨乎，亦美事也，但今蔡珽之狂悖負心，一一敗露，恐程如絲驚疑，與事無益，若露有如此光景，你可作你的意思開示他，但言皇上再不株連無辜，你便是蔡珽所薦，只要你以天經地義，分別輕重，皇上自然知道，況你實非因蔡珽而獲知遇，又何可畏，如此說與他。

〔5〕四川巡撫馬會伯奏參按察司程如絲營私謀利摺（雍正五年正月二十一日）[2]-[8]-640

四川巡撫臣馬會伯謹奏，為奏明事。

竊臣仰荷聖恩畀以四川巡撫，自分庸才難勝重任，惟有竭盡誠悃潔己，率屬察吏除弊，少報涓埃，然必大法而後可責小廉，臣是以先留意於司道次及府廳州縣，如有貪贓敗檢者不敢徇隱立即參究以仰副我聖主委任之至意。今查有四川按察司程如絲不體皇上使遇隆恩，滌慮竭忠力圖報効，乃敢一味營私網利，凡所管塩茶驛站事務多有侵欺短扣之弊，而於刑名案件任意懈弛，不能依限完結，非推諉於巡撫即歸咎於屬員，居心行政陰險欺飾，上負國恩莫此為甚，臣現將欺罔款項逐件密加查訪，合先繕摺奏明，伏乞皇上睿鑒批示，謹奏。

雍正伍年正月貳拾壹日

硃批：好，據實訪察明白奏聞，程如絲若負朕之恩，天地間容不得，豈有此理，可惡之極。

〔6〕陝西總督岳鍾琪等奏報遵旨密訪程如絲徇私不法等情摺（雍正五年元月二十九日）[2]-[8]-700

陝西總督臣岳鍾琪等謹奏，為遵旨會同確訪，據實具摺密奏事。

竊臣前回奏程如絲禁捕私鹽一案，奉硃批諭旨到川，再密訪奏聞，如不能的確，可傳密旨交與馬會伯，務將此事真情徐徐密訪實據，密奏以聞，將原錄仍發來以備付馬會伯，欽此。臣即詳加密訪，惟恐耳目不能週到，隨將聖旨密下撫臣馬會伯跪聽，欽遵。亦行細查，今臣與馬會伯所訪程如絲封閉鹽廠，禁阻鹽船，擅撥兵捕獵戶，以鳥鎗兇器慘斃私商水手。後奉文摘印，聚眾阻撓，前後情節及差遣員役家人姓名一一符合，理合另摺開列奏聞。再查程如絲從前賄通同惡，欺蔽聖聰，固已罪不可宥，乃既邀寬典，且荷殊恩，自宜痛加悔懼，勉為循吏，詎意臣等到川以來，訪其臬司任內於水陸兩路驛馬站船工料銀兩每年俱三七或一半扣尅短給，且於富順等縣私票行鹽更徇私恁性，一切刑名事件多草率完結，似此負恩欺妄之員斷難姑容，臣等除一面將驛站扣尅及每年行鹽私票細數併徇私草率劣蹟現在行查，俟查明另奏外，合先會同撫臣馬會伯聯銜具摺恭奏，伏乞睿鑒，謹奏。

雍正五年正月二十九日

陝西總督臣岳鍾琪

四川巡撫臣馬會伯

〔7〕陝西總督岳鍾琪等奏覆程如絲禁捕私鹽慘斃商人水手情形摺（雍正五年正月二十九日）[2]-[8]-701

陝西總督臣岳鍾琪等謹遵旨將按察司程如絲於前任夔州府知府時禁捕私鹽，慘斃商人水手及奉旨拿問，委員摘印之時聚眾阻撓等劣蹟逐一確訪，為我皇上備陳之。

查程如絲本係部選馬湖府知府，到任未久，蔡珽即題請調補夔府，其中曖昧之事臣等未能深知，但如絲抵夔州後，因川鹽入楚大有利益，而歷來並無官引，盡係商人私販，如絲即恣意專利，將所屬雲陽縣鹽廠委雲陽縣典史吳應祖、奉節縣典史謝愧林竟封禁，不許易賣私鹽，仍將現在商販私鹽盡行收買，眾商不服，多有偷放出關者，如絲隨差家人裴二率領巡攔文質然雷正位獵戶鎗手周天應陳開先等帶領多人，邀結營兵藍領旗等晝夜攔截，眾商憤激開船，裴二等即令鎗手放鎗排打，以致商人水手俱受鎗傷，裴二等奪得船五隻，鹽貨盡獲，其餘商船因前船被獲受傷，急不擇流，遂從河心大溜放下，多致傾覆淹沒，一時斃命多人，屍身皆順流而去，不能知其姓名確數。此事雖程如絲隱匿不敢申報，蔡珽亦匿不奏聞，而道路之口已紛紛傳說不止，程如絲自知罪戾，百計彌縫，將所買所獲之鹽不敢遠發，令家人崔昇裴二率同本地鄉約人等賤價出售，又於重慶府糴買食米到夔，照依原價出糶，以圖邀買人心，四鄉愚民正皆圖賤，來城零星購買，適值年羹堯參奏，奉旨拿問，委重慶府知府周天祜到夔摘印，程如絲密令幕客胡國遴家人崔昇裴二指使衙役雷天培王國良從中邀結鄉愚無知，遂妄行鬨鬧阻撓，旋亦解散。其西洋大人陳姓者即胡國遴，浙江紹興人，冒籍川省保縣，程如絲代為捐納知縣，現今在部候選。至此案被害屍親皆在楚省，必俟發覺之日關提查問方得確數也，為此謹具摺密奏以聞。

雍正五年正月二十九日

陝西總督臣岳鍾琪

四川巡撫臣馬會伯

〔8〕四川布政使佛喜奏覆按察使程如絲對答言詞並繳硃批摺（雍正五年閏三月初八日）[2]-[9]-299

四川布政使臣佛喜謹奏，為遵旨覆奏事。

臣蒙皇上硃批諭旨，問程如絲立意若何，欽此。臣前據實密奏，復蒙皇上硃批聖諭開示他，欽此。臣於正月叁拾日跪讀批摺諭旨，仰見聖主節取人才，誠恐程如絲有失人臣事君之大義，以自棄於聖人之世，特降諭旨，令臣開示，臣遵旨於貳月拾伍日遇辦公無人之時詢問按察使程如絲，你得做臬司是誰保薦的，程如絲云從前我得雪冤得臬司出自皇上特恩，人皆不知道，我於引見時已曉得，今日問及此語，想亦你疑我是蔡府丞〔註1〕保舉的麼。臣云也不在乎是誰保舉的，若能事事見得主子，即係蔡府丞保舉有何妨，不然就是主子特用的也見不得主子。程如絲云說得很是，即現今誰不說我是蔡府丞保舉的，我想只要我自己腳跟站得穩，秉公辦事就是，方纔說的話，只要事事見得主子，由他們說我是誰保舉的，我也不懼。臣云我看你倒像略有疑懼的光景，其實何必，你便是蔡府丞所薦，皇上不株連無辜天下共知，只要你以天經地義分別輕重，自己勉力，皇上自然知道，惟實心出力辦事便好，敘畢隨即別去，時貳月拾伍日也。所有臣遵奉皇上開示（硃批：朕從前惜他之念大悞矣）諭旨，併問答言詞理合同硃批繕摺恭繳，伏乞皇上睿鑒施行，謹奏。

雍正伍年閏叁月初捌日

硃批：不料程如絲如此負朕，真小人也，何能荷朕之恩也，況造無窮之孽，自然天奪其魄，神鬼使然，如何能保真全終也。

〔9〕湖北巡撫憲德查審程如絲案情並請事竣入都陛見摺（雍正五年閏三月二十四日）[2]-[9]-380

湖廣湖北巡撫臣憲德謹奏，為奏明事。

竊臣於閏三月拾貳日自武昌起程至荊，現已查得程如絲案內受傷身死陳堯之親屬陳典等，與受傷現存之王四等拾餘名，臣親帶往赴川，其沿途彝陵歸州巴東等處聞俱有被害之人，容臣到彼逐一親查，隨得隨並帶往，所有武漢等府屬業經屢次飛檄飭查，凡有查出之人亦即委員解送，臣欽遵諭旨務必盡力查出，決不敢致有遺漏，有負聖主慎重民命之至意也。祇是臣入川事竣而後正值伍陸月川水長發之時，峽流泛漲舟楫難行，必由西安府陸路回楚，臣受恩深重

〔註1〕即蔡珽。

不特時為恐懼惶悚，而犬馬戀主愚忱實切寤寐，西安離京僅壹貳拾天，懇乞皇恩容臣由彼入都陛見，瞻覲天顏（硃批：另有旨，可以不必，朕行政用人天下人孰不知也，只在爾肯實力遵行與否耳，陛見訓諭不過如此，徒勞無益之往返），臣即星馳回楚，亦不致多有躭延時日。再臣往川路由夔府經過，臣既奉命會審此案，則過夔之時自應留心體察當日情實，臣標右營遊擊馬化正先在川居官貳拾餘年（硃批：在川居官日久恐有偏向，其言到不足為憑，留心），為人頗機警慎密，臣今帶伊同往以便過夔令其密為訪察，合併陳明，為此謹奏。

雍正伍年閏叁月貳拾肆日湖北巡撫臣憲德。

硃批：此案岳鍾琪不便出頭料理，爾可竭力秉公審理，朕意總無所向，惟欲得事之真情耳，一點瞻顧卜度皆不必，據實料理可也。

〔10〕刑部左侍郎〔註2〕黃炳等奏報公審程如絲販私殺人及重賄蔡珽案情摺（雍正五年五月二十八日）[2]-[9]-668

刑部左侍郎臣黃炳等謹奏，為奏聞事。

臣等公同審得程如絲販私殺人以及重賄蔡珽一案，程如絲俱已直認不諱，即質之蔡珽亦云受過程如絲銀六萬六千，金子九百兩是實。復詰問蔡珽，程如絲前任夔州府時侵蝕稅銀九萬餘兩，復販賣私鹽，殺死多人，如此貪殘橫行，你不但不為參究，反在皇上跟前保奏他為四川第一好官，顛倒是非，欺罔君上，你是誠何心。據蔡珽親筆供稱，程如絲如此貪殘如此橫行，如此不法如此廢弛，我從前不參他反說他是好官，是我受賄存私該死，有何辯處，今奉旨審問，我惟有據實自認，再不敢欺隱，當堂輸服無辭。是程如絲貪殘橫行，蔡珽之受賄妄奏，均屬顯然，除將被害人等供情詳晰敘明并將程如絲蔡珽按律定擬，另摺具奏外，合將審過情形先行附奏。

雍正五年五月二十八日

刑部左侍郎臣黃炳

四川總督臣岳鍾琪

湖北巡撫臣憲德

四川巡撫臣馬會伯

硃批：天理昭彰，朕寔毛骨為之悚然，朕原擬此事未必確實，所以從前未究，斷不料人情險詐至於此極，天道報應如此明速，真令人可畏也。

〔註2〕原書作「右侍郎」，據奏摺正文改「左侍郎」。

〔11〕刑部左侍郎〔註3〕黃炳奏報公審喬鐸侵蝕稅銀程如絲隱匿案情摺（雍正五年五月二十八日）[2]-[9]-669

刑部左侍郎臣黃炳等謹奏，為參奏事。

臣等公同查審得喬鐸侵蝕稅銀，程如絲扶同隱匿一案，據喬鐸供我自雍正二年五月內到任起，至雍正五年正月十七日止通共收過稅銀十七萬七百兩，去年奉文查稅，是程如絲叫我只報二萬多數的，我詳了後未曾具題之先布政使佛喜按察使程如絲叫我差人進京去料理，佛喜說有箇姓章的戶部書辦，我替你寫字去，還有箇戶部司官是塞大人〔註4〕的兒子，我也替你寫字去，我差家人湯福長隨張勝帶了三千六百兩銀子二百兩金子，還給我親戚劉師恕字一封，是去年六月程起身進京料理這件事，講定部費銀六千五百兩。後家人回來向我說據章書辦說這件事戶部原是議准的，係旨意駁了，他們要這宗銀子，只得給了他二千兩，下剩的一千六百兩銀子二百兩金子現在我親戚劉師恕處，我已差家人湯福去取了等語。復詰問喬鐸你共收過稅銀十七萬餘兩程如絲為何叫你止報二萬多數呢，佛喜如何就肯替你轉詳，法敏又如何就肯替你具題，程如絲佛喜為何又叫你差人進京料理呢。據供程如絲從前做知府時收過稅銀甚多，所以他叫我只報二萬多數，是欲迴護他自己的短處，恐部裡不准又叫我差人去料理的，佛喜曾於去年九月裡我借關稅火耗名色送過他一千七百兩銀子，到今年向我說從前你那宗銀子補張批來，筭你解了關稅羨餘罷，現有批迴年月可驗。再法敏於去年九月裡我送過他柴炭銀子一千兩，他起身時我又送他銀子五百兩，到今年他見我被參，將原得我的一千五百兩銀子叫陳巡捕交還我了，我心裡不安，我交給他黃姓家人帶去玉石扇器一件，送與法敏等語。隨訊據程如絲供我原叫喬鐸是這樣詳的，叫他差人到京裡去料理也是有的。復傳問佛喜，據供我是去年四月內到任，即奉文行查夔關稅務，我到任未久諸事不曾諳練是實，查據喬鐸詳文，因他具有甘罪印結，是以代他轉詳，這是我的愚昧處，後程如絲對我說夔關是我做過的，我狠知道每年稅銀只有二萬多些，再不能多的，他說得鑿鑿有據，後我行文問他，他回文又是這樣說，喬鐸又再三求我，說部中可有相識之人，乞我寫封信去，我原是箇老實糊塗人，程如絲是大奸大詐，喬鐸是詭譎異常的人，我一時不能知道他們的奸計，入了他們的圈套，原寫一封字與京中役滿書辦章孔昭，并寫字與塞欽是實，至於塞欽管與不管，章孔昭如何

〔註3〕原書作「右侍郎」，據奏摺正文改「左侍郎」。

〔註4〕疑為刑部尚書塞爾圖。

料理之處我不知道，到九月裡喬鐸解關稅來時，分外又解一千七百兩火耗銀子給我，我因是火耗銀子一時糊塗就留下了，我不敢隱瞞，這是我該死處，後來我想如此犯法之事豈可做得，我心裡狠怕狠自後悔，因向喬鐸說你那宗銀子補張批來，筭解了正項罷，他後來填批到司，已歸入正項了，總之是我該萬死處，辜負皇上天高地厚的恩典，我有何面目再見天日（硃批：即此亦是欺詐，待朕批諭令佛喜知道），只求早賜正法等語。即密提喬鐸前差往京之張勝訊問，據供去年六月裡進京，原帶有二百兩金子三千六百兩銀子到部裡去料理此件事，後來止用了兩千兩銀子，是交與章書辦的，他有五十多歲，鬍子白了幾根，面黑身中微胖，看來像箇缺主，住在順城門外永光寺街横街，黑油漆雙扇門內，他兒子是箇副榜，去年八月裡北闈中的。下剩的銀子金子都存在劉師恕處，我進京時原帶有布政司佛老爺給章書辦字一封，郎中塞老爺的書一封，有無在章書辦的字內我不知道。還有我主兒給劉師恕字一封，我主兒還向我說京裡的事都聽劉姑老爺的話等語。復傳問內江縣典史陳世鑑，據供我原在法撫院轅門當過巡捕，喬鐸從前送銀子的事我不知道，今年四月半間有法撫院黃姓家人到四川來，對我說要退還喬鐸一千五百兩銀子，我同他交與喬鐸家人蔣重繁收去，喬鐸還交給黃姓家人玉扇一件是實等語。臣等伏思我皇上宵旰憂勞，勤求治理，內外臣工自當洗心滌慮，共遵法守，乃程如絲教令喬鐸隱匿國課，復令其差人赴部料理，與喬鐸通同作弊，情殊可惡，喬鐸程如絲俱應按律究擬，但程如絲已于犯私殺人以及貪婪各案內擬罪，喬鐸已于侵蝕關稅案內擬罪，俱應在彼案從重歸結，佛喜法敏利欲薰心，代為轉詳具題，已屬不合，而佛喜又為其寫書，托人通同作弊，更為不法，佛喜法敏均應交部嚴加治罪，至書辦章孔昭玩法作奸，殊屬可惡，若不及早拿究，勢必聞信遠颺，仰請皇上敕部將章孔昭密拿到案，嚴審治罪，仍追原得贓銀二千兩，照例入官。塞欽劉師恕亦有代為料理作弊之處，亦請敕部訊明，章孔昭一併交部嚴加治罪，為此具摺，謹奏請旨。

雍正五年五月二十八日

刑部左侍郎臣黃炳

川陝總督臣岳鍾琪

四川巡撫臣馬會伯

硃批：知道了，章孔昭已獲交部審擬，所干八員已有旨矣。

〔12〕陝西總督岳鍾琪奏覆黃炳等審理程如絲販私殺人一案疏漏情由摺（雍正五年六月十九日）[2]-[10]-27

陝西總督臣岳鍾琪謹奏，為遵旨密奏事。

竊照程如絲販私殺人一案，蒙聖恩密降諭旨，程如絲之案朕亦有旨命黃炳來會同卿、馬會伯、憲德查審，此事卿不必出立主見，隨他三人審理，內中如另有緣由可密奏朕知，朕自有道理，因此事內中有一點行跡，恐卿作難，故特密諭，欽此。仰見我皇上愛育洪仁有加無已，臣敢不敬遵訓旨，悉心體察以上承聖主訓示之殷切也。今臣查得夔州府屬之雲陽縣原報鹽井二眼，每年配銷水陸引五百六十九張，計鹽五千二百八十八包，每包重五十觔，共出鹽二十六萬四千四百觔，即在附府之奉節併府屬之巫山等縣行銷，然奉節等處本地亦各產有鹽觔，不止藉雲陽一縣之井鹽也。迨後雲陽私井疊開，每年出鹽至十二萬包，計重六百萬觔，較之從前官井鹽觔不下二十倍，原舊食鹽民戶有數，鹽觔壅積難售，而楚省之歸州興山巴東縣坐銷淮鹽，其價頗貴，雲陽鹽多價賤，歸興巴東三州縣離夔不遠，楚民往來買食，漸致射利之徒聞風興販，莫可禁止。自程如絲任夔府時商之蔡珽，先以夔城鹽價甚貴民間淡食為詞禁遏私販，發銀採買平價出售，遂因而營私取利。查程如絲封廠四月，毋論官私鹽觔一概收買，計販賣私鹽四萬包，其供招一萬五百包之語是指本地平賣之數，若餘剩之二萬九千餘包竟無有着落，其為發楚販賣也明矣。臣查訪既確，因欽遵諭旨不便明言，初審時臣因見黃炳不能深知夔州府私井產鹽之多寡，併不知程如絲販私之實數，難以詰訊，臣遂將私井產鹽甚多併程如絲販私不止一萬餘包情節密向黃炳約言大概，黃炳始得明白，復行詳訊，方無遁情。再查蔡珽供稱，當日程如絲雖向伊具稟，止知為夔城鹽貴病民，收買平賣，實不知其販私之事。查蔡珽身為巡撫，引鹽是其專責，四個月之期止應行銷引鹽一千七百餘包，今即據伊等從前原供一萬五百包計算已多銷私鹽七倍矣，況程如絲已私販至四萬餘包，蔡珽豈無耳目，乃猶妄稱不知，不無狡飾。且又據程如絲供稱，所收夔關盈餘稅銀俱為蔡珽取用，後因要做買賣曾向蔡珽借用數千金等語。夫以官為賈未必不係販私之事，黃炳並未確訊，故未得其中實情。臣又查得當日與楚販爭殺之時官兵甚多，不止見在數人，今又據兵丁供稱，夔協千總韓志忠亦係領兵同去之人，今黃炳將此種種情節均未窮究，臣受恩深重，少有所知不敢存私緘默，理合遵旨據實密奏，伏乞睿鑒。再查千總韓志忠已在揀選功加案內送部引見，合併聲明，為此謹奏。

雍正五年六月十九日具。

〔13〕四川巡撫憲德奏覆欽遵聖訓事宜摺（雍正五年六月二十四日）[2]-[10]-46

四川巡撫臣憲德謹奏，為欽遵聖諭事。

竊臣於伍月初陸日抵成都，經督臣岳鍾琪將伊奏摺內奉硃批，馬會伯黃廷桂憲德可亦令聞之之諭旨抄錄示臣，臣跪讀再四，仰見諭內大凡接人之道察吏之原無不備至，我皇上且以天地父母之心憐念微臣恐懼無知，致干罪戾，偶而諭來皆為訓勉，臣惟有欽遵諭旨朝夕留心體察，時刻不敢怠忽，一有所覺少不欺飾耳。續又於臣自荊州奏聞查出程如絲案內被害人等一摺內奉硃批，此案岳鍾琪不便出頭料理，爾可竭力秉公審理，朕意總無所向，惟欲得事之真情耳，一點瞻顧卜度皆不必，據實料理可也，欽此。是役也誠我皇上昭一德一心於天下，垂大經大法於萬世也，臣謹公同欽差侍郎黃炳等諸臣俱各虛心研訊，已據各犯証供情切實，了無疑竇，現將所獲情實律擬逐款公同具摺奏聞，臣不敢瑣敘以煩天聽，為此謹奏。

雍正伍年陸月貳拾肆日四川巡撫臣憲德。

硃批：已有旨。

附件君父深恩昊天罔極偈語一紙〔註5〕

君父深恩昊天罔極，大道明明歸路默默，有生有死無死無生，非空非色非色非空，生生色色八達四通。

硃批：凡所正法之人若不衷心感激就死，必是糊塗墮地獄之鬼，何者，原無殺人之心皆伊等自殺也，孰無良心，此理實在信得及，此心可示諸天日。

〔14〕四川巡撫憲德奏報查出兩姨兄弟孟以恂借過程如絲財物摺（雍正五年八月十八日）[2]-[10]-285

四川巡撫臣憲德謹奏，為奏明事。

雍正伍年捌月拾壹日准刑部移咨，欽奉上諭內，程如絲名下應退贓銀甚多，其原籍家產交與浙江巡撫李衛查明，其任所貲財交與四川巡撫憲德查明，勿令絲毫隱匿，欽此。臣隨傳集布按二司遴選能員連夜搜查程如絲貲財之際，有潼商道孟以恂差家人呈報，伊從前借去程如絲緞疋首飾等物，雖俱照單查收，而孟以恂與臣乃兩姨兄弟也，臣不敢為之隱飾，俟查訊完日一併彙行題報外，合先奏聞，為此謹奏。

〔註5〕此偈語一紙應為本部分第十九號之附件。

雍正伍年捌月拾捌日四川巡撫臣憲德。

硃批：孟以恂蔡艇程如絲皆同心之人，伊若知悔，將蔡艇等過犯盡行以露則已，若仍念舊好，稍露絲毫瞻顧，不可少念親情，當嚴處之，蔡艇之保奏孟以恂尤在程如絲之上，引見時朕見其人甚庸平，所以發往巴里坤試用，果應朕言平常人也，所奏知道了，汝非徇私廢公之人，朕信得及。

〔15〕四川巡撫憲德奏報蔡珽任內軍需扣納必須質對明白等三案情由摺（雍正五年八月十八日）[2]-[10]-286

四川巡撫臣憲德謹奏，為奏明事。

臣查康熙陸拾壹年及雍正元年蔡珽任內軍需捐納等事皆錢糧所關，必需質對明白方可定其應追應銷也，現今查出各款內有應訊之蔡珽者陸柒萬兩，臣就蔡珽現在川省，是以飭令管承澤葛斗南逐款查對，訊取確供，又有現不在川原係經手之遲維臺、高其佩、馬世珩〔註5〕等所辦冊內，止有總數，並無作何用去細數，無憑定其追銷者，現在另疏具題，懇乞皇上勅部分別或將人員發川查對，或令各造冊發川，應俟到日查核各案清楚之時一併彙題（硃批：題到有旨）。又程如絲任所家產現在搜查，但程如絲狡猾異常，或別為寄頓藏匿皆未可定，容俟臣嚴查明白之日即為造報另題。再佛喜於伊交代時查出有應給發而尚扣留在庫並未入冊者，有已派徵竟無存貯者，已據查實會參矣，現在飭令兩司□□訊取確供，應俟供明之日一面律擬具題一面即將佛喜嚴拿解部（硃批：佛喜解部無甚要事質問，可將川省各案清楚畢再解來，此等負恩辱朕之人一些放寬不得，着實辱之賤之），於別案質審。至伊諱隱丁守勤□金一項亦經查參矣，其解金之重慶府同知廖傑現在京城，請皇上勅部俟佛喜拿解到京之日一併與廖傑質審可也（硃批：佛喜解京時將此一案情節咨部），以上各款合先陳明，其餘地方諸務臣竭厥駑駘，挨次辦理，其應請訓旨者容臣節次奏請可也，為此謹奏。

雍正伍年捌月拾捌日四川巡撫臣憲德。

硃批：覽，勉之。

〔16〕甘肅巡撫石文焯奏謝寬免錯審程如絲一案之罪恩准回任供職摺（雍正五年九月初一日）[2]-[10]-363

甘肅巡撫臣石文焯跪奏，為恭謝天恩事。

〔註5〕《四川通志》卷三十一頁四十四作重慶府知府馬世烆。

竊臣前審理程如絲壹案，實因愚昧無知致多錯誤，自奉命入川以後愧懼交集寢食不寧，幾無措身之地，冒昧具摺認罪聽候處分，今於捌月貳拾柒日准督臣岳鍾琪咨開，准吏部咨稱，為奏聞事，柒月拾柒日奉旨，石文焯審理程如絲壹案甚屬錯誤，今雖陳辯認罪，總不出朕從前所降諭旨之外，石文焯畏縮因循，素性如此，但其為人居官小心謹慎，伊子石禮哈實能盡心辦事，石文焯着從寬免其處分，准回甘肅原任，其俸祿永行停止，嗣後當痛改前非黽勉効力，倘仍蹈故轍，定從重治罪，該部知道，欽此，移咨到臣。捧讀之下惶悚無地，愧悔益深，不覺感激涕零，伏念臣至愚至陋，蒙聖恩委任封疆，今辦事錯誤，分當罪斥，賜叨格外矜全仍准回任供職，似此隆恩實為異數，臣雖竭効駑駘，無由仰答高深，至臣畏縮因循習焉罔覺，蒙聖訓指示深悟前非，此後自當時時儆省，念念提撕，痛改已往之愆，尤力圖犬馬之報効。再臣屢受皇恩，臣子石禮哈涓埃未盡，疊荷溫綸，舉家頂戴，臣惟有與臣子石禮哈共相黽勉，竭盡心力以期仰報天恩於萬一耳，臣謹望闕叩頭恭謝天恩，臣於玖月初壹日自川起身回任，謹奏。

雍正伍年玖月初壹日具。

硃批：知己之非，改以往之過，莫做容易，常言秉性難移，又云親處難忌，又言人若不自知，又云下愚不移，果能知非改過，亦大聰明大力量大福澤人，不能，勉之勉之，要後務須徹底掀翻，痛自刻責，時時自省，或可力行數年，而能萬一，非泛泛塞責，畏禍虛揑假飾，陽奉陰違，欺天誑人，而便為改革也，若如此不能革心，即面亦難革，終須敗露，為禍更重也，慎之勉之。

〔17〕廣州將軍石禮哈奏謝寬免臣父石文焯錯審程如絲一案之處分摺（雍正五年九月二十二日）[2]-[10]-486

鎮守廣州將軍臣石禮哈跪奏，為恭謝天恩事。

本年捌月貳拾捌日臣讀邸抄，奉旨，石文焯審理程如絲之案甚屬錯誤，今雖陳辨認罪，總不出朕從前所降諭旨之外，石文焯畏縮因循，素性如此，但其為人居官小心謹慎，伊子石禮哈實能盡心辦事，石文焯着從寬免其處分，准為甘肅原任，其俸祿永行停止，嗣後當痛改前非，黽勉効力，倘仍蹈故轍，定行從重治罪，該部知道，欽此。臣隨恭設香案，望闕叩首，繕本恭謝天恩在案。竊思臣父與臣世受國恩，躬蒙聖德，生生世世感激無窮，然謹慎小心祗人臣之自飭，即實心辦事何圖報之可言，仰惟皇上至明至恕，恩愈重而難勝，過蒙宥而益愧，惟遇事一凜天顏，捫心自思臣節，臣父今荷覆幬，臣舉家感激頂戴，嗣惟臣父與臣勉之又勉，刻而自刻，務圖後効以庶幾仰副我皇上天高地厚之德於萬一耳，所有感激微忱謹再具摺奏謝，伏惟睿鑒，謹奏。

雍正伍年玖月貳拾貳日具。

硃批：聞得你父甚老邁，而兼兩耳重聽，近日西藏有用兵之事，爾父力量不能，已調內矣，從此你可為你父放心，不必繫念矣。

〔18〕四川巡撫憲德奏報查訊程如絲原籍家產緣由摺（雍正五年十一月初六日）[2]-[10]-696

四川巡撫臣憲德謹奏，為欽奉上諭事。

竊臣接准部咨，奉旨程如絲名下應追贓銀甚多，其原籍家產交與浙江巡撫李衛查明，其任所貲財交與四川巡撫憲德查明，勿令絲毫隱匿，欽此。臣即檄行布按二司並遴委賢員協同將程如絲任所所有貲財嚴行搜查，臣復親加查訊，除搜查過任所貲財現在封固繕造細冊送部另疏具題外。查程如絲原籍家產蒙皇上諭旨雖交與浙江撫臣李衛查明，但程如絲現在川中，其原籍家產實有若干之處似亦應於本人是問，臣不敢謂已交浙撫自避越俎之嫌，是以提取程如絲到案當堂逐一審訊。經程如絲供犯官弟兄叁人，原籍有當鋪叁所，犯官出門做官時尚未分晰，到壬寅年〔註 6〕父親在家將湖州府城內源益字號典壹所分與犯官名下，貳胞弟分得在德清縣榮萬字號典壹所，叁胞弟分得在崑山縣東昇字號典壹所。其典中本錢因浙地出當絲米，本利消長無定，難於懸擬。犯官所託管當人是姪子程厚並友人王名卿，俱小心謹慎，典中銀數分毫皆有帳目，壹查便知，不能隱匿的。至犯官典房及貳弟典房俱是置買的，惟三弟典房係賃租的，住房也是租的，叁弟先與犯官同居共爨，自犯官夔府壞官之後便已各爨。至家中田產記得有全柯地方山莊壹所，此外記不清了。再詰其原在典中本銀與歷年盈餘利息及房屋山莊價值並此外另置產業若干，豈有不知數目之理，再將此處逐一嚴訊。據供犯官源益典內本銀原有貳萬兩，但每年所餘利銀消長不一，實在不知確數，至房屋山莊價並此外有無另置產業，犯官自幼在家讀書，原不甚經理家務，今出門日久實在記不清楚，總之已經奉旨交與浙江巡撫，彼處自然徹底清查，犯官不知實數不敢妄說，恐有舛錯等語。據此查程如絲所供原籍家產雖無實在確數，據伊大略如是，其中有無捏飾隱匿情獘，應聽浙江撫臣查勘外，所有臣查訊緣由理合奏聞，伏乞皇上睿鑒施行，為此謹奏。

〔註 6〕應為康熙六十一年。

雍正伍年拾壹月初陸日四川巡撫臣憲德。

硃批：知道了，將此訊問口供亦當咨知浙撫。

〔19〕四川提督黃廷桂奏報監內斬犯程如絲自繫身死情由摺（雍正五年十一月十一日）[2]-[11]-1

提督四川等處地方總兵官署都督同知仍帶拖沙喇哈番臣黃廷桂謹奏，為奏聞事。

本年拾壹月初拾日據臣標巡風人役稟稱，探得成都府監內斬犯程如絲初玖日夜自繫身死等情，據此臣思程如絲乃奉旨審擬斬犯，必當嚴加看守，何得恁其自繫，此中恐有別情，復專差密訪去後，據稟拘禁監內歷來原無刑具，起居坐臥悉聽其便，至初玖日晚不知是何意見，索酒縱飲堅不睡臥，至初拾日五更時即以褲帶自繫身死，壁上寫詞一首等語。臣復密查程如絲奉旨決斬，部文已到，因時值停刑，仍行監候，擬於拾壹日出決，而該犯於初拾日五更時即行自繫，此必預知部文消息所致，臣不敢壅於上聞，理合具摺密奏，並將壁上所寫之詞另錄呈奏，伏乞睿鑒，為此具摺謹差臣標把總馬子龍齎摺奏聞。

雍正伍年拾壹月拾壹日

硃批：此事顯而易見者，甚屬不合，已嚴飭部矣。

〔20〕四川巡撫憲德奏覆孟以恂所供蔡珽程如絲各款無異摺（雍正五年十一月十八日）[2]-[11]-42

四川巡撫臣憲德謹奏，為欽奉上諭事。

臣前奏聞孟以恂呈報伊借去程如絲緞疋首飾一摺內奉硃批，孟以恂蔡珽程如絲皆同心之人，伊若知悔將蔡珽等過犯盡行吐露則已，若仍念舊好稍露絲毫瞻顧，不可少念親情當嚴處之，蔡珽之保奏孟以恂尤在程如絲之上，引見時朕見其人甚庸平，所以發往巴里坤試用，果應朕言平常人也，所奏知道了，汝非狥私廢公之人，朕信得及，欽此。查搜查程如絲任所貲財事尚未竣，正有應行查問孟以恂之處，臣隨親擬問語，令布按二司詢問孟以恂去後，嗣據布政使管承澤署按察司事建昌道劉應鼎將詢取孟以恂供單呈賫到臣。臣隨監提孟以恂當堂覆訊，其所供蔡珽程如絲過犯各款與該兩司訊供無異，謹將問語供單另繕清摺呈覽，伏乞皇上睿鑒勅部查審施行，為此謹奏。

雍正伍年拾壹月拾捌日四川巡撫臣憲德。

硃批：已有旨矣。

附件孟以珣供單

問孟以恂，你借程如絲首飾緞匹等物係拏禁程如絲之後，程如絲侵蝕多端，既已拏禁自必審明著追，彼時雖未奉文搜查但伊所有貲財明係俱應入官之物，你如何還向他借用得呢，且程如絲既經革職拏問他自己性命不保還肯將東西借你當用，這是你平素與他自然相好的了。再蔡珽前從羅殷泰手內提取庫銀三萬兩之時你竟肯應作自己署任內事，倒填月日則你之附和蔡珽是實，蔡珽程如絲平日一應所行之事你是無不知道的了，你可將知道他二人平日所作之事尚未發覺各款據實供來。據孟以恂供我先在四川做松茂道，程如絲在四川做知府，我原認得他，我今年到這裡因纔從巴里紳口外回來，盤費短少，於正月內一到時就向他說過要借盤費，他將首飾緞匹等物送來，及至後來見他革職拏問，故不敢當用，一聞搜查程如絲貲財即行報出是實，至蔡珽從羅殷泰手內提取銀叁萬兩我應作自己署任內事，倒填月日實係愚昧無知，不能抗拒蔡珽是實，至蔡珽程如絲所行之事尚未發覺各款我先在川所知及今年來川所聞款項據實開列於後。

計開蔡珽劣跡

一、雍正元年軍需銀兩蔡珽在打箭壚一路項內指稱公費名色取銀伍萬餘兩，竟無賬目可開，明係侵蝕，有軍需冊証。

一、蔡珽凡遇題明捐買馬匹捐給運糧腳價等項名為自捐實俱係動用軍需銀兩，甚屬欺誑，有卷案証。

一、川省錢糧缺額令民自首免罪，乃朝廷寬大之典，蔡珽禁民自首，凡地方官審理田土詞訟見有欺隱，詳請勘丈者即行申飭，不顧正賦缺額，祇圖一已虛名，有申飭州縣文書並告條証。

一、蔡珽於雍正元年動軍需銀兩採買馬匹，凡馬有值銀拾數兩者止發銀柒捌兩，名為公買實係硬派，繳馬各州縣証。

一、刑具自有常式，蔡珽賦性慘刻，特置大重鐵錘九，民間有犯搶親等案不用常法，即以鐵錘打折腳骨，竟有立時殞命者，有犍為縣搶親一案傷及數命，慘毒異常。

一、塞爾圖任巡撫任內令各州縣設立社倉，已捐至有貳千餘石，及蔡珽到任諭令將已經捐備者概令發還，查設立社倉未經捐出者自應聽從民便，但既已經捐出亦不應發還，蔡珽竟不許設立不知是何意見，各州縣証。

一、原任樂至縣知縣黃振國政聲狼藉，被人於蔡珽處告發，蔡珽因黃振國係伊同年，大行袒護，令將原告之人多行枷責致斃數命，有卷案証。

一、蔡珽於雍正元年內聽信黃振國之言將遂寧縣諸典史重責數拾板，隔日殞命。

一、蔡珽於衙署後街私開一門，昏夜令人出入，形跡詭秘，雍正元年冬間程如絲呈送夔州三峽水數拾罈，罈頗沉重不知何物，俱從後門繳進，大傷風憲之體。

一、蔡珽與戴鐸不知何故相好甚密，戴鐸於奉旨發往陝西效力後又自陝西私自逃回四川搬接家眷，蔡珽不惟不行參奏反資助盤費，又諭令各官幫助，蔡珽給與之數不能知道，原任按察司劉世奇送過銀貳百兩，以恂亦送過銀貳百兩，別人送不送不能盡知。

程如絲劣跡

一、程如絲夔州府任內凡來船過關每石收銀貳錢，夔關向無此例，川米下楚極多，以每石貳錢計算每年約可收銀壹貳萬兩，在關人役並奉節縣謝典史証。

一、法敏、佛喜、程如絲奉旨清查軍需錢糧，程如絲明知蔡珽於軍需案內有侵蝕銀兩，故為延挨，將軍需案內應取供造冊之人不行請題全發來川查算，蒙混法敏佛喜止調原任東川府石如金一人，將遲維臺經手之人竟不詳調，以致以恂所辦松潘一路軍需冊於肆月內造完移司轉詳者延挨至今尚未完結。

一、程如絲於夔州府任內時曾在雲陽縣封買私鹽，有該縣知縣杜苞將伊收買私鹽根底查出稟明上司，以致挾恨，又杜苞將多出餘鹽詳請轉引，程如絲竟行駁回，反提報請參，有杜苞並詳文証。

一、程如絲於按察司任內兌收鹽茶稅課銀兩除原舊規例外，每百又加平頭銀伍陸兩不等，收銀法馬又比部平較重，解銀各州縣並商人証。

一、程如絲給發倒斃馬價除參出扣尅外尚有扣尅銀兩，每匹馬實止發銀三兩上下不等，各州縣驛証。

一、程如絲擅作威福，因伊原任夔州府被參，羈成都縣監時與署成都縣簡州知州薛祿天舊有嫌隙，將薛祿天揑款並通省皆有之事具揭詳參，合省官民共知，程如絲挾讎枉揭人心不服。

一、程如絲居心狡獪舉動狂妄，凡事稍不遂意不論何人即行面叱，復揖制上司，欺壓同官。

一、程如絲在按察司任內不時唱戲飲酒，不以政務為事，以致案件冗積，拖累無辜。

一、程如絲到按察司任後用全付執事，拜成都縣典史之書辦以報其舊日在監照看之情，有玷官箴。

一、原任重慶府知府周天祜到任不過數月，居官亦未見不好之處，程如絲在夔州府被參時周天祜奉委摘印，因嚴挐人犯程如絲懷恨，暗託蔡珽轉囑塞爾圖將周天祜題參，亦屬冤抑。

〔21〕四川巡撫憲德奏程如絲在監自縊請交部議處暨議定學臣養廉摺（雍正五年十一月十八日）[2]-[11]-43

四川巡撫臣憲德謹奏，為陳奏事。

竊臣愚昧不職，有忝聖恩，致重犯程如絲在監自縊，不但無以仰對君父，即俯衷亦不堪自問矣，雖前據實題請交部嚴加議處以懲不職，而輾轉自思寤寐不安，惟有俯伏待罪，日增愧懼耳（硃批：若此不愧非具人面者也，待罪自有國法，忝天下人恥笑，朕為汝難堪，若不究出傳遞消息之人嚴加參處，這巡撫還做得麼）。茲併奏聞者學臣宋在詩拾月以前所考生童俱各取貳兩至肆兩不等，以為供食之用，自拾壹月以後已經臣向伊當面議定，發給養廉三千兩，其銀係撫臣衙門養廉內出貳千兩，布按兩司湊出壹千兩，按季捐給。其船隻馬匹仍令僅足敷用，地方供應，蓋四川僻壤居多，恐雇覔有悮也，此外毫無取之地方及生童等事，謹此奏聞。

雍正伍年拾壹月拾捌日四川巡撫臣憲德。

硃批：知道了。

〔22〕川陝總督岳鍾琪奏報斬犯程如絲在監自縊摺（雍正五年十一月二十八日）[2]-[11]-104

陝西總督臣岳鍾琪謹奏，為奏聞事。

竊臣查斬犯程如絲係奉旨即決之犯，羈禁在監，自應鎖杻牢固，時刻防範，不容少有寬縱，今聞在監不加刑具，任其坐臥自如，以致本年十一月十一日奉文行刑，竟於初十日五更該犯知覺，先自縊身死。臣探知其事不勝駭異，竊思獄官疏忽罪囚，律有處分，況係擬斬重犯，何得疏虞若此，顯有該犯黨羽暗通消息，故為疏縱情弊，該管各上司衙門漫無覺察，均干功令，臣一面飛檄嚴查，俟查明疏縱緣由取具各官職名，另疏題參外，所有斬犯程如絲自縊情節理合繕摺恭奏，伏乞睿鑒，為此謹奏以聞。

雍正五年十一月二十八日具。

硃批：此事原屬不合，昨者憲德題奏，已令嚴察議奏矣。

附錄八　胡鳳翬案奏摺

〔1〕蘇州織造胡鳳翬奏請聖訓摺（雍正元年正月）[2]-[1]-28

奴才胡鳳翬跪奏，為叩請聖訓事。

切奴才蒙主子天恩賞授蘇州織造，今擇於正月二十六日起程，叩請聖訓，以便遵行，為此謹奏。

雍正元年正月　日

〔2〕蘇州織造胡鳳翬奏謝恩賞織造并陳地方官民情形摺（雍正元年二月二十八日）[2]-[1]-90

蘇州織造奴才胡鳳翬跪奏，為叩謝天恩事。

竊奴才至愚至微之人，蒙萬歲天地隆恩，賞授蘇州織造，於二月二十五日到任，恭設香案望闕叩頭謝恩，隨拜印辦事，至奴才所辦之事有應奏請旨者容奴才次第辦理，奴才惟有盡心竭力報効於萬一，奴才自京起程，於二月十四日入江南境內，見麥苗茂盛，雨水調匀，河水日長，糧舡通行，目下蘇州白米每石價銀一兩二錢五分，稻米每石價銀一兩一錢，皆賴萬歲宏福齊天，萬民喜悅樂業，奴才於二十五日到蘇州石瀆地方，巡撫臣吳存禮跪請聖安，奴才遂傳訓旨，吩咐吳存禮不許收屬官節禮，要着實做好官，愛養百姓，上體萬歲愛民至意，吳存禮聞命不勝感激惶悚，免冠望闕叩頭謝恩。

奴才訪聞總督臣查弼納到任不收屬官賀禮，亦不收屬官節禮，留心訪察地方事務。安徽巡撫臣李成龍做官行事奴才到任三日，蘇州離安慶地方稍遠，未得確實，不敢妄奏，容奴才訪實另行奏聞。奴才敬差家人張彪賫摺謹奏，伏乞聖鑒，奴才無任瞻仰之至。

雍正元年二月二十六日具。

硃批：朕今擢用你光景，況又係府下旧人，體面地步，自然為眾之敬畏，督撫地方府道等形勢必加優待，汝可竭力自持，安分知足，倘少壞朕聲名，妄干地方吏治之事，一點忍柰不住，朕之耳目汝所深知，負朕此大恩，豈輕輕之處分之事也，勉之慎之。你若有辦不來差使，不妨奏明，朕命人幫你，不可私作一事，私求一利，一切食用節儉為要，向日織造等非分之享用，今日之現報豈不見乎，前車之戒業當自警，況爾之利害又勝前人之數倍，禍福之間矣，不可少忽，特諭。

再奏報地方情形雨水不要徇故套浮泛，隱慝一切，着落寔在奏聞。

〔3〕蘇州織造胡鳳翬奏查明李煦虧空銀數摺（附件歷件銀數細摺）（雍正元年三月二十二日）[2]-[1]-142

蘇州織造奴才胡鳳翬跪奏，為奏聞虧空事。

奴才蒙特恩簡用，感激惶悚，惟有盡心報効，一切關係國帑必須徹底清查，仰副皇上委任聖意，今奴才到任後凡李煦動用錢糧逐細清查，茲查得李煦任內虧空各年餘剩銀兩現今奉旨交總督臣查弼納查追外，尚有六十一年辦六十年分應存剩銀六萬三百五十五兩六錢九分九厘四毫，並無存庫，亦係李煦虧空，奴才據實奏聞。所有歷年動用銀兩數目另開細摺并呈御覽。再查李煦於康熙三十二年二月內奉內務府行文，着動備用銀二千兩買米四千一百餘石，此項動用銀兩已經報銷訖，所買米石並無存貯在倉，明係虧空，合併奏聞。但李煦歷任年久，動用錢糧甚多，此外有無虧空實容奴才查明謹奏。奴才受恩深重，斷不敢絲毫徇隱，上負萬歲天恩，敬差奴才家人方德賫摺謹奏，伏乞聖鑒，奴才無任瞻仰之至。

雍正元年三月二十二日具。

硃批：總清察莫隱，交與查弼納。

歷年銀數細冊

計開

康熙五十四年辦五十三年分報銷

上官用額留并部派銀五萬八千二十一兩三錢三分。

存剩銀四萬六千九百七十八兩六錢七分。

康熙五十五年辦五十四年分報銷

上官用額留并部派銀五萬八千二十一兩三錢三分。

存剩銀四萬六千九百七十八兩六錢七分。

康熙五十六年辦五十五年分報銷

上官用額留并部派銀五萬七千七百三十三兩三錢三分。

存剩銀四萬七千二百六十六兩六錢七分。

康熙五十七年辦五十六年分報銷

上官用額留并部派銀六萬一千四百七十九兩七錢九分六厘。

存剩銀四萬三千五百二十兩二錢四厘。

康熙五十八年辦五十七年分報銷

上官用額留并部派銀五萬七千七百五十二兩三錢三分。

存剩銀四萬七千二百四十七兩六錢七分。

康熙五十九年辦五十八年分報銷

上官用額留并部派銀五萬七千七百五十二兩三錢三分。

存剩銀四萬七千二百四十七兩六錢七分。

康熙六十年辦五十九年分報銷

上官用額留并部派銀五萬七千七百五十三兩三錢三分。

存剩銀四萬七千二百四十六兩六錢七分。

康熙六十一年辦六十年分報銷

上官用額留并部派銀四萬三千三百三十三兩三錢三分。

又辦喇嘛衣明黃緞桃倒花匠工食共用銀一千三百一十兩九錢七分六毫。

存剩銀六萬三百五十五兩六錢九分九厘四毫。

共存剩銀三十八萬六千八百四十一兩九錢二分三厘四毫。

硃批：知道了，總交與查弼納。

〔4〕蘇州織造胡鳳翬奏聞地方吏治民情摺（雍正元年四月初五日）[2]-[1]-171

蘇州織造奴才胡鳳翬跪奏，為奏聞地方情形事。

竊奴才一介庸愚，至微至賤，蒙皇上天高地厚之恩，合家老幼頂戴無涯，三月二十七日接奉硃批聖諭，跪讀之下感激涕零，奴才受此恩榮，雖捐糜頂踵子子孫孫不能仰報萬一，所有地方情形謹據實直奏。查蘇州係五方雜處之地，惟閶門南濠一帶客商輻輳，大半福建人民，幾及萬有餘人，其間守分生理者固多，而遊手好閒之徒未能安分最易作奸，又有染坊踹布工匠俱係江寧太平寧國人民，在蘇俱無家室，總計約有二萬餘人，凡遇盜案發覺，常有踹匠在內，去年結黨聚謀欲刦在城富戶，幸於五月初十日被周地如首發，在縣詳報巡撫臣吳存禮，批發審實，將巨魁葛思齊等枷斃，餘黨解散，此輩名為踹匠，善良者少，目今新布出時踹染二匠仍復叢集，奴才下愚鄙見，俱當稽查防範，分別澄汰，消弭未萌，前聞二月二十五日福建省城賊越獄致傷官兵，悉係臺灣海寇餘孽，聞拿自必四散逃匿，所有踹染二匠均屬異民，去歲已見行跡，奴才細查出洋海口如太倉之劉河、七丫，上海之黃浦吳淞俱去蘇不遠，全仗巡查嚴密，自無虞慮，而相鄰近之松江提督係署事之員，海口防守汛兵因循懈怠，有名無實，奴才身在地方，見近日情形，總賴聖主洪福如天，得一安靜，而一切臣工並無實心任事之人，敢據實奏聞。

再奴才密探安徽巡撫臣李成龍年紀雖老，精力強健，所屬節禮及陋規等項亦俱收受，并此奏聞。奴才今將三月二十七日跪接到硃批聖諭理合遵旨呈繳，奴才敬差家人張彪賚摺謹奏，伏乞聖鑒，奴才無任瞻仰之至。

雍正元年四月初五日具。

硃批：將你之所見所聞都告訴何天培，他自有主意，當知會高其位者亦着何天培暗暗知會他。

〔5〕蘇州織造胡鳳翬奏報二麥豐實米價平減摺（雍正元年四月初五日）[2]-[1]-172

蘇州織造奴才胡鳳翬跪奏，為奏聞事。

奴才查得江南地方春季以來賴皇上洪福齊天，雨暘時若，二麥豐實，高田處所現在收割，米價得以平減，白米每石一兩五分，次白米每石一兩，小民俱得接濟，目今天氣晴明，收成足有十分，謹將三月內晴雨日期敬差奴才家人張彪賚摺奏聞，伏乞聖鑒，奴才無任瞻仰之至。

雍正元年四月初五日具。

〔6〕署江寧巡撫何天培奏覆傳旨胡鳳翬情形摺（雍正元年五月初四日）[2]-[1]-259

奴才何天培跪奏。

奴才於肆月貳拾柒日抵蘇州射瀆地方，有織造胡鳳翬前來跪請主子萬安畢，奴才即傳與主子的面諭，織造胡鳳翬着實多事（硃批：太過了），你到蘇州下旨與他，若再地方多事，你便摺奏，朕就叫他進來，此旨亦下與查弼納，胡鳳翬叩頭祗領訖，為此繕摺覆旨。

雍正元年伍月初肆日

硃批：朕原說胡鳳翬向來多事些，並未曾言他如今現多事，他前日大恐畏，奏乞請罪，朕為之大笑，將此旨你今亦向他發了，旨原說他向來為人多事，勸他改好，不改有多事處着你參奏他，並不曾言他此任多事，只要他警畏小心，不越分多事就有了，如不，胆大多事，可好乎，教他放心勉力做好官，若放縱一點，使不得，隨便向查弼訥〔註 1〕爾將旨意傳與他。

〔7〕蘇州織造胡鳳翬奏報民情糧價摺（雍正元年五月初四日）[2]-[1]-262

蘇州織造奴才胡鳳翬跪奏，為奏聞事。

奴才查得江南蘇州地方仰賴皇上洪福，雨暘時若，二麥豐登，小民安樂，上白米每石價銀一兩零五分，次白米每石價銀一兩，謹將四月內晴雨日期另摺奏聞，敬差奴才家人方德賫摺謹奏，伏乞聖鑒，奴才無任瞻仰之至。

雍正元年五月初四日具。

硃批：知道了。

〔8〕蘇州織造胡鳳翬奏謝恩賜瓜果並報晴雨日期摺（雍正元年八月十四日）[2]-[1]-683

蘇州織造奴才胡鳳翬跪奏，為叩謝天恩并報晴雨日期事。

奴才於七月十三日恭請聖安，蒙皇上天顏下霽，指訓周詳，賞賜瓜果，奴才何人，膺茲寵眷，合家老幼頂戴無涯，惟有凜奉聖謨，竭効犬馬，仰報天高地厚之恩於萬一，奴才遵旨於七月十七日起程，至八月十一日回署，查得江蘇地方六七兩月雨澤缺少，河水漸乾，幸賴萬歲洪福齊天，目下米價尚不騰貴，市上白米每石價銀一兩一錢，次白米每石一兩五分，麥價每石七錢五分。奴才敬差家人張彪賫摺叩謝天恩，所有六七兩月晴雨日期合并繕摺補呈聖覽，謹此奏聞。

雍正元年八月十四日具。

〔註 1〕《清代職官年表》總督年表作兩江總督查弼納。

〔9〕蘇州織造胡鳳翬奏報八月少雨米價漸昂摺（雍正元年九月初三日）[2]-[1]-741

蘇州織造奴才胡鳳翬跪奏，為奏聞事。

奴才查得江蘇地方八月內雨澤缺少，沿河田畝可望有收，高阜田禾大半枯槁，統計高下收成止有五六分，其塘河水道日淺，湖廣江西客米大船難到蘇州，且本地晚稻成熟之處尚未收割，以致市價漸昂，上白米每石價銀一兩二錢五分，次白米每石一兩一錢八分，麥價每石銀八錢。所有八月晴雨日期理合繕摺恭呈聖覽，奴才敬差家人劉祥賫摺奏聞。

雍正元年九月初三日具。

〔10〕蘇州織造胡鳳翬奏陳江蘇臬臣徐琳官聲等事摺（雍正二年十二月十八日）[2]-[4]-159

蘇州織造奴才胡鳳翬跪奏，為遵旨回奏事。

奴才於十二月初三日入江南地境，細訪（硃批：少不機密一點，仔細頭）按察司徐琳居官，皆云辦事有才，但誠實不如前任張楷，然到任未久，操守辦事尚在未定，其布政司傅爾多還未到任。又奴才於初八日過揚州，謹將萬歲旨意下與阿爾法（硃批：教導阿爾法在次，教導胡鳳翬要緊），他狠懼怕，惶悚無地，以後傳旨教道他不許妄為，理合回奏。

雍正二年十二月十八日具。

硃批：不要說朕賣了你個泰山之案，就現肆意亂作招搖，少有負朕之恩，頭一個參處你的定是怡親王，不要錯認人，將王子當是個護犢子的，容易說話的，你就悞你自己的身家體面了，小心小心。

〔11〕江蘇巡撫張楷奏遵旨密訪李狄官聲並傳諭胡鳳翬鄂爾泰摺（雍正三年四月三十日）[2]-[4]-691

江蘇巡撫臣張楷謹奏，為遵旨回奏事。

竊臣蒙皇上天恩，陞授江蘇巡撫，陛見之日仰荷聖訓周詳，併欽承諭旨，除一一欽遵，另容次第具奏外，臣欽奉上諭，命細細打聽署京口將軍李狄做官為人如何，據實奏明，欽此。臣於肆月貳拾肆日到京口，李狄已於肆月貳拾日起程赴粵，遵經密訪得李狄為人廉靜，在京口兩載兵民相安，兵丁有借營債者將銀米抵還債主，窮兵難以度日，李狄查明欠數，着債主停止利錢，每月開到錢糧，酌量陸續扣還，窮兵得以安生，八旗感戴，昨調任粵東，兵民依依不捨，但微覺多疑寡斷，輿論如此，合行奏明。

臣肆月貳拾柒日抵滸墅關，蘇州織造胡鳳翬到臣舟次，跪請聖安畢，臣即轉傳諭旨，江南近日織紬將緞子上用本色線繡成花卉，近一二年纔興起的，你可下旨與胡鳳翬，叫他禁止，總要本實，不可作為奇巧，有關風俗。隨據胡鳳翬奏稱，奴才欽遵聖諭，蘇州機上禁止繡織，併移會江寧杭州織造亦行禁止等語。臣隨訪得民間亦有織賣此等花緞，仰遵皇上敦本尚實德意，亦應出示曉諭，嚴行禁止，合行奏明。

臣於肆月貳拾捌日到臣江蘇任，見江蘇布政司鄂爾泰，臣即轉傳諭旨，江蘇布政使鄂爾泰做官狠好，朕曾說他是天下第一個布政司，既然說他好，為何不放他做巡撫，因年羹堯隆科多極力薦他，必是他附託於人，我若放他做巡撫，他只知感激年羹堯隆科多，我豈肯將大權落於人手，你如今下諭旨與他，叫他改過照舊實心辦事，朕自然用他，若不肯實心幫你辦事，你亦將情節奏明。隨據鄂爾泰奏稱，奴才受皇上隆恩，係皇上特用之人，與年羹堯從未識面，隆科多亦並未附託，他不知他們為何保薦，今奉聖訓，惟有實心辦事，以圖報答，不敢依附他人。臣又密傳諭旨，聞得他在蘇州要移風易俗，將酒船戲子盡行禁止，這原是好事，然移風易俗非數十年不能，豈是急促得的，蘇州風氣虛華，只好慢慢去勸諭，如造了酒船，他一家衣食俱靠於此，從小學了唱戲，捨此無以營生，若一旦全禁止了，此一般人必致失所，為官者但自己儉約不去作，與他罷了，亦不必禁之太甚。隨據鄂爾泰奏稱，奴才初到任時，見蘇州風俗奢靡，酒船戲子原行禁止，後訪得不便民情，也就不禁他們了等語。

臣到蘇州見百姓蒙皇上減免浮糧，歡呼載道，現在處處搭臺演戲，慶祝皇恩，此出自萬民中誠感戴，更當俯順輿情，合行據情奏明。以上三條臣恭膺簡命，赴任江蘇，欽奉上諭，先行具摺回奏，伏乞皇上睿鑒施行，右謹奏聞。

雍正叁年肆月叁拾日江蘇巡撫臣張楷。

硃批：知道了，漸漸化導儉約，亦不可不留心。

〔12〕蘇州織造胡鳳翬奏兒子胡式瑗冒濫欺隱請飭部革職摺（雍正三年七月二十六日）[2]-[5]-457

蘇州織造奴才胡鳳翬跪奏，為欽遵舉首，據實奏聞事。

竊奴才於七月二十四日接閱邸報，捧讀上諭，年羹堯從前題奏西藏青海等處軍功議敘文武官員，俱多有冒濫不實，特賜寬大之恩，凡係年羹堯任內冒濫題奏者，皆從寬宥釋，欽此。奴才跪繹之下，仰見聖德如天，仁恩廣被，何敢稍有隱匿，自取罪愆，奴才兒子胡式瑗現任廣西桂林府同知，先由監生自捐縣丞。後因年羹堯為四川巡撫時，式瑗曾往羹堯署中閒住二載，及式瑗回京，向奴才說伊母舅年羹堯代為運米議敘縣職，於康熙六十年八月內部選掣得廣西陽朔縣知縣，續經督撫保薦於雍正元年蒙恩准授廣西桂林府同知，前之縣丞係自行捐納，後之同知係天恩賞授，而縣丞議敘知縣，奴才兒子在川並未親身運米進藏，雖非年羹堯題奏之員，實由甥舅私情所致，其為冒濫入冊，不問可知，奴才一門受恩深重，若敢欺隱掩飾，罪不容誅，相應據實首明，伏懇萬歲天恩，將奴才兒子胡式瑗飭部革職，以證年羹堯冒濫之罪，庶奴才兒子無知犬馬得沐生全，奴才合家老幼啣感聖慈不朽，敬差奴才家人許祿賫摺奏聞。

雍正三年七月二十六日具。

硃批：此報部之事，如何寫摺亂奏。

〔13〕蘇州織造胡鳳翬奏謝恩賞織辦緞疋節省之銀兩摺（雍正三年八月十七日）[2]-[5]-584

蘇州織造奴才胡鳳翬跪奏，為叩謝天恩事。

竊奴才家人張彪於八月十五日到蘇州，奉怡親王傳宣萬歲恩旨，將織辦緞疋節省銀兩賞給奴才，跪聆之下感悚難安，伏思奴才微末庸愚，蒙皇上洪恩，賞授織造，體面非常，一家老幼衣食充足，又兼關務，力圖報効，前項節省之銀係錢糧公帑，奴才自揣福薄，何當重賞，而恩加曠典，又不敢辭，謹往北叩首謝恩，其銀不敢私動，留為辦差之用，敬差奴才家人張彪賫摺恭謝天恩，為此奏聞。

雍正三年八月十七日具。

硃批：多賞你些，好為你夤緣鑽刺打點之用。

〔14〕蘇州織造胡鳳翬奏報雨暘時若米價漸減等情摺（雍正三年九月初二日）[2]-[6]-12

蘇州織造奴才胡鳳翬跪奏，為奏聞事。

竊奴才查得江蘇地方八月內雨暘時若，早禾先已收完，晚禾滋長秀實，均稱大有之年，萬民共賴皇上洪福齊天，時和物阜，市上米價漸減，白米每石價銀一兩一錢三分，次白米每石價銀一兩零五分，麥價每石銀七錢，所有八月晴雨日期米麥價值及民間歡慶情形，理合繕摺恭呈聖覽，敬差奴才家人楊吉賫摺奏聞。

雍正三年九月初二日具。

〔15〕蘇州織造胡鳳翬奏謝矜宥兒子胡式瑗摺（雍正三年九月二十六日）[2]-[6]-160

蘇州織造奴才胡鳳翬跪奏，為叩謝天恩事。

竊奴才因兒子式瑗一事，不敢欺隱，具摺首明，今奴才家人回蘇，跪接硃批諭旨，捧讀之下仰見萬歲明如日月，德同天地，奴才冒昧方知具摺之愚蒙，感激涕零，重荷聖慈之矜宥，謹率合家老幼望北叩首謝恩，奴才鏤骨銘心，惟有與兒子式瑗共秉忠誠，盡心効力，圖報皇上高厚之恩於萬一耳，敬差奴才家人周保賫硃批原摺恭繳，為此奏聞。

雍正三年九月二十六日具。

硃批：你着實小心，聞得你有些不安靜，慎之慎之。

〔16〕蘇州織造胡鳳翬奏報米價晴雨摺（雍正三年十月初三日）[2]-[6]-193

蘇州織造奴才胡鳳翬跪奏，為奏聞事。

竊奴才查得江蘇地方九月內雨暘時若，晚禾收穫登場莖穗俱倍，收成足有十分，家家共樂倉箱，處處咸歌大有，萬民均戴皇上洪福齊天，五穀豐登，含哺鼓腹，安享太平，市上米價大減，白米每石價銀一兩，次白米每石價銀九錢，麥價每石銀七錢，所有九月晴雨日期米麥價值及民間安樂情形，理合繕摺恭呈聖覽，敬差奴才家人張彪賫摺奏聞。

雍正三年十月初三日具。

〔17〕蘇州織造胡鳳翬奏恭繳硃批摺（雍正十月初三日）[2]-[6]-194

蘇州織造奴才胡鳳翬跪奏，為據實陳情恭繳硃批原摺事。

奴才家人回蘇，跪接皇上硃批訓旨，捧繹之下惶悚恐懼無地自容，竊奴才微末庸愚，蒙萬歲天恩簡任織造，兩載之中寸長未効，又蒙特恩賞兼滸墅關，體面非常，衣食充足，隆恩異數感激涕零，奴才何等之人，到此地位，雖竭力致身難報萬一，日夜兢兢，猶慮兩處不能兼顧，有負皇上聖恩，竭蹶辦公尚難稱職，何敢再生妄念有所營求，況聖明在上，洞徹隱微，奴才無知犬馬，豈不自顧身家，舉朝共凜冰淵，焉肯擅容請托。奴才再四思維，其間有行迹可疑，不敢不據實直奏，奴才與本衙門上之人非親即友，相好在前，奴才當日在江南困苦之時每承周濟幫助盤纏，奴才今沐殊恩，豢養厚祿，偶遇親友婚嫁喜事，亦量為幫助，以報濟困前情，並無涉私干譽，而親友亦見諒不收，此奴才不知分量，不內謹飭之所為，罪何可逭，自今以後惟有凜遵聖訓，公而忘私，一應交際往來槩行求杜，改過自新，如有一點欺瞞，難逃國法，伏懇萬歲賞開天地格外之恩，原情矜宥，生生世世啣戴洪恩，敬差奴才家人張彪賫硃批原摺恭繳，奴才曷勝感愧悚切之至，為此奏聞。

雍正三年十月初三日具。

硃批：朕原有旨，除怡親王之外不許你相與一個人，如今你恐怡親王看顧你不來，又各處鑽營，今以旧門上親友塞責回奏，轉見不堪，難道朕叫你謝絕往來麼，胡說之極。

〔18〕蘇州織造胡鳳翬奏報十一月糧價雨水摺（附件蘇州十一月晴雨錄）（雍正三年十二月初一日）[2]-[6]-414

蘇州織造奴才胡鳳翬跪奏，為奏聞事。

竊奴才查得江蘇地方十一月內天氣晴和，偶得微雨，在田二麥發生激長，來歲夏熟可期，萬民共享盈寧，均感皇上福庇，蒼生安居樂業，市上米價平減，白米每石價銀九錢八分，次白米價銀八錢六分，麥價每石銀七錢，所有十一月晴雨日期，米麥價值及民間安阜情形理合繕摺恭呈聖覽，敬差奴才家人王超賫摺奏聞。

雍正三年十二月初一日具。

晴雨錄

十一月初一日晴，西北風，夜有星。

初二日晴，西北風，夜有星。

初三日晴，東南風，夜有星。

初四日晴，西南風，夜有星月。

初五日晴，西南風，夜有星月。

初六日晴，東南風，夜有星月。

初七日晴，西北風，夜有星月。

初八日晴，西南風，夜有星月。

初九日晴，東南風，夜有星月。

初十日晴，東南風，夜有星月。

十一日晴，東北風，夜有星月。

十二日晴，東南風，夜有星月。

十三日晴，東南風，夜有星月。

十四日晴，東南風，夜有星月。

十五日晴，東南風，夜陰小雨。

十六日小雨，大西北風，夜陰。

十七日陰，西北風，夜晴，有星月。

十八日晴，大西北風，夜有星月。

十九日晴，大西北風，夜有星月。

二十日晴，西北風，夜有星月。

二十一日晴，東北風，夜有星月。

二十二日晴，西北風，夜有星月。

二十三日晴，西北風，夜有星月。

二十四日晴，東北風，夜有星月。

二十五日晴，西北風，夜有星月。

二十六日晴，西北風，夜有星月。

二十七日晴，東北風，夜陰。

二十八日小雨，東北風，夜雨。

二十九日晨陰小雨，西北風，午晴，夜有星。

〔19〕江蘇巡撫張楷奏遵旨盤查過胡鳳翬織造稅關錢糧存缺數目摺（雍正四年二月二十一日）[2]-[6]-638

江蘇巡撫臣張楷，管理蘇州織造內務府郎中臣高斌謹奏，為遵旨具奏事。

貳月初叁日臣楷奉到皇上硃批諭旨，胡鳳翬平常俗人，近日聞得行事甚平常，朕已遣高斌來更換，但恐胡鳳翬預知作準備，可密之，候高斌到來，同他將織造稅關一應錢糧察明具奏，欽此欽遵。於拾貳日高斌來南，預先遣人知會，臣即密赴高斌舟次，跪請聖安畢，同高斌徑至滸墅關衙門，胡鳳翬絕無知覺，高斌當即傳旨，鳳翬惟有免冠伏地叩頭，臣等隨即封庫查取印信及經徵紅簿庫鑰，當交高斌，即於本日到關任。臣同高斌於拾叁日傳集經承，將胡鳳翬日逐經徵錢糧解存冊檔自雍正貳年拾貳月拾捌日起至雍正叁年拾貳月拾柒日止，除解過叁季外，尚有第肆季未解銀肆萬柒千柒百捌拾柒兩捌錢肆分柒釐，及贏餘火耗共銀壹拾萬捌千叁百貳拾玖兩陸分肆釐，查皆現貯庫內無缺。又自雍正叁年拾貳月拾捌日起至本年貳月拾貳日止，計伍拾伍日，按照稅額每日應該徵收銀伍百叁拾兩玖錢柒分陸釐零，共該徵存銀貳萬玖千貳百叁兩陸錢捌分伍釐零，今查胡鳳翬放存庫銀止壹萬玖千捌百捌拾兩玖錢貳分貳釐，實缺額銀玖千叁百貳拾貳兩柒錢陸分叁釐，當訊鳳翬，據供去冬因築壩閉河，貨船少至，是以缺額等語。但關稅例應計日科筭，難任缺額，相應於胡鳳翬名下照數追補，責令起解。又拾伍日高斌到織造任，臣於拾陸日同高斌查察胡鳳翬織造任內錢糧，除經奏銷外，尚有雍正叁年存剩銀肆千玖百伍拾捌兩叁錢陸分。又鳳翬收過江蘇布政司雍正肆年分織造銀叁萬叁千兩，貳共該銀叁萬柒千玖百伍拾捌兩叁錢陸分，內除採買過絲絨圓扁金在機各料叚併預給匠工等項共銀壹萬柒千伍拾玖兩壹錢陸分肆釐叁毫，實該存庫銀貳萬玖百兩，查係存庫無缺。臣等又查得織造庫內餘外存銀捌千兩，訊據胡鳳翬供，此宗銀兩係節省銀，共玖千壹百兩，前經奏明，蒙皇上賞賜鳳翬，去年買絲墊用過銀捌千兩，今年藩庫領出錢糧來，未曾扣出此項，是以庫內多存銀捌千兩等語。臣等查此項雖據稱係皇恩賞給之銀（硃批：問他為什麼賞他的，豈有此理），但胡鳳翬現在虧缺關稅，未便令其領去，相應奏明，伏候皇上聖裁批示飭遵（硃批：自然應留補虧空），合將盤查過胡鳳翬織造稅關錢糧存缺數目併另繕清單，臣張楷謹會同蘇州織造臣高斌合詞具奏，伏乞皇上睿鑒施行，右謹奏聞。

雍正肆年貳月貳拾壹日

江蘇巡撫臣張楷

管理蘇州織造內務府郎中臣高斌

硃批：況胡鳳翬數年來所辦差使遲悞草率，而兼正項辦理緞疋不堪，現有旨查問，爾等當將其私囊一並查察封固纔是，善軟了，今機會已過，伊必藏匿搬運矣，此時即察亦無及矣。

〔20〕江蘇巡撫張楷奏查明胡鳳翬金銀珠飾衣物暨自縊情形摺（雍正四年四月初二日）[2]-[7]-37

江蘇巡撫臣張楷蘇州織造郎中臣高斌謹奏，為奏聞事。

竊臣前同織造臣高斌會奏胡鳳翬關稅錢糧一摺，於叁月貳拾叁日申刻臣自江寧會審吳存禮一案回至句容縣地方，奉到諭旨，臣隨星夜回蘇，於貳拾陸日辰刻抵滸墅關，同織造臣高斌跪讀所奏，據胡鳳翬供存庫銀捌千兩，係蒙皇上恩賞之處，蒙皇上硃批諭旨，問他為什麼賞他的豈有此理，又奉硃批自然應留補虧空，又奉硃批，況胡鳳翬數年來所辦差使遲悞草率，而兼正項辦理緞疋不堪，現有旨查問，爾等當將其私囊一並查察封固纔是，善軟了，今機會已過，伊必藏匿搬運矣，此時即察亦無及矣，欽此。臣等遵旨當即同至織造衙門，傳到胡鳳翬，會同訊問，據胡鳳翬供這存庫銀捌千兩原是鳳翬從前辦差節省下的銀子，曾經具摺奏過，鳳翬福薄不敢承受，將此項銀子存庫留充辦公之用是實，今奉旨查問，只求皇上開恩等語。臣等前見有存庫銀捌千兩，悞據胡鳳翬曾蒙皇上賞給之供，以為缺額有抵，臣等愚昧不即搜查，今既訊明鳳翬係留充公用之銀，並非賞給鳳翬，則現今虧缺關稅額銀玖千餘兩自應於鳳翬名下搜追，因鳳翬尚居織造衙署西邊空屋，臣等即同往查察，將伊櫥箱等項封固，於貳拾柒捌日眼同搜出銀壹千肆拾捌兩，金珠首飾衣緞等物約計銀肆千兩。據胡鳳翬開出帶進京銀肆千兩，原要與他胞兄順德府知府胡鳳翥代完庫帑，又帶進京金拾錠，玉杯拾隻，綢緞貳箱，銀器貳箱，俱存在京中家內，臣等見其私囊無幾，誠如聖明洞鑒，伊必藏匿搬運，隨又於鳳翬拜匣內查出田地房屋文契叁拾叁紙，共價銀捌千陸百貳兩。又借約肆紙，現在查對。又有紅紙單賬，一係付漆器船帶箱拾肆隻，內貯各色皮衣新舊一副紗羅綢緞青紅毡等物。一付糧船帶箱肆隻，內貯被褥面綢紗帳彈墨衣等物，臣等據其單賬所開，未經目覩，不敢妄計價值。又查得伊母於叁月初拾日起身進京，並無單賬開列寄去物件。訊係因陸路進京，只帶隨身行李等語。臣等眼同察明封固，正在確估會奏間，不期至叁拾日辰刻胡鳳翬同妻年氏及無子之妾叁人自縊內室，據報到臣。臣隨委長洲縣往驗自縊情形，臣即赴織造衙門同織造臣高斌喚齊胡鳳翬在屋家人查訊，據金福周正基等供，小的主子原像居家過日子一樣，並無別話，今叁拾日早吩咐出來，叫女人熬粥吃，主母又叫丫頭們梳頭，小的們總在外邊伺候，不奉呼喚不敢到上房的，不料主子主母姨娘一處縊死，及至女人們看見，叫小的們進去解下來已救不活了，今蒙查問，所供是實。又據四姐張氏等供，我們天天伺候，並無別話，今日早上主母叫我們下來梳頭，有姨娘在房伺候，不想有這個事的。又問你們常在跟前伺候，可知道你們主子是害怕尋死的還是有什麼抱怨的話呢。供主子並不曾說起有甚麼害怕抱怨的話，我們供的都是實情等語。臣等查得胡鳳翬蒙皇上委任，經管關稅織造事務，不思實心報効，以致關稅缺額銀玖千餘兩，臣等前奉旨查察，鳳翬反捏供賞給，希圖侵隱，今奉旨查始供出實情，原係存庫辦公之銀，欺誑之罪難辭，又經臣等搜出紅單，屢次寄回金銀什物，營私肥己俱經敗露，知難抵飾，隨負罪自縊，死有餘辜，除將察出胡鳳翬金銀珠飾衣緞物件田房契券等物單賬臣等逐一封固，現在確估價值，同在署家口一併開造清冊，另行奏報外，合將問過胡鳳翬口供及察出私囊契券併寄回金銀衣緞等物謹先繕摺會奏請旨，伏乞皇上睿鑒批示遵行，右謹奏聞，恭繳硃批奏摺貳件。

雍正肆年肆月初貳日

江蘇巡撫臣張楷

蘇州織造郎中臣高斌

硃批：大奇，此事汝等二人錯辦到底，起先當嚴而反寬，如果當日嚴查胡鳳翬斷不至死，至後來諭，原係已過閑旨，況有此時即查亦無及之旨，並不曾令爾等復行搜察，今胡鳳翬畏罪自盡，皆汝二人殺之也。胡鳳翬亦昏庸之至，便搜隱產罪亦不至於殺，想伊必有大負朕，難見朕處，方如此也。胡鳳翬生為可憐之人，死為可笑之鬼，朕實駭異之至，爾等可將其事妥為料理，交與他托得的老成家人，爾等亦可差一二人幫送至其家，莫令狼狽，豈有此理。